AF546140

Ralf Konersmann

Wörterbuch der Unruhe

S. FISCHER

Erschienen bei S. FISCHER

Satz: Dörlemann Satz, Lemförde
Druck und Bindung: CPI books GmbH, Leck
Printed in Germany
ISBN 978-3-10-002533-3

Inhalt

Es gibt nichts Beruhigenderes als ein Wörterbuch.
Roland Barthes, *Minou Drouet und die Literatur*

Einleitung: Die Unruhe des Wörterbuchs

Wir alle haben unsere Lektionen gelernt. Aber was heißt hier schon lernen? Die Unruhe ist uns in Fleisch und Blut übergegangen, ohne dass wir uns hätten anstrengen müssen. Um in die Welt der Unruhe hineinzufinden, hat es vollkommen ausgereicht, sich nicht zu widersetzen.

*

Die Wörter und Gedankenströme, von denen wir uns haben einnehmen lassen, sprechen eine deutliche und jedermann geläufige Sprache. Sie versichern uns, dass noch nicht aller Tage Abend ist und jeder es schaffen kann;

dass wir dranbleiben und aus jeder Krise gestärkt hervorgehen;

dass es so, wie es ist, nicht bleiben muss und dass das Bessere der Feind des Guten ist.

Sie ermahnen uns, dass wir den Mut nicht sinken lassen, dass wir vorwärtskommen müssen und dass, wer nicht kämpft, schon verloren hat;

dass wir in die Gänge kommen müssen und es eilig haben;

dass die Uhr tickt und es kein Zurück gibt;

dass wir nichts versäumen und nicht trödeln dürfen;

dass wir mithalten müssen und den Anschluss nicht verlieren wollen;

dass man etwas aus sich machen, dass man vorankommen und öfter mal was Neues anfangen muss;

dass wir uns immer wieder neu erfinden;

dass wir die Hände nicht in den Schoß legen;

dass wir mit der Zeit gehen und am Ball bleiben;

dass das Beste noch kommt;

dass wir niemals aufgeben und immer wieder aufstehen;

dass wir nicht einrosten, nicht trödeln, nicht stillstehen, kein Moos ansetzen, den Kopf nicht hängen lassen …

So viel unbeirrbare Geschäftigkeit, die inmitten einer Welt der Ironien, des gewohnheitsmäßigen Hinterfragens und der distanzierenden Gänsefüßchen den Blick auf den Glutkern eines arglos gelebten Glaubens freigibt – eines Glaubens, den selbst die Ungläubigen teilen. Und der Chor der Engel, der all dies mit gütigem Lächeln verfolgt, antwortet auch und spricht: »Wer immer strebend sich bemüht, / Den können wir erlösen.«*

Die Erlösungsformeln der Unruhe sind Verdichtungen, die weitläufige Gedankenhintergründe spontan zusammenziehen. Sie bewegen sich leicht wie Gerüchte, die von Mund zu Mund fliegen, und kommen uns dabei so selbstverständlich vor, als wären sie vom Himmel gefallen. Allgegenwärtig und jederzeit abrufbar, sorgen die Klugheitsregeln des Alltagslebens für jenes Einvernehmen mit der Welt, das wir *Kultur* nennen und dessen Fortbestand wir, indem wir sie aufgreifen und tausendfach variieren, immer neu bestätigen. Für den aufmerkenden Zuhörer sind diese Formeln vielsagend und sogar sprechend, weil sie unbefangen hervortreten lassen, was

* Der meist im Anschluss an Zitate gesetzte Asteriskus deutet auf die im hinteren Teil des Buches gegebenen *Hinweise*.

es mit den Routinen der Unruhe auf sich hat. Die Unruhe – das ist nicht nur die geläufige Sprache der Komparative, nicht nur die routinierte Zielstrebigkeit und Eile, mit der wir dieses oder jenes hinter uns bringen, nicht nur die Promptheit, mit der wir vorankommen wollen, nicht nur die Sehnsucht nach offenen Horizonten, nicht nur der Abwehrzauber gegen Ödnis und Ereignislosigkeit, nicht nur die Schnelllebigkeit der Moden, das Brennen der Neugierde oder die Aufgewühltheit, die uns am Ende des Tages nicht loslässt. Die Unruhe ist all dies und noch mehr: der rote Faden im Gewebe der westlichen, der von Europa ausgegangenen und längst schon den gesamten Globus umspannenden Kultur.*

Nichts geschieht hier heimlich oder im Verborgenen. Wie in der berühmten Geschichte von Edgar Allan Poe über den entwendeten Brief* liegt alles, worauf es ankommt, für jedermann sichtbar offen zutage. Der Konsens der Unruhe ist mit Händen zu greifen und braucht, eben weil das Einvernehmen total ist, weder überprüft noch gerechtfertigt zu werden. Und ebenso, in diesem Klima der Vertrautheit und der fraglosen Akzeptanz, dienen uns jene eingespielten Automatismen, dient uns jenes Abc der Gemeinplätze und Verhaltensregeln als Kompass, der uns durch den Tag führt und sagt, wie das moderne Leben gelebt sein will. Das Hintergrundgeflüster der Unruhe besiegelt, was uns verbindet und worüber wir uns einig sind. Tatsächlich tritt uns die Kultur, die wir Tag für Tag mit Leben füllen, nur gelegentlich in Gestalt der Hochkunst entgegen, als Feierabendbeschäftigung und alltagsferne Exotik; weitaus verbindlicher artikuliert sich ihr Eigensinn in den Glaubenssätzen der Alltagsmoral, in ihrer Grammatik und Intonation. Zusammen bilden diese Sätze ein Gehäuse aus Signalwörtern, aus Bildern und eingefleischten Gedankenverbindungen, die nur allzu vertraut sind und für die Fertigkeit des gemeinsam geteilten Grundglaubens einstehen. Kultur ist nichts, was wir *haben*; in ihr zeigt sich und finden wir bestätigt, was wir *sind.*

*

Der Konformismus der Unruhe ist von Augenblicken getragen, in denen innere Überzeugung und kulturelle Konvention, Ich und Welt, emphatisch verschmelzen und Worte zu Fleisch werden. Wir dürfen uns dieses Einvernehmens sogar da sicher sein, wo wir unsicher geworden sind und zweifeln. Ist nicht die Unruhe, die all die alten Träume vom Glück und von der Zufriedenheit an sich gerissen hat, eine zutiefst zweideutige Angelegenheit, ist sie nicht zugleich Hektik, Unrast, Atemlosigkeit, mit einem Wort: Ist die Unruhe, von der wir uns haben ergreifen lassen, nicht auch eine Plage?

Seit rund sechzig Jahren klagen die Menschen über Stress, seit der Jahrtausendwende über Burnout. Die Diagnosen seien unscharf, heißt es von fachmedizinischer Seite, und so werden die Beschreibungen der Krankheitsbilder fortlaufend nachjustiert. Dennoch erfüllt gerade diese Vagheit ihren Zweck. Nicht nur gibt sie der diffusen Unzufriedenheit vieler Einzelner einen Namen, sie verhilft auch dem Zeitalter zu seiner Formel, in dem das Empfinden der Unruhe zur Massenerscheinung geworden ist. Burnout und Stress gelten, wie vor hundert Jahren die Nervosität, als Zeichen der Zeit.

Es ist interessant zu sehen, wie viel Aufmerksamkeit die Symptomatologie der Aufmerksamkeitsstörungen in diesen Jahren erfahren hat. Seit der Popularisierung des Stresses*, also etwa seit Mitte des 20. Jahrhunderts, rollen die schnell fertigen, schon im Blick auf ihre Medientauglichkeit gestellten Diagnosen in Wellen über das Publikum hin, um von dort auf die Wissenschaften zurückzuwirken und die Aktivitäten der Forschung anzuheizen. Wie einst die *Theologisierung,* die aus der Unruhe des Menschen zunächst die Verdammnis und dann die Chance der irdischen Bewährung herauslas, erweist sich auch die *Psychologisierung* der Unruhe als eine bestimmte Art, sich die Dinge zurechtzulegen. Die einschlägigen und überreich kommentierten Befunde – Nervosität, Burnout, ADHS, digitale Amnesie … – orientieren sich an dem, was sich mit den Instrumenten normaler Wissenschaft ermitteln, objektiv erfassen und therapeutisch ausrichten lässt. Unter diesen Bedingungen erscheint schließlich die Unruhe als Angelegenheit vor allem der nervlichen Konstitution und des gestörten Triebapparats: als etwas, das so nicht sein sollte und leider nicht nach Wunsch funktioniert. Der Mensch ist unruhig wie eine Uhr überdreht oder ein Wasserhahn tropft.

Die geläufigen Beschreibungen der Unruhe sind Präparate eines auf Anwendung bedachten Wissens, und als solche, das heißt als Beiträge zur Leidensminderung, halte ich sie für gerechtfertigt. Das Spezifikum der Unruhe, ihre Tragweite, ihre Präsenz, ihre Funktion als Kulturmacht ist jedoch in diesen Bildern der klinischen Diagnostik, die zugleich marktgerechte Etikettierungen sind, auch nicht annähernd erfasst. Mit dem vorliegenden Wörterbuch möchte ich deshalb vorschlagen, es einmal anders zu versuchen: auf dem Umweg über die genealogische Rekonstruktion. Die Genealogie will hinter die Routinen der aktuellen Problemwahrnehmung zurückgehen, um an die Anreizsysteme, an die Erwartungen und Phantasien heranzukommen, die einst der Unruhe die Bahn freigegeben haben. Was mich interessiert, ist weniger die Symptomatologie der *inneren* Unruhe, die mit Joseph Conrad und Fernando Pessoa ihre detailsensiblen Schilderer längst gefunden hat.* Was mich interessiert, ist die weit weniger auffällige, da mit der Wirklichkeit der westlichen Kulturen verschmolzene Phänomenwelt der *moralischen* Unruhe*. Das Interesse an der moralischen Unruhe geht über Befindlichkeitsfragen hinaus und erweitert das Blickfeld um das Ganze der menschlichen Situation. Im Alltag bleibt dieses Umfeld unscheinbar; es gehört zu den Gegebenheiten, vor deren Hintergrund sich das Geflimmer all der Ereignisse abspielt, denen unsere Aufmerksamkeit eigentlich gehört. Und doch ist die Unruhe immer da gewesen. Die übliche Delegation des Problems an die fachwissenschaftlichen Experten ist deshalb, wie ich meine, im gegebenen Fall nicht angebracht. Im Fall der Unruhe sind wir alle Experten – Kenner und Komplizen zugleich.

Die Frage ist also: Wie sind wir in diese moralische, in diese einerseits gefeierte, andererseits beklagte Unruhe hineingekommen? Wie, auf welchen Wegen und aufgrund welcher Erwartungen ist die westliche Kultur dazu übergegangen, überlieferte Regeln als Reglementierungen, Hemmungen als Hindernisse, Bindungen als Behinderungen, Vereinbarungen als Fesselungen zu kommunizieren, die es je eher desto besser aus dem Weg zu räumen gilt? Kurz: Wie ist es zugegangen, dass wir, obgleich wir offensichtlich an ihr leiden, zu Enthusiasten der Unruhe geworden sind?

Anders als jene repräsentativen Werte, wie sie bei offiziellen Anlässen, in Festreden und Grundsatzerklärungen angeführt werden, ist die Unruhe in den Kellerregionen des halb Gewussten und halb Gefühlten zu Hause – im selten thematischen und der Thematisierung auch gar nicht bedürftigen Untergrund dessen, was wir für selbstverständlich halten. Es sind gerade diese Selbstverständlichkeiten, in denen uns die wiederkehrenden, die vertrauten, erwarteten und darum als authentisch erlebten Grundzüge der eigenen Kultur entgegentreten. Sie begegnen uns in Gestalt des stillschweigenden, des vorbewussten und in diesem Sinn *impliziten* Wissens*, auf das wir umso bereitwilliger vertrauen, als es uns, anders als das artikulierte und *explizite* Wissen, Zweifel und Unsicherheiten erspart. In einer unauffälligen, vom Mantel der Normalität umhüllten Signalsprache geben uns die Weisungen unseres Kulturwissens vor, was allgemein geglaubt wird, was keiner Erläuterung bedarf und ohne weiteres einleuchtet. Nicht die Wahrheit ist hier entscheidend, sondern die Unbestreitbarkeit gemeinsam geteilter Überzeugungen – und so auch im Fall der Unruhe. Wir kennen die Unruhe nicht; es genügt, dass wir sie im Rücken haben und uns von ihr getragen fühlen.* Die Kulturbedeutung der Unruhe steckt denn auch weder im isolierten Begriffswort noch in dessen Geschichte; sie entspringt aus ihrer Aktualität: aus dem, was ihr zugetraut wird und es ihr in einem generationenübergreifenden Prozess ermöglicht hat, die Wirklichkeit ihren Vorgaben gemäß einzurichten.

*

In dreißig Kapiteln geht das vorliegende Wörterbuch den Anbahnungen dieses Konsenses nach – der Unruhe, die diese ganze Kultur, einschließlich ihrer Selbstbeschreibungen, erfasst hat und sie ausmacht. Wie, so lautet die Frage, haben wir gelernt, die Unruhe zu lieben? Woher dieses, man muss es wohl so sagen, ungeheure *Pathos* der Unruhe?

Indem ich diese Fragen stelle, greife ich die Themen meiner *Unruhe der Welt* von 2015 auf, um sie nun mit dem *Wörterbuch der Unruhe* zu ergänzen, zu erweitern und zu variieren. Im Unterschied zu der vor zwei Jahren veröffentlichten Monographie, die den historischen Gesamtzusammenhang entrollt, konzentriert sich das *Wörterbuch* auf ausgesuchte Themen, auf Austragungsorte und Schauplätze der Unruhe: auf die Formen der Komplizenschaft, die wir mit der Unruhe eingegangen sind. Die folgenden Streifzüge durch die Unruhekultur bieten also nicht das Gleiche noch einmal, sondern setzen eigene Schwerpunkte auf der Basis ungenutzter Quellen. Stärker noch als die Monographie schärfen sie den Blick für

Ambivalenzen und suchen, wie exemplarisch mit der »Neugierde« oder der »Mode«, dem »Warten« oder dem »Fließen«, Strategien der Normalisierung auf, deren Erschließung den monographischen Rahmen gesprengt hätte. Konsequent auf Einzelthemen bezogen, wollen die nachfolgenden Begriffsreportagen herausarbeiten, welcher Mittel und Wege, welcher Argumentationslinien und Überredungskünste sich die Unruhe bedient, um uns für sich einzunehmen. Sie ergänzen, mit einem Wort, den Blick auf die *Unruhe der Welt* um den Blick auf die *Welt der Unruhe.*

Erschloss die Monographie das Faszinosum der Unruhe, so wendet sich nun das Wörterbuch den Orten zu, an denen die Unruhe Gestalt annimmt und sich uns als die normalste Sache der Welt präsentiert. Deutlicher noch als die Monographie steht damit das *Wörterbuch der Unruhe* in der Nachfolge eines philosophischen Unternehmens, das Hans Blumenberg, ein Wort Pascals aufgreifend, als *Beschreibung des Menschen* bezeichnet hat.* Der Begriff ist mit Bedacht gewählt. Eine *description de l'homme* fragt nicht, wie die klassische Anthropologie, nach einem zeitlosen Wesen des Menschen; sie operiert indirekt und geht den Sinnwelten, den sozialen und kulturellen Pathologien nach, die so weit ausformuliert sind, dass sie, um im Alltag zu überzeugen, der Erläuterung nicht mehr bedürfen. Sie geben der menschlichen Welt Gestalt. Der zentrale Gegenstand einer solchen Beschreibung ist das schlechthin Anerkannte und bedingungslos Geglaubte. Sollte das Bedürfnis bestehen, das Interesse an diesen Orientierungsbeständen wissenschaftssystematisch auszuweisen, würde ich sagen: Es ist kulturphilosophisch.

Vor thematischen Verstrickungen vermag allerdings kein Bekenntnis zu schützen. Es gibt, bemerkt Roland Barthes in seinen *Mythen des Alltags,* »nichts Beruhigenderes als ein Wörterbuch«.* Der süffisante Ton enthüllt das Selbstverständnis eines Formats, das seine Aufgabe herkömmlicherweise darin erkennt, dem Gewirr der tausend Stimmen mit seinen rasch aufeinanderfolgenden Wenden, mit seinen Moden, willkürlichen Setzungen und verwirrenden Zuständigkeiten den soliden Halt des ein für alle Mal verbürgten Wissens gegenüberzustellen. Wörterbücher wollen Felsen in der Brandung sein, Orte der Verlässlichkeit, der gesicherten Information und der anerkannten Tatsachen.

Für Barthes ist dieser Anspruch, der Anspruch der *Diktionarität*, schon vor einem halben Jahrhundert zur Farce geworden. Und in der Tat: Die Zeiten, da Wissen und Welt fein säuberlich getrennt blieben und sich die Solidität eines Urteils der Distanz zum Gewimmel der Erscheinungen verdankte, sind vorbei. Seit Beginn der Moderne, und das heißt an dieser Stelle: mit der Entgrenzung der Unruhe, führen die Begriffe, die einmal für die Zeitlosigkeit des wahren Wissens einstanden, ein Eigenleben als Spielmarken des Weltgeschehens. Jedes Thema, jedes Wort, sieht sich hineingezogen in den Kampf um Anerkennung. Das Denken und selbst die Art des Denkens wird zugewiesen oder beansprucht, wird, wie es heißt, »besetzt«, »verortet«, »situiert«. Längst ziehen die Wissenschaften mit und prägen ihre Begriffe zu *travelling concepts** um, die über inquietätskonforme Vorgaben wie das Verlangen nach Flexibilität nicht nur aufklären, sondern sie sich zu eigen machen und wie selbstverständlich propagieren. Und wie die Wissenschaften wollen auch die Philosophen nicht länger beiseitestehen, wollen selber tätig werden und mitmischen. Wissen, so die Devise der Stunde, ist und kann nur sein Wissen *in* und sogar *als* Bewegung: Wissen, das die Welt verändert.

Vor dem Hintergrund solcher Effekte gibt das vorliegende Wörterbuch den Anspruch auf, einfach aufgrund seiner Gattungstradition ein Recht auf das letzte Wort zu haben. Es ist ein Diktionär, gewiss, aber vor allem ein kritisches Lesebuch, das sich als alphabetisch geordnete Folge von Essays präsentiert. Keine dieser Promenaden durch die Unruhekultur gibt eine kanonische Lesart vor, und so anmaßend wie grotesk wäre der Anspruch, die Einzelthemen erschöpfend behandelt zu haben. Die Absicht ist eine ganz andere: exemplarische Anbahnungen, Bekräftigungen und Verfestigungen dessen freizulegen, was sich als Unruhekultur etabliert hat. Auf den nachfolgenden Seiten wird es darum gehen, ohne Anspruch auf Vollständigkeit geläufige Themen und Bildstrecken aufzugreifen, die dazu beigetragen haben, das Leben – unser Leben – unruhekonform auszurichten. Das philosophische Wörterbuch der Unruhe will Herkünfte aufzeigen, Zusammenhänge herstellen, Entscheidungen nachvollziehen, Erwartungen verdeutlichen, Unwiderstehlichkeiten benennen, kurz: Es versteht sich als ein Ort, an dem das kulturelle Grundgewebe unserer geistigen Orientierungen exemplarisch zutage tritt und wir etwas mehr über uns selbst und unsere kulturelle Wirklichkeit erfahren.

Eine Strategie des Ausstiegs, die, wie der Gelassenheitsprediger von Meßkirch schrieb, ein »Jegliches aufgehen« lässt »in seinem Beruhen«*, wird also auf diesen Seiten wenig Rückhalt finden. Das *Wörterbuch der Unruhe* weiß sich auch selbst als Dokument der Unruhe. Es präsentiert Denkwege und Spielformen der Inquietät, bestätigt ihre Unhintergehbarkeit aber auch an sich selbst. Auf die zweifellos verdiente Ironisierung behäbiger Diktionarität antwortet es mit der eigenen Unruhe, mit der Unruhe des Wörterbuchs. Das aber bedeutet, dass es sich nicht ausnimmt – und wie sollte es auch. Das sokratische Erbe der Philosophie besteht ja genau darin, dem, was allgemein geglaubt wird, so lange und, wie Platon seinen Lehrer zitiert*, »ohne Ruhe« zuzusetzen, bis es Rede steht über sich selbst.

Arbeit

oder wie die Unruhe ein menschliches Gesicht bekam

Aufs Ganze gesehen, ist die Geschichte der Arbeit die Geschichte einer grandiosen Umdeutung, die Geschichte einer Aufwertung und, am Ende, einer vorbehaltlosen Anerkennung. In dem Maße, wie die traditionellen Vorbehalte in einem epochenübergreifenden Prozess verblassten – Vorbehalte, die namentlich die körperliche Arbeit als Plage beargwöhnten, als Auferlegung und als Schmach –, rückte die Arbeit zum Inbegriff menschlicher Weltbemächtigung auf. Aus dem Mittel der Arbeit (»arbeiten, um zu leben«), das aus Gründen der Daseinserhaltung geduldet war, wurde mit wachsender Eindeutigkeit ein Zweck (»leben, um zu arbeiten«), der inzwischen alle übrigen Lebensentscheidungen maßgeblich bestimmt.

Weit davon entfernt, lediglich das Auskommen des Durchschnittsbürgers zu gewährleisten, ist die Arbeit in den Kulturen des Westens zum Lebensmittelpunkt geworden, zu dem Ort, an dem sich der Sinn des gesellschaftlichen wie auch des individuellen Lebens entscheidet. Im Zuge dieser Anerkennungsgeschichte entwickelte sich die Arbeit zu einem autonomen und zugleich maßstäblichen Wert,* der, einmal als allgemeine Richtschnur menschlichen Handelns anerkannt, zwischen richtig und falsch, zwischen zeitgemäß und veraltet, zwischen Fortschritt und Rückschritt zu unterscheiden erlaubt. Mit der Anerkennung der Arbeit und der allgemeinen Bestimmung des Menschen als Homo laborans erschienen rückblickend die Lebensformen der Vergangenheit, in denen der soziale Status weniger über die Lebensleistung bestimmt wurde als über die Stellung in der gesellschaftlichen Hierarchie, als irregulär und fremdbestimmt, vor allem aber: als statisch. Das ungeheure Ansehen der Arbeit in den Kulturen des Westens geht auf diese Meta-Erzählung zurück, wonach sie die Menschen aus der vormaligen Normalität des Stillstandes herausgeführt und ihnen die Mittel der aktiven Weltgestaltung und der Selbstbefreiung in die Hand gegeben habe.

Spätestens mit Beginn der Moderne war die Umwertung vollzogen und die Arbeit allgemein anerkannt. Anfang des 19. Jahrhunderts brauchte Hegel seinen Lesern schon nichts mehr zu erklären, als er das Voranschreiten des Geistes in der Geschichte als Arbeit beschrieb. »Der Geist ist nicht ein Ruhendes, sondern vielmehr das absolut Unruhige, die reine Tätigkeit«, und werde »nur durch die bestimmten Formen seines notwendigen Sichoffenbarens in Wahrheit wirklich«. In der Arbeit des Begriffs, heißt es dazu in der *Enzyklopädie der philosophischen Wissenschaften,* zeige sich sein von äußeren Antrieben unabhängiges, rein aus ihm selbst hervordrängendes »Sichselbsterheben zu seiner Wahrheit«.* Gültigkeit und Verbreitung der Arbeitsmetapher verstehen sich bereits von selbst, sie sind unmittelbar evident. Wie in Wirtschaft und Gesellschaft auf Dauer nur die Arbeit zum Erfolg führt, so muss auch in Wissenschaft und Philosophie die Wahrheit etwas sein, was gesucht, ermittelt, durchgesetzt, kurz: was *erarbeitet* ist. Allerdings war Hegel klug genug, in seinen Schilderungen der universalisierten Arbeit den entscheidenden Punkt dahingestellt sein zu lassen: die Frage nämlich, ob die Emphase der Arbeit auf die Humanisierung der Welt hinausläuft oder aber zum Gehorsam gegenüber dem Gesetz einer Wirklichkeit zwingt, die im Typus des *Arbeiters* die ihr gemäße, alle weiteren Formen menschlichen Daseins erübrigende Ausdrucksgestalt gefunden hat.

Die verstärkte Neigung, sämtliche Bereiche des Lebens als eine Modifikation von Arbeit aufzufassen, illustriert die Brisanz der damit eingeführten Unterscheidung. Eine Zwischenmenschlichkeit, die verlangt, dass fortlaufend in sie »investiert« werde und »Beziehungsarbeit« zu leisten sei, ist eben nicht mehr ganz dieselbe. Unweigerlich gewinnen die Vollzüge des Lebens das Ansehen von Aufträgen, Anforderungen und immer wieder neu auftretenden Problemen (»Beziehungsproblemen«), die mit der stillschweigenden Aufforderung einhergehen, konsequent »aufgearbeitet« und umfassend »abgearbeitet« zu werden.

Zum Verbreitungserfolg dieser Umdeutungen trug bei, dass es der Arbeit gelang, der Unruhe der Welt ein menschliches Gesicht zu geben und sie mit dem Selbstbehauptungsinteresse der Menschen abzugleichen. Was der Mensch vermag, vermag er durch Arbeit. Als nur wenige Jahre nach Hegels Tod die Malerei den körperlich arbeitenden Menschen als zeitgemäßes Sujet entdeckte, berief sich eine neue Künstlergeneration unmittelbar auf die postrevolutionäre, längst vom Industrialismus geprägte Realität, die es nun in all ihren Facetten zu verdeutlichen und aktuell zu beleuchten gelte. Das Bekenntnis dieser Maler zur Arbeit war ein Bekenntnis zur Unruhe der sinnlich-sichtbaren Welt, ein Bekenntnis zu der nun auch unter diesem Begriffsnamen auftretenden *Moderne*. Erklärtermaßen wandten sich die vor allem in der Frankophonie erfolgreichen Realisten von den akademischen Traditionen der Malerei ab und präsentierten sich in einem nicht bloß parteipolitischen Sinn dieser Begriffe als sozial und demokratisch. »Es steht euch zu«, proklamierte der theoretische Kopf des Kreises, Camille Lemonnier, am 15. Dezember 1871 in der Zeitschrift *L'Art libre*, »die Geschichtsschreiber eurer Zeit zu sein, sie so wiederzugeben, wie ihr sie seht, sie so auszudrücken, wie ihr sie fühlt«. Die Kunst, so die unruhekonforme Parole des Tages, sei aufgerufen, sich »mit der verschwenderischen Vielfalt der Bewegungen auf der Straße zu befassen«.*

Offenkundig herausgefordert durch die Konkurrenz der eben aufkommenden Photographie, setzte sich die »Malerei des Arbeiters« zum Ziel, die aktuelle, in die Zukunft weisende Schauseite der werdenden Welt zu bebildern, und das konnte für sie nur die von der Kunst bislang so sträflich vernachlässigte Welt der Arbeit sein. Diese Künstler wollten unmittelbar an die Wirklichkeit selbst herankommen, aber nicht bloß durch das Abbild, sondern durch die Darstellung der in den Erscheinungen des Alltags sich ausformulierenden Idee. Die Bilder dieses Künstlerkreises wollen die Veränderung der Welt durch die Arbeit zeigen und mit der demonstrativen Wahl des Sujets auch selbst zu dieser Veränderung beitragen. Damit war der entscheidende Schritt getan. In der Annahme, dass die Wirklichkeit, wie sie sich uns zeigt, bewegt ist, und dass umgekehrt nur das, was sich bewegt, überhaupt Wirklichkeit sein kann, bekennt sich die Malerei des Arbeiters zur Dynamik der Dingwelt, um eine Momentaufnahme dessen zu geben, was, wie sie zeigen möchte, ja ohnehin längst geschieht. So ändern sich mit dem Sujet auch der Wirklichkeitsbezug und das Selbstverständnis der darstellenden Kunst. Noch bevor die Kunst sich als *Aktion* verstehen lernt und die Künstler dazu übergehen, ihre Werke ihrerseits als *Arbeiten* anzusprechen, stellt der Anspruch des Realismus die weltanschaulichen Grundlagen einer Darstellungspraxis bereit, in der die Unruhe der Welt als gegeben anerkannt und an Distanzierung nicht mehr zu denken ist. Der Arbeiter, den die Kunst im Lauf des 19. Jahrhunderts für sich entdeckt, ist die Leitfigur, in der die Mobilisierung der wirklichen Welt, ihre Formbarkeit und grenzenlos scheinende Energie, als menschliche Gestalt hervortritt.

Die Malerei des Arbeiters betreibt, mit einem Wort, die Versöhnung von Inquietät und Humanität. Ein naiver Weltbezug, dem die Schauseite des normalen Lebens als Wahrheitsbeweis genügt, sodann die moralische Genugtuung, der körperlichen Arbeit endlich die Kunstwürdigkeit errungen zu haben, sowie schließlich das rückhaltlose Bekenntnis zur unruhig bewegten Welt bilden einen Assoziationszusammenhang, der weit über den Tag hinaus Bestand haben wird. Die menschliche Arbeit, »dieses ganze moderne Fieber *[tout cette fièvre moderne]* der industriellen Aktivität« – mit diesen Worten feiert Joris-Karl Huysmans die Ideen der 1880 in Paris ausgestellten Indépendants – »die ganze Pracht der Maschinen, das alles bleibt noch zu malen und wird gemalt werden«.* Das Manifest des Futurismus, der diese Ankündigung des Romanciers beim Wort nehmen und weltanschaulich entgrenzen wird, erscheint 1909.

Constantin Meunier zählt zu den prominenten Köpfen der Bewegung, er stand mit Rodin in Verbindung und stellte mit Ensor und Khnopff gemeinsam aus. Seit Beginn der achtziger Jahre verfolgte Meunier den Plan eines Denkmals der Arbeit, eines *Monument au travail*, das dann ein halbes Jahrhundert später in Brüssel posthum errichtet wurde. Man ahnt den weltanschaulichen Parcours, der durchlaufen sein musste, um die Arbeit, die zu Lebzeiten dieser Künstlergeneration den Eindruck der alttestamentarischen Mühsal problemlos bestätigte, öffentlich zu preisen und für denkmalwürdig zu halten. Entscheidend waren am Ende nicht Veränderungen aufseiten des Sujets, also im Alltag der Arbeit, sondern die Neuausrichtung einer in formaler Hinsicht noch immer bürgerlichen Kunst, die, indem sie sich emphatisch dem öffnete, was sie für wirklich hielt, moralisch wurde und diese Wirklichkeit überhöhte. Anders als die Zeitgenossen Cézanne oder Monet, anders als Turner oder McTaggart ist Meunier nicht daran interessiert gewesen, sich auf die Logik der Sichtbarkeit einzulassen und die Ausdrucksmittel der Malerei zu erweitern. Seine Kunst will solidarisch sein und plakatieren, was die Arbeit für die Menschheit bedeutet. In den Bildern, die auf der Basis dieses Programms entstehen, tritt die Arbeit stolz hervor als die technisch verstärkte Lebensenergie fraglos tätiger Menschen. Auch hier ist eine Metaphysik im Spiel, eine »Metaphysik des Diesseits«.* Verstanden als Arbeit, wird die Unruhe zur menschheitsdienlichen, den menschlichen Körper durchwirkenden und ergänzenden Kraft, in der Mensch und Werkzeug, Mensch und Maschine, Mensch und Wirklichkeit eine unauflösliche Einheit bilden.

Meunier stilisiert die Arbeit zum Prinzip, genauer noch: zu dem alle Lebensformen und Ideologien übergreifenden, der Wirklichkeit selbst entsprungenen und in genau diesem Sinn »realistischen« Weltprinzip. Seine Bilder unternehmen alles, um diese Idee populär zu machen. So sind die Menschenfiguren Meuniers ganz der Arbeit hingegeben; sie gehen, wie die Redewendung sagt, in ihr auf, und ohne sie sind sie nichts. Jedes einzelne dieser Werke zeigt die Figuren in stillgestellter Bewegung, deren Gestik und Haltung dem überindividuellen Willen zur Weltgestaltung Ausdruck gibt. Genau dies unterscheidet Meuniers Arbeiterbildnisse von der Tradition der bürgerlichen Portraitkunst. Das bürgerliche Portrait will die Erinnerung an die zeitlose Leistung bestimmter, in der Regel namentlich bekannter Einzelner bewahren, das proletarische Portrait will einen neuen Glauben verkünden, der das Individuum dazu anhält, sich zu überschreiten und als Teil einer epochalen Veränderungsgewalt zu erkennen. Das seither immer wieder geäußerte Erstaunen darüber, dass eine dezidiert moderne Idee, die Idee der Erhebung der Massen, durch eine auf vormoderne Ausdrucksmittel zurückgreifende Kunst propagiert worden ist, erklärt sich durch diese Verschiebung, die

Entindividualisierung und Sakralisierung zugleich ist. Wie einst in der christlichen Kunst soll jeder dieser Portraitierten als Teil eines Ganzen hervortreten, das größer ist als er selbst und in ihm bloß vorübergehend und ganz zufällig Gestalt annimmt. Der Arbeiter ist ein Typus, und so verschmilzt er mit seinem Bild zur Pathosformel. Nicht einzigartigen, sich ihrer selbst und ihrer Leistung bewussten Persönlichkeiten tritt der Betrachter dieser Bilder gegenüber, sondern allegorischen Verdichtungen, den Inkarnationen eines Weltbildes. Entsprechend vage sind die Gesichtszüge gehalten, auf die es am Ende eben gar nicht ankommt. Die bürgerliche Kunst wollte Menschen und ihre Gesichter zeigen, die Kunst Meuniers möchte der Physiognomie der Masse Gestalt geben. An die Stelle bürgerlicher Identitäten treten hochgradig stilisierte, jederzeit ersetzbare, willkürlich aus der Masse herausgegriffene und doch pathetisch in ihr verbleibende Figuren, die einer neuen, zeitgemäßen und postidentitären Wertetafel entsprungen sind.

Die Titel der Reliefs und Skulpturen, die gemeinsam die Gesamtarchitektur des *Monument au travail* ergeben, bestätigen die Tendenz: die Industrie, der Hafen, das Bergwerk, die Ernte. All diese Szenarien wollen zeigen und geradezu lehrstückhaft vorführen, was die Arbeit ihrem Wesen nach ausmacht, und haben, indem sie sie zugleich verstärken, an der geborgten Sakralität der Arbeit teil. Mit diesem Selbstbestätigungseffekt schließt sich der Kreis. Wirklichkeit muss formbar sein, etwas, das sich von sich aus der starken Hand des grabenden, schweißenden, hämmernden, sägenden, bauenden und bohrenden Arbeiters ergibt. In den Arbeiterfiguren Meuniers gewinnt die Unruhe Menschengestalt.

Jedes einzelne dieser Werke, darauf beruht ihre gewisse Monotonie und sogar Austauschbarkeit, ist Ausdruck des Bekenntnisses zu ein und demselben Gedankenmotiv: dass

Abb. 1: Constantin Meunier, *La Mine*.

der Mensch nicht nur nebenbei und unter anderem, sondern überhaupt und schlechthin ein Arbeiter sei. Während jedoch Meunier um diese Idee des rastlos tätigen Lebens noch wirbt, indem er, allem behaupteten Realismus zum Trotz, seine Schauseite mit beträchtlichem, der Sakralkunst abgeschautem Pathos inszeniert, setzt Ernst Jünger den epochalen Rang der Figur bereits als gesichert voraus. Meuniers Arbeiter sprengen den Rahmen der bürgerlichen Kunst; Jüngers Arbeiter sprengen das Fundament der bürgerlichen Welt. Jüngers Manifest über »Herrschaft und Gestalt« erhebt den Anspruch, mit dem Arbeiter endlich den allgemeinsten, den erschöpfenden Ausdruck menschlicher Existenz enthüllt zu haben. »Arbeit ist also nicht Tätigkeit schlechthin, sondern der Ausdruck eines besonderen Seins [...]. Das Gegenteil der Arbeit ist nicht etwa Ruhe oder Muße, sondern es gibt unter diesem Gesichtswinkel keinen Zustand, der nicht als Arbeit begriffen wird. Als praktisches Beispiel dafür ist die Art zu nennen, in der schon heute vom Menschen die Erholung betrieben wird. Sie trägt entweder, wie der Sport, einen ganz unverhüllten Arbeitscharakter, oder sie stellt, wie das Vergnügen, die technische Festivität, der Landaufenthalt, ein spielerisch gefärbtes Gegengewicht innerhalb der Arbeit, keineswegs aber das Gegenteil der Arbeit dar. Hiermit hängt die wachsende Sinnlosigkeit der Sonn- und Feiertage alten Stiles zusammen – jenes Kalenders, der einem veränderten Rhythmus des Lebens immer weniger entspricht.«*

Das ist 1932 geschrieben. Jünger, dessen Sätze schon wie Durchsagen klingen, tritt als Visionär einer Moderne auf, die einen unwiderruflichen Schnitt gesetzt und sich von der Vergangenheit – von der Vergangenheit schlechthin – losgesagt hat. Sein Untersuchungsgebiet ist deshalb auch nicht die Moderne im Sinn eines historischen Zeitabschnitts, sondern schlicht und einfach das Sein, wie es sich hier und heute abschließend Bahn gebrochen hat – das »Zeitalter des Arbeiters«. Dem Anspruch nach ist die Diagnose Jüngers ontologisch. Als das Gesetz der absoluten, endlich einförmig und universal gewordenen Wirklichkeit entdeckt er die totale Mobilmachung und als ihren einzig verbliebenen Protagonisten den Arbeiter. Der brave, hochmoralische Realismus eines Meunier ist in dieser Vision aufgegangen, darüber hinaus aber ins Heroische verschoben. Der Arbeiter Jüngers fordert, was ihm zusteht, im Bewusstsein, das Prinzip einer Welt zu verkörpern, in die sich nun alle gehorsam und widerstandslos einzuordnen haben. Jünger stilisiert den Arbeiter zur Schicksalsgestalt, deren aktuelle Erscheinung auf der Weltbühne von elementaren und in diesem Sinn unbefragbaren Kräften getragen ist, von einer zeitlosen und nun endlich von ihren bürgerlichen Fesseln befreiten »Urbewegung«. Er glaubt im Arbeiter den Typus erkannt zu haben, der diese Welt der Unruhe von nun an bevölkern wird und sich ihr, indem er ihr im soldatischen Sinn des Wortes »dient«, bedingungslos ergibt. Arbeiter, schreibt Jünger, ist derjenige, der »immer eindeutiger« nur in die »eine Richtung« geht, »in der überhaupt gewollt werden kann«. Die Liquidierung des Einzelwillens und jeder Form von Liberalität, die als Willensschwäche und Inkonsequenz nur noch belächelt wird, stilisiert Jünger zur Haltung, die durch ihren Bund mit den Schicksalsmächten von vornherein gerechtfertigt ist.

Auf die Festigkeit der Formen sei nun kein Verlass mehr, konstatiert Jünger und spricht von der »Übergangslandschaft« der heutigen Zeit: »alle Formen werden ununterbrochen durch eine dynamische Unruhe modelliert. Es gibt keine Beständigkeit der Mittel; nichts ist beständig als der Anstieg der Leistungskurve, die das gestern noch unübertreffliche Instrument heute zum alten Eisen wirft.« Das Wort Übergang meint hier nicht lediglich den Wechsel von einem Zustand zum nächsten, sondern Transitorität: unablässigen Aufbruch, ständige Innovation, ewige Ankunftslosigkeit – und mitten darin der Arbeiter, der alle früheren Formen menschlichen Daseins abgestreift hat und überlebt. Jünger bietet weder eine hoffnungsfrohe Utopie noch eine finstere Dystopie, sondern den Katechismus eines Glaubens ohne Religion, der nach dem siegreichen »metaphysischen Angriff« auf die Schwundstufen der Bürgerlichkeit in dieser Situation allein noch übrig bleibt. Die einhundert Jahre zuvor von Hegel noch offengelassene Frage, ob die Menschen an der Universalisierung der Arbeit als Gestalter oder als Mitläufer teilhaben werden, als Lenker oder Gelenkte, ist 1932, zwei Jahre nach der Enthüllung des Brüsseler *Monument au travail*, mit verstörender Kaltschnäuzigkeit beantwortet worden.

Beschleunigung

oder wie uns die Unruhe zur zweiten Natur geworden ist

André Breton, der Kopf des französischen Surrealismus, berichtet von frühen Schreibexperimenten mit Philippe Soupault, bei denen es darum ging, die Geschwindigkeit der Textproduktion fortlaufend zu erhöhen. Die Aktion war Teil des kunstavantgardistischen Bestrebens, tiefsitzende Gewohnheiten vorzugsweise der Alltagswahrnehmung zu irritieren und mutwillig außer Kraft zu setzen. Breton sah freilich noch einiges mehr darin. In dem »Gemurmel« jenes »magischen Diktats«,* das er in jenen Tagen zu Protokoll nahm, wollte er die Stimme des Unbewussten erkannt haben. Die Manipulation des Schreibvorgangs war bloß ein Mittel; entscheidend war die mit der zunächst bloß aberwitzig erscheinenden Beschleunigung demonstrierte Möglichkeit, die eben noch auf Treu und Glauben gegründete Korrespondenz von Sprache und Welt zu labilisieren, mit den Konventionen der Sprache zu brechen und auf diese Weise den Dingen ihr Geheimnis zu entreißen. Die Beschleunigung erschien geradezu als Methode, der zuzutrauen war, dass sie die Welt sowohl entstellt als auch verändert und auf überraschende Weise über sich selbst aufklärt. Breton spricht von den Eruptionen einer »poetischen Unruhe«.

Die Beschleunigung und damit verbunden das Empfinden, dass überwältigende, wenngleich nicht unbedingt einleuchtende Veränderungen einander ständig ablösen und dass in immer weniger Zeit immer mehr geschieht, ist eine Erfahrung bereits des späten 18. Jahrhunderts und speziell des Zeitalters der Revolutionen. Die Prämissen dieser Erfahrung sind komplex. Schon im Neuen Testament ist verheißen, dass Gott sich der Auserwählten, um ihnen das Leid der letzten Tage zu ersparen, »in Kürze – *en tachei*« annehmen und um ihretwillen die irdische Zeit verkürzen werde. Gott werde ihnen, heißt es bei Lukas, »unverzüglich ihr Recht verschaffen« (18,8; s. a. Offbg 6,11).* Die Freigabe, gar Wertschätzung einer weltumspannenden Akzeleration der menschlichen Dinge ist allerdings aus diesen Prophezeiungen nicht ableitbar. Mit der heilsgeschichtlichen Beschleunigung sieht sich auch der Widersacher Gottes herausgefordert, der, wie es ebenfalls in der Offenbarung des Johannes heißt, angesichts seiner auf die irdischen Verhältnisse beschränkten Macht sogleich erkannt hat und »weiß, daß er wenig Zeit hat« (12,12).

Der Beschleunigung, das ist so früh schon gesehen worden, wohnt ein Selbstverstärkungseffekt inne, der in der Folgezeit jederzeit aktivierbar geblieben ist und sich auch für säkulare Zwecke nutzen ließ. Im Zeitalter der Revolutionen ändern sich allerdings, wie Reinhart Koselleck gezeigt hat, die begrifflichen Voraussetzungen entscheidend. Während noch Luther die Tempobeschleunigung der irdischen Zeit auf den Willen Gottes zurückführt und sie im Sinn der Evangelisten als Vorzeichen des Jüngsten Gerichts aufnimmt, kann Maximilien de Robespierre am 10. Mai 1793 von einer revolutionären »Pflicht« zur »Beschleunigung« des Fortschritts* sprechen und damit eine Verlaufsform vorgeben, die bereits vollständig in die Hände des Menschen gelegt ist. Diese neue, spezifisch neuzeitliche Beschleunigung ist weniger ein Zeichen als ein Instrument. Der Verfügungsmacht Gottes und ebenso den gleichbleibenden Rhythmen der Natur entzogen, ist die Zeit abstrakt geworden und steht fortan zur Disposition. So ist es eine der ersten Standardaufgaben der eben aufkommenden Ökonomie, die Ertragschancen der durch die Optimierung, und das heißt: der durch die Beschleunigung des Verkehrs- und des Nachrichtenwesens erzielbaren Zeitersparnisse zu kalkulieren. Die konsequente Ausrichtung des Alltags an einer einheitlichen Ordnung der Zeit wird noch ein volles Jahrhundert in Anspruch nehmen; aber schon hier beginnt die penible Kalkulation und Ausbeutung zeitlicher Einheiten: das Diktat der Uhr, die dem Industrialismus den Takt vorgibt. Die effizienzbedingte Beschleunigung erweist sich mit wachsender Deutlichkeit als Gebot der ökonomischen Klugheit. Politisch, wie bei Robespierre, wird dieses Effizienzkalkül ergänzt um das Bild einer Beschleunigung, die ein Gebot der Moral und der Gerechtigkeit ist. Damit möglichst viele Menschen möglichst rasch in den Genuss all der Verbesserungen kommen, die der Fortschritt erwarten lässt, wird die Steigerung des Entwicklungstempos unabweislich: die Durchführung einer Revolution, die allein deshalb geboten ist, weil sie die Zeit der Entbehrung verkürzt. Je schneller getan wird, was getan werden muss, desto besser.

Das alles liegt mehr als zweihundert Jahre zurück. Inzwischen kommt die Beschleunigung vor allem als allgemein geteilte Erfahrung in den Blick, als Alltags- und »Grunderfahrung« der Moderne.* Seit der Erfindung der Eisenbahn ist die Erlebnisvielfalt dieser Beschleunigung tausendfach beschrieben worden: Der Alltag ist in den Komparativ gerutscht. Der Soziologe Hartmut Rosa, der den Begriff der Beschleunigung zeitdiagnostisch erschlossen und populär gemacht hat, weist zu Recht darauf hin, dass die notorische Zeitknappheit und jene Zeitgewinne, die durch Straffung der Verkehrs- und Kommunikationsverbindungen erzielt werden, einander grundsätzlich die Waage halten. So ziemlich alles geht rascher und schneller, ein einziger Klick genügt. Gleichwohl hält das

Empfinden einer permanenten Temposteigerung an, weil die gewonnene Zeit sofort durch ungeahnte Aufgaben und zusätzlichen Aufwand besetzt wird. Die »Beschleunigungsgesellschaft« kennt eigentlich weder freie Zeit noch das Erleben ungestörter Ruhe. Umso vertrauter sind ihr Formen erzwungener Untätigkeit, die durch Ausfälle, Verspätungen oder Staus verursacht sind. Derlei Erfahrungen schaffen Verdruss, ändern aber, wie Umfragen zeigen, nichts an der grundsätzlichen Einwilligung der Beteiligten in den Konformismus der Unruhe. Die Unterscheidung zwischen dem, was wir tun wollen, und dem, was wir tun müssen, verliert jeden Sinn, und mit wachsendem Wohlstand nimmt auch der »Zeithunger« ständig zu. Rosa resümiert den Verlauf der letzten zweihundert Jahre als »Beschleunigungsgeschichte«: Die Logik der Beschleunigung sei der Moderne »eingeschrieben«.

Problematisch an diesem Befund ist die Reduktion der Wahrnehmung auf die Welt, wie sie sich uns darstellt: auf die unmittelbare Erfahrung. Dass es auch abseits der organisierten, stets ein wenig bemüht wirkenden »Entschleunigung« wohlvertraute Zonen der Ruhe gibt, die sich dem Beschleunigungsdiktat entziehen, bleibt für die Diagnose ebenso folgenlos wie die Einsicht, dass die Kultur sich auch in den Traditionen des Westens ganz wesentlich als Organisation von Umwegen, von Verzögerungen und Verlangsamungen verwirklicht. Kultur ist rein als solche »institutionalisiertes Atemholen«.* Feste und Feiertage, wiederkehrende, oft umständliche Rituale und ebenso die klassischen, ich bin versucht zu sagen: die voravantgardistischen Aneignungsformen der Kunst – das Lesen, das Zuhören, das Sichversenken, das Nachdenken, das Sinnen, das Erzählen, das Genießen – dehnen die Zeit und sind rein als solche manifeste Widerstände gegen den Andrang der Beschleunigung. Der rigide, moralisch, technisch und politisch gewollte und vorangetriebene

Abbau dieser Verlangsamungstechniken und weniger eine authentische Temposteigerung hat ermöglicht, was heute als Beschleunigung beschrieben wird.

Bedenklich ist zudem, dass entfällt, was Koselleck als Erwartungshintergrund beschreibt. Was an der Beschleunigung über Jahrhunderte hinweg fasziniert hat, war ihre Doppelbödigkeit: das wechselseitige Aufschaukeln von Erfahrung und Erwartung. Die Beschleunigung erzeugt nicht nur Stress und ist nicht nur das Diktat neoliberaler Effizienzkalküle, sondern bedient Sehnsüchte, die, angefangen mit den biblischen Prophezeiungen, tief im Mythos wurzeln und uns noch immer faszinieren. Auch ohne dass man uns überreden müsste, sind wir geneigt, die Unruhe als Versprechen anzunehmen und ihr unser Vertrauen zu schenken. Wie die Experimente der Avantgardekunst zeigen, hat die Faszination des Gedankens, der Wirklichkeit der Welt durch Beschleunigung beizukommen, auch auf dem Boden der Moderne nicht nachgelassen.

Es heißt also, die Zusammenhänge unangemessen zu vereinfachen, wenn die Beschleunigung plötzlich als »Entfremdung« dasteht, die, wie Rosa formuliert, die Menschen »rigoros reguliert, beherrscht und unterdrückt«.* Der Entfremdungsbegriff evoziert ein Deutungsmuster, dessen Eingängigkeit ihm in Wissenschaft und Kritik einen festen Platz gesichert hat. Er ist jedoch, wie ich meine, an dieser Stelle unbrauchbar, weil er den Zugang zur Genese der Unruhekultur verstellt. Die Idee der Entfremdung folgt dem bereits von Platon bemühten Bild des Meeresgottes Glaukos,* dessen ursprüngliches Gesicht durch Wind und Wellen, durch Muschelschalen und Gestein derart verunstaltet ist, dass ihn nun niemand mehr erkennt. Seine Gesichtszüge sind überwachsen und entstellt, doch unter der Maske sind sie unversehrt geblieben und immer noch da. Diese Bildidee der verborgenen

Präsenz bietet dem Entfremdungsbegriff das entscheidende Motiv. Als entfremdet gilt dieser Urfabel zufolge, was im Laufe der Geschichte entweder von dem abgekommen ist, was im Ursprung bereits vorhanden war und nach wie vor die Norm vorgibt (das ist die konservative Version), oder (so die progressive Variante) was die Entwicklung der Dinge vom regulären Weg des Fortschritts abgelenkt und in die Irre geführt hat. In beiden Varianten klingt ein gnostisches Motiv nach: die Überzeugung, dass die Welt so, wie sie ist, ihrem idealen Modell sei es *nicht mehr,* sei es *noch nicht* genügt und nun mit allen Mitteln aus der Situation der Selbstverfehlung herausgeführt werden muss. Spätestens an diesem Punkt wird deutlich, wie hilflos das Entfremdungskonzept der Herausforderung der Unruhe gegenübersteht. Es dämonisiert die Unruhe als unheilvolle Beschleunigung, um ihr doch zugleich mit seinem Protest gegen den *status defectus* ständig neue Nahrung zu geben.

Nach meinem Eindruck verkennt die Konkretisierung der Beschleunigung als Entfremdung den elementaren Einsatz der Unruhewelt. Die Unruhe ist weder eine Verfallsfigur noch ein Mahnmal missglückter Emanzipation. Sie bildet im Gegenteil das treibende und mit wachsender Deutlichkeit auch bejahte Element einer Kultur, die spätestens mit Ausbreitung der christlichen Gnadenlehre zur Verabschiedung der *vita contemplativa* bereit war. Die Beschleunigung ist eine weitere Ausdrucksgestalt der Unruhe, und wie diese geht sie auf Erwartungen zurück, die lange vor ihrem aktuellen Auftreten formuliert worden und, wie exemplarisch das Offenbarungsversprechen der Kunstavantgarden, im Mentalitätshaushalt der westlichen Kulturen aufgegangen und mit ihm verschmolzen sind. Von Entfremdung kann keine Rede sein.

Die Unruhe, das ist kurzgefasst meine These, ist das, worauf diese Kultur, nachdem mit der alttestamentarischen Vertreibungsgeschichte das tragfähige Erzählschema gefunden war, von Anfang an gesetzt hat. Und genau so, als Ort der Gefahr, wo das Rettende auch wächst,* ist uns die Unruhe zur zweiten Natur geworden.

Coolsein

oder die Maske der beherrschten Unruhe

In den Sprachwelten des Sozialen nehmen Kühle und Kälte, so eng die Wortbedeutungen beieinanderliegen, unterschiedliche Wertungen vor. Wer kühl ist, gilt als besonnen, mitunter auch als berechnend, während der Kalte empfindungslos ist und sogar brutal. Etwas Drittes und wiederum anderes ist die Coolness. Der Coole, diese Assoziationen sind trotz der Allgegenwart des Begriffs noch ahnbar, hat seinen eigenen Kopf, er hat sich im Griff und macht sein Ding.

So weit eine erste Sortierung. Ihre Aussagekraft verdanken die begrifflichen Prägungen dieses Feldes einer metaphorischen Grundschicht: der rein als Temperaturgegensatz artikulierten Gegenstellung zur Hitze der Unruhe. Die Klarheit dieser Alternative dürfte den Verbreitungserfolg des Attributs erklären. Schon mit der Wortwahl hebt es die Eigenständigkeit dessen hervor, der, weil cool, von der Unruhewelt nicht zu vereinnahmen ist. Das Coolsein profitiert vom Pathos der Distanz.

Ohne den Begriff bereits verfügbar zu haben, der erst rund zehn Jahre nach seinem Tod aufkam, hat der Philosoph und Soziologe Georg Simmel die Attribute der Coolness zusammengetragen, die sich im Verlauf des 19. Jahrhunderts auf den Straßen der großen Städte bemerkbar gemacht hatte. Wohl erstmals überhaupt hat Simmel in der Coolness – er selbst spricht von Blasiertheit – ein Epochenphänomen ausgemacht, das zwar mit den Lehren der spätantiken Stoa manches Verhaltensmerkmal teilt, aber eben nicht, wie diese, ein vernunftgeleitetes Programm der Selbstdisziplinierung vorsieht, das sich auf die Intaktheit der kosmischen Weltverfassung stützen kann. Die Coolness, erkannte Simmel, ist durch und durch ein Phänomen der Moderne. Sie reagiert auf die Zumutungen des großstädtischen Lebens, auf seine Anonymität, seine Schnelllebigkeit und Intensität. Neben der großen Stadt nennt Simmel als weitere Entstehungsbedingung des Coolseins die Veränderungen des Alltags, die der gleichmacherische, alles und jedes in quantitative Größen umrechnende Geldverkehr mit sich gebracht habe. Das »Wesen der Blasiertheit«, erläutert Simmel, sei die »Abstumpfung«, und zwar in dem genauen Sinn, »daß die Bedeutung und der Wert der Unterschiede der Dinge und damit der Dinge selbst als nichtig empfunden wird.«*

Demnach haben wir es nicht, wie im Fall der stoischen *tranquillitas animi,* mit einem Selbstbehauptungsanspruch aus eigenem Recht zu tun, sondern mit einer Art negativer Anpassung – einem auferlegten »Reflex«, der, um die Reize der Unruhekultur abzuwehren, »die ganze objektive Welt« vergleichgültigt und entwertet. Keineswegs ist also die Coolness selber cool, denn sie fordert den Preis der Desensibilisierung. Im Gegenzug verspricht sie den Betroffenen die Unverletzlichkeit. Coolness ist ein Verhaltensmodus, der den Distinktionsbedürfnissen der Großstadtmenschen nachkommt und durch seine Kultivierung die Unruhe der Welt, ihre nervöse Überdrehtheit und Hektik, schlicht und einfach abprallen lässt.

Als dieses negative Angebot, sich abzusetzen und Nicht-Übereinstimmung mit dem zu signalisieren, was sich als Normalverhalten aufdrängt, hat die Coolness im Lebensgefühl der Moderne ihren festen Platz. Dass die Inszenierung von

Konventionsbrüchen längst schon selber konventionell ist, schmälert das Ansehen der Coolness nicht – auch deshalb und in gewissem Sinn zu Recht nicht, weil die Vorgaben der Coolness allgemein genug sind, um den unterschiedlichsten Ausdrucksbedürfnissen als Forum zu dienen. Exemplarisch tritt die Ausdrucksvielfalt der Coolness in den Domänen der Musik und des Films hervor. Die Coolness eröffnet einen Projektionsraum, der als Gegenraum fungiert und der Raserei der Non-Stop-Kultur, ihren Unbedachtheiten und törichten Populismen, für den Augenblick eine spielerische, über einschlägige Stilmerkmale kommunizierte Souveränität gegenüberstellt. Die Unzugehörigkeit des Coolen ist ein Authentizitätsversprechen, das der Jazz ebenso genutzt hat wie der Western. Im Laufe seiner Entwicklung hat speziell der Western Typen auf die Leinwand gebracht, die geradezu als Inkarnationen der Coolness auftraten – Typen, auf die in besonderer Weise die Bemerkung Walter Benjamins zutrifft, die Heroen der Moderne seien eigentlich Heldendarsteller.* Der Western hat das Verhaltensmodell des Coolseins aufgegriffen und mit beispielloser Deutlichkeit zum Ausdruck gebracht, was es damit auf sich hat: dass die Coolness eine Maske ist. Die Maske des Coolen ist freilich die Anti-Maske, ist die Maske der Maskenverleugnung, ist die Maske des Spielers, der spielt, dass er nicht spielt.

Indem der Western Heldenmythos und Coolness zusammenzieht, bestätigt er die hohe Anschlussfähigkeit des Konzepts. Auf populäre Weise und allein durch die Augenfälligkeit der filmischen Demonstration verspricht der Western, dass auch in der Kontingenzwelt der Moderne Haltung und Konsequenz noch immer möglich sind. Damit, dass der Western diesen Nachweis in einer Kulisse führt, die vormoderne Lebensformen und Landschaften zitiert, räumt er ein, dass auch er selbst ein Zitat und als solches eine durch und durch moderne Erscheinung ist. Wichtiger als die vertrauten Requisiten der Gunfighter, wichtiger als Hüte, Sporen oder Revolver, ist denn auch das Auftreten dieser Helden, sind die Insignien der Coolness: Unnahbarkeit, Kurzangebundenheit, Gesichtsfestigkeit. Diese Art, sich zu geben, ist des Westerners mächtigste Waffe. So wenig wie der Sieger einer sportlichen oder wirtschaftlichen Konkurrenz ist der Coole seiner Natur nach böse oder grausam.* Er hält sich lediglich an die Vorgaben eines Rituals, in dessen Rahmen er mit unbeirrbarer Folgerichtigkeit tut, was getan werden muss. Dem Coolen, und zumal wenn er den Mythos des Helden zitiert, fügt sich alles nach Wunsch. Derart auf Schauwerte zurückgenommen, hat die Coolness allerdings ihren Preis: sie hört auf, exemplarisch zu sein. Spätestens in den Neowestern Clint Eastwoods und Quentin Tarantinos ist dieser Punkt erreicht. In der Maske des Westerners treibt der Coole endgültig über die Grenze der Wirklichkeit hinaus und wird zum Gespenst.

Dass der Modus der negativen Anpassung die unterschiedlichsten Ausdrucksbedürfnisse bedient, ist Stärke und Schwäche der Coolness zugleich. Längst hat das Konzept seinen charakteristischen Modernitätsbezug, der in den Zeiten des Cool Jazz als Distanzierung von der dominanten, als weiß und kapitalistisch stigmatisierten Unruhewirklichkeit lesbar war, verschlissen. Als cool zu gelten, ist heute leicht – zu leicht, um noch ernsthaft etwas zu bedeuten. Von der sorgsam inszenierten Maske der Abweichung ist eine Handvoll imitierbarer Posen geblieben: die aufreizende Langsamkeit einer Kopfbewegung, ein paar verwegene Bartstoppeln, ein harter Blick und gelegentlich ein männermäßiges Zungeschnalzen, das, durch und durch melancholisch, für einen Sekundenbruchteil das Gesumm der menschlichen Dinge verstummen lässt.

Entwicklung

oder wie die Unruhe die Erwartungen schürt

Eine bewährte Arbeitshypothese ideengeschichtlicher Forschung besagt, dass nicht zu jeder Zeit alles gesagt werden kann. Wäre es anders, könnte uns nichts von dem, was einen Zeitbezug hat, interessieren. Zum Beispiel historische Tatsachen. Mit ihnen selbst bliebe auch dieses Andere und Fremde unbemerkt, das einst ihr Auftreten an Ort und Stelle ermöglicht hat: der, wie Wilhelm von Humboldt* mit Mut zur plastischen Formulierung gesagt hat, »unsichtbare Theil jeder Thatsache«.

Die methodologische Einschränkung gilt für Begriffe ebenso wie für Sätze, also etwa für Aussagen wie diese: »*La civilisation des Peuples n'est pas encore terminée* – Die Zivilisation der Völker ist noch nicht abgeschlossen.«* Geschrieben hat den Satz der französische, im pfälzischen Edenkoben geborene Aufklärungsphilosoph d'Holbach, veröffentlicht wurde er im Jahr 1773. Bis in die Wortwahl hinein sind die Spuren der Entstehungszeit erkennbar. Wie die pathetische Rede von den Völkern ist auch der Begriff der *Zivilisation* in der zweiten Hälfte des 18. Jahrhunderts neu und vorerst nur in Intellektuellenkreisen gebräuchlich. Als Bewegungsbegriff reiht sich die Zivilisation ein in die zeitgenössische, rückblickend oft als vorrevolutionär beschriebene Emphase des Zeitenwandels. Ebenbürtig steht sie neben Formulierungsangeboten wie Geschichte, Fortschritt, Prozess. Untermalt wird diese Emphase durch das Adverb: *ne pas encore.* Die adverbiale Verbindung von Zeitlichkeit (»noch«) und Negativität (»nicht«) reißt den Horizont der Erwartungen auf und stiftet den markant neuzeitlichen, überhaupt erst unter den Bedingungen der Unruhekultur verständlichen Zusammenhang von Veränderung und Erwartung. Was wir erwarten, ist in der Unruhekultur allemal interessanter als das, was wir bereits erfahren haben. So konzentriert sich die Aufmerksamkeit wie von selbst auf die Aktualität und das, was sich darin zeichenhaft ankündigt. Weil die Dinge in Bewegung sind, weil etwas überhaupt erst *wird* und keineswegs immer so *bleibt,* kann das, was einstweilen noch unbestimmt ist, kann also die Veränderung sogleich besetzt und genutzt, und das heißt: politisch erstritten, moralisch eingefordert und propagandistisch vorangetrieben werden. Der Begriff der Zivilisation eröffnet die Aussicht auf die Behebung der Mängel, die nun, weil rein zeitlich bedingt, als besonders schmerzlich empfunden und damit akut werden.

Mit sparsamen, wohlgesetzten Strichen gelingt d'Holbach der Schwenk von der Rhetorik in die Ontologie, vom Sollen zum Sein. Die Wirklichkeit, die wir kennen, steht plötzlich als wesentlich unvollendet und, schärfer noch, als vollendungsbedürftig da, und so ergeht die Aufforderung an die Zeitgenossen, die unmittelbar jetzt, in dieser Gegenwart des historischen Augenblicks sich bietende Chance zu erkennen und die *civilisation* durch die Beschleunigung ihres Wandels dem erhofften Triumph* entgegenzuführen. Der Appell, den d'Holbach an das Publikum richtet, bleibt gleichwohl zweideutig. Offen ist, ob das Zivilisationsgeschehen den Völkern widerfährt und gleichsam im Programm der bewegten Zeiten niedergelegt ist (*genitivus objectivus*) oder aber einen Vorgang benennt, den die Völker, indem sie sich selbst oder gegenseitig zivilisieren (*genitivus subjectivus*), aus eigenem Vermögen vorantreiben. So bestimmt der Aufruf, so unbestimmt der Adressat.

Wem also ist zuzutrauen, den – um den legendären Buchtitel von Norbert Elias aufzugreifen – »Prozeß der Zivilisation«* voranzutreiben und in die Bahnen des Noch-nicht-aber-bald zu lenken? Im Rahmen der komplexen Zeitbegrifflichkeit, die in den Tagen d'Holbachs aufkommt, fällt die Antwort verblüffend einfach aus. Das Subjekt des Prozesses ist bereits in den Augen dieses Aufklärers ganz unmittelbar der Prozess selbst, ist dieses ebenso elementare und unausweichliche Bewegt- und Beunruhigtsein, ist, mit einem Wort, die *Entwicklung.* Die Entwicklung regelt den Prozess, und sie ist dazu in der Lage, weil sie, was im 18. Jahrhundert noch mitzuhören ist, eine klar bestimmte Verlaufsfigur vorgibt. Der Begriff der Entwicklung benennt einen wohldefinierten Vorgang, den er in assoziativer Reichweite hält: das Abwickeln von etwas, das soeben noch verpackt und eingewickelt gewesen ist. So hieß das Ausbreiten von Schriftrollen *evolutio,* und ebenso der natürliche Reifungsprozess der Lebewesen. In dieser Gedankenfigur einer dem natürlichen Gedeihen nachempfundenen Morphologie kommen Ontogenese und Phylogenese zur Deckung. Die Entwicklung benennt nicht beliebige Vorkommnisse, Vorfälle und Turbulenzen, sie ist das Gegenteil der reinen Unruhe; die mit dem Begriff beanspruchte Folgerichtigkeit vergegenwärtigt die Struktur eines überzeitlichen, eines geordneten, unumkehrbaren, eigengesetzlichen und zielführenden Geschehens.

Die Philosophie kennt eine Reihe von Begriffen, die in der Form des Singulars auftreten müssen, um ihr Potential zur Geltung zu bringen: Zeit und Raum, Staat und Recht, Kunst und Kultur. Zu diesen Begriffen gehört auch die Entwicklung. Die Entwicklung, das ist die Ausgangsintuition dieser philosophischen Bedeutungsgeschichte, rechtfertigt sich als Element des Ausgleichs, und so tritt sie von Anfang an mit dem Anspruch auf, den Wandel der historischen Zeiten, statt ihn der Willkür des Schicksals zu überlassen, auf eine bestimmte und durchaus vertraute Gestalt festzulegen. Indem es sich entwickelt, wird ein Etwas zu dem, was es ist. Als Entwicklung begriffen, scheint die Kontinuität des Prozesses ebenso gesichert zu sein wie das von d'Holbach in Aussicht gestellte Ziel: der Triumph der Zivilisation. Erst mit der Entwicklung wird das Abstraktum der Zeit konkret, erst sie macht aus den Tatsachen der Geschichte ein zusammenhängendes, der Willkür des Zufalls entzogenes Geschehen. Doch hat auch dieses Versprechen der Verlässlichkeit, der Kalkulierbarkeit und, dies vor allem, der Begrenzung der reinen Unruhe seine Kehrseite. Im Verbund mit der Absehbarkeit ihrer Verlaufsform droht die in Aussicht gestellte Gangart der historischen Zeiten dem Prozess den Elan zu nehmen, und so stellt sie die revolutionäre Ungeduld auf eine harte Probe. Die Beobachtung ist schon den ersten Zeugen der als Entwicklung verstandenen Geschichte geläufig: Die an einer klaren Richtungsvorgabe ausgerichtete Geschichte scheint sich zu dehnen, weil nun der Fortschritt, da er ja unvermeidlich geworden ist, nicht mehr erkämpft werden muss und keine Eile mehr hat. Aufklärung, stellt Friedrich Schiller* ein Jahr nach dem Sturm auf die Bastille ernüchtert fest, »ist eine langsame Pflanze, die zu ihrer Zeitigung einen glücklichen Himmel, viele Pflege und eine lange Reihe von Frühlingen braucht«.

Das klingt schon fast nach Resignation: nach zähneknirschender Ergebung in den eigengesetzlichen, dem Einfluss der menschlichen Akteure entzogenen Fortgang der Geschichte. Offenbar hat selbst das mit dem Voluntarismus der Revolution gegebene Beispiel, das Schiller lebhaft vor Augen stand, den bereits in der Formulierung d'Holbachs aufscheinenden, tief in die Logik des Begriffs eingesenkten Konflikt zwischen

Freiheit und Prädetermination nicht lösen können. So verwundert es nicht, dass sich die Aufmerksamkeit der Faktizität der Entwicklung selbst zuwandte, dem Gesetz ihres Vollzuges. Schon bald verlangt Friedrich Schlegel,* dass ein »jeder nach seinem Sinn die große Entwickelung beschleunigen« möge, »zu der wir berufen sind«, und kann sich dabei auf die inzwischen verbreitete Theorie der Epigenese berufen: die Vorstellung, dass Entwicklungsprozesse nicht einfach einem gesetzesförmigen Programm der Natur folgen, sondern fortwährend neue Anlagen und veränderte Fähigkeiten ausbilden, mit denen sie auf akute Herausforderungen spontan reagieren. Die Entwicklung, die Schlegel vor Augen hat, ist epigenetisch potenziert und durchläuft, indem sie vorankommt, auch in sich selbst eine Entwicklung.

Auf der anderen Seite sieht Hegel gerade mit diesem avancierten Modell der in Entwicklung begriffenen Entwicklung den Subjektcharakter des sich rein aus sich selbst erneuernden Prozesses bestätigt: der Prozess, der sich – und ebendies heißt bei Hegel Entwicklung – aus sich selbst heraus regeneriert und, da vernünftig, auch versteht. Das Wort Entwicklung, mit dieser Feststellung geht Hegel über die ältere Begriffsgeschichte ausdrücklich hinaus, sei »gerade dies Bekannte«, das in Wirklichkeit »das Unbekannte« ist.* Um hier voranzukommen und das Konzept der Entwicklung philosophisch auszuformulieren, unterscheidet Hegel nach klassischem Vorbild zwei Dimensionen: das bloße Vermögen (*dýnamis; potentia*) und die verwirklichte Wirklichkeit (*enérgeia; actus*). Kurzgefasst besagt diese Unterscheidung: Indem sich etwas entwickelt, wird es, was es ist – es realisiert, was vorgezeichnet und als dieses Bestimmte bereits angelegt, aber noch nicht auseinandergelegt und Wirklichkeit geworden ist. Dementsprechend betont auch Hegel die Identität Desselben in der Zeit, ermisst aber ebenso die Reihe der aufgetanen Differenzen: das Faktum der Nicht-Identität. Entwicklung heißt demnach ein Geschehen, in dem ein Gegebenes sich, getrieben durch die Neigung zur Konkretion, regelrecht aus sich »heraussetzt« (die Identität mit sich selbst verliert), um sodann in sich »zurückzukehren« (die Identität wiederherzustellen) und damit wiederum den nächsten Schritt über sich hinaus (die Situation der Nicht-Identität) bereits eingeleitet zu haben. Die »Taten des freien Gedankens« setzen genau diese von Hegel präzisierte Morphologie der Entwicklung als wirklich voraus: *frei* sind sie – ganz im Sinne Schlegels – durch die Lebendigkeit der Reflexion, die, weil sie als Aufbrechen der Sichselbstgleichheit auftritt, nichts so sein lässt, »wie es unmittelbar ist«; *notwendig* sind sie, weil diese Reflexion – anders als bei Schlegel – durch innere Notwendigkeit an den weiteren Gang der Dinge gebunden ist und unbeirrbar einer ihr eingeschriebenen Richtung folgt, die bei Hegel zuletzt noch immer teleologisch, und das heißt: durch das Ziel des Zur-Ruhe-Kommens formell bestimmt ist.

In der Ausprägung, die der Entwicklungsbegriff bei Hegel gefunden hat, tritt die Paradoxie der Unruhekultur besonders deutlich hervor: die schon von Schiller erahnte Paradoxie, die darin liegt, dass selbst dieses Immer-so-weiter der unendlichen Unruhe, sobald es erst einmal als »Entwicklung« erfasst ist, etwas zutiefst Beruhigendes und sogar Einschläferndes hat. Indem der Entwicklungsbegriff das Kulturgeschehen naturalisiert, unterlegt er ihm eine Regelhaftigkeit, die den Fortgang dieses Geschehens von sich aus trägt und damit die Vorstellung nährt, es dürfe getrost sich selbst überlassen bleiben. Das Weltbild der Evolution neigt von sich aus dazu, einerseits bequem und andererseits deterministisch zu werden, und es ist Ernst Cassirer gewesen, der 1939 – und damit aus gegebenem Anlass – die klassischen Begründungen des Geschichtsdeterminismus erwogen* und im Namen eines zeitgemäßen, kulturphilosophisch begründeten Freiheitskonzepts verworfen hat: den positivistisch ausgerichteten *Naturalismus* in der Nachfolge Auguste Comtes, den *Psychologismus* in der Geschichtsmorphologie Oswald Spenglers, die Fortschrittsspekulation der idealistischen *Geschichtsphilosophie.* Speziell dem Geschichtsphilosophen Hegel hält Cassirer vor, die Entwicklung als Vorwand zu missbrauchen, die den Individuen ihre Selbständigkeit bloß vortäusche, in Wahrheit aber das Gesetz einer »unendlichen Macht« exekutiere. Schon bei Hegel glaubt Cassirer die dann von den Anhängern Darwins noch einmal verstärkte Tendenz erkannt zu haben, dasjenige, was sich als das Stärkere durchgesetzt hat, ebendarum für gerechtfertigt zu halten und anzuerkennen.

Hegel hat dieser Auslegung seiner »List der Vernunft« widersprochen.* Und doch bleibt richtig, dass die Reinterpretation der Unruhe als Entwicklung schon vorgreifend ein Geschehen sanktioniert, das so, wie es sich vollzieht, einfach nur natürlich erscheint und ebendarum über jeden Zweifel erhaben ist. Angesichts solcher Selbstbestätigungsschleifen ist mit Nietzsche* daran zu erinnern, dass die einmal ihrer metaphorischen Spannung beraubte und schlicht und einfach *geglaubte* Entwicklung die Unruhe weder bändigt noch dem Höhepunkt ihrer abschließenden Vollendung entgegenführt, sondern lediglich eine ihrer zeitgenössischen Ausdrucksgestalten ist: dass Entwicklung immer nur Entwicklung will »und weiter nichts«.

Essay

oder die Bändigung der Unruhe durch die Form

Das Wort Essay ist aus dem lateinischen *exagium* hervorgegangen, der Kostprobe. Ein Schluck Wein, ein Stück Obst oder Käse – nicht, um sich den Bauch vollzuschlagen, sondern um die Qualität zu prüfen. Seiner sprachbildlichen Herkunft nach ist der Essay ein Appetitanreger. Schon jetzt bietet er ein Stück von dem, was einmal sein wird. Und eben als solches, als Vorwegnahme, die mit der Neugierde auch unser Verlangen weckt und augenblicklich unsere Erwartungen hochschraubt, ist der Essay ein Kind der Unruhe.

Der Essay ist ein Vorgriff auf Dinge, die erst noch kommen. Mehr als alle übrigen Qualitäten, die man ihm nachgesagt hat: das Spielerische, die Subversion, die Lebendigkeit, das Engagement, die Offenheit, die Originalität, die Kühnheit, die Eloquenz, der Experimentalismus, das Faible für Neues und Überraschendes bestimmt diese Zeitstruktur des Vorgreifens, bestimmt dieser Bildhintergrund der *Probe* die essayistische Praxis. Zugleich hält der Doppelbezug auf Seiendes und Kommendes die Spannung aufrecht zwischen Essayistik und Wissenschaftlichkeit. Denn während sich die Wissenschaft in simulierter Zeit- und Ortlosigkeit bewegt, um bewährte Methoden in einer kontextbefreiten Situation auf ausgesuchte Gegenstände anzuwenden, zeigt der Essay die Sache in den Zusammenhängen menschlichen Erlebens. Bei den Fragen, denen der Essay sich stellt, kommt man nicht weiter, indem man statistisch vorgeht oder Kästchen neben vorformulierten Antworten anklickt. Gewiss, die Fakten müssen stimmen, doch der Essay entsteht nicht eigentlich um ihretwillen. In der zum Pathos neigenden Prosa des frühen 20. Jahrhunderts hat der junge Georg Lukács von den »Schicksalsbeziehungen« gesprochen,* die der Essay umkreist und die seinen genuinen Anspruch begründen. Mit seinem kühnen Vorgriff auf das Kommende beansprucht der Essay Weitblick und Distanz, ja Autorität, und verschafft sich damit jene Spielräume, die es ihm erlauben, über die eigene Zeit des Übergangs sein Urteil zu sprechen. Der Essay ist das Organ der bohrenden, der insistierenden und ungeduldigen Kritik, und Lukács nennt ihn unverhohlen euphorisch den »Weltbeweger«.

Bereits Michel de Montaigne, der das Genre Ende des 16. Jahrhunderts eingeführt und ihm seinen Namen gegeben hat, bestimmt das essayistische Schreiben aus seiner zeitlichen Ordnung heraus: aus der Diskrepanz zwischen den Bedürfnissen des individuellen Lebens und den Anforderungen der aktuellen Situation. Anerkennung und Missbilligung des Genres gehen auf diesen Anspruch zurück, Themen aufzugreifen, denen die methodologisch ernüchterten Formen des Wissens lieber aus dem Weg gehen: all das, was spätere Zeiten als Lebensprobleme ansprechen werden. Montaigne zufolge entspringt der Essay dem Verlangen des schreibenden Ich, das Aroma seiner Erfahrung zu kosten, und ohne zu zögern, weiht er die Leser in seine Absichten ein. Ein jeder schaue von sich weg, teilt Montaigne in seinem Essai über den Dünkel mit, er aber schaue in sich selbst. »Nur mit mir habe ich es zu tun. Ich beobachte mich ohne Unterlaß, prüfe mich, verkoste mich – *je me gouste.*«*

Ihrem Selbstverständnis nach ist Montaignes literarische Verkostung ein Schreibkunstwerk. Es ist ganz unmittelbar der Vorgang der Niederschrift selbst, der die Dinge des Lebens sowohl erkundet und entfaltet als auch benennt und ordnet. Für den Schriftsteller Montaigne ist es deshalb nicht damit getan, Gewohnheiten zu durchbrechen, Aktionen vorzubereiten oder die berühmten Zeichen zu setzen. Der Prozess der Niederschrift terminiert im Werk, mit dessen Ausformulierung die schweifenden Bewegungen des Lebens zur Ruhe kommen. 1588, vier Jahre vor seinem Tod, hielt Montaigne die erste Ausgabe der *Essais* in Händen, die dem unablässigen Unterwegs des gelebten Lebens sinnlich-sichtbar Gestalt verlieh: der prangende Schriftzug des Titels, das reich ornamentierte Deckblatt, die Griffigkeit der nun abschließend gebundenen Buchseiten. Ausdrücklich verweigerte der Autor die Aufnahme eines Porträts. Die endlich abgeschlossene, mehrfach überarbeitete und in sich gerundete Schrift sollte für sich selbst sprechen.

Montaigne vertraute auf die bannende Kraft des geschriebenen Worts. Mit der beredten Schriftkritik des Postmodernismus hätte er deshalb wenig anfangen können. Die Emphase des schließlich zu endgültiger Gestalt gelangten Werks spiegelt die Idee der inneren, der mit ihrer Fertigstellung ausbuchstabierten Form. Gewiss bestimmt auch Montaigne den Essay als den Abkömmling der Unruhe, und all sein Schreiben, er wiederholt es ständig, ist ein Suchen. Aber diese Suchbewegungen genügen sich nicht selbst. Ihr Zweck besteht zunächst darin, den Text zu der unablässig schwankenden Wirklichkeit ins Verhältnis zu setzen, der er sich zuwendet – er schildere nicht das Sein, präzisiert Montaigne, sondern das Unterwegssein –, dann aber auch darin, ihn, den Autor, vor den Augen des Lesers und in diesem Sinn exemplarisch im wohldokumentierten Vollzug der Niederschrift vom Gespenst der Unruhe zu befreien. Es sei das Kennzeichen der Torheit, zitiert Montaigne aus den Briefen Senecas, rastlos zu sein und immer nach Künftigem zu rennen. Wie einst Seneca vertraut auch Montaigne auf die meditative Kraft des Schreibens und auf die Formgebung durch Schrift. Dankbar nimmt er auf den letzten Seiten des Werks zur Kenntnis, in welchem Maß seine anfänglichen Erwartungen an das Genre eingetreten und seine inneren Leidenschaften nun, nach immerhin zwanzig Jahren des Beobachtens, Wägens, Abschmeckens und Notierens, endlich »in Ruhe sind – *estre en repos*«.* Montaignes Schreibkunstwerk ist Ausdruck, aber ebenso das Therapeutikum der Unruhe.

Der Essay verlangt den Mut zur Gestaltung, wie unvollkommen sie auch sein mag. Ist aber diese Gestalt einmal gefunden, gibt es – diesen Satz hätte Montaigne ohne die leiseste Ironie zu Papier bringen können – nichts Beruhigenderes als das essayistische Schreiben. Jeder einzelne Satz Montaignes ist ein Vorgriff auf das, was all diese Sätze gemeinsam und als gültiges *Werk* einmal hervorgebracht haben werden. Es liegt in seiner Form begründet, dass der Essay, indem er sich rundet, diesem Schreibenden, der darin dem Ganzen seines Lebens sowohl Ausdruck als auch Gestalt verleiht, Frieden schenkt.

In der weiteren Geschichte des Genres hat sich diese Zuversicht verloren – wohl auch deshalb, weil die Haltung der Skepsis, der Montaigne in seinen Aufzeichnungen das Wort erteilte, unvermerkt der Idee der Kritik weichen musste. Kritik und Skepsis sind jedoch verschiedene Unternehmungen, sie folgen unterschiedlichen Logiken. Während die Suchbewegungen der *Essais* im Vorraum einer Wahrheit verbleiben, deren Vollbesitz für den Pyrrhoniker Montaigne ohnehin nicht zu erlangen war, will die an die Stelle der Skepsis getretene Kritik geradezu einen »Kampf um die Wahrheit« anzetteln und, wie Lukács unter Aufbietung der einschlägigen Metapher fortfährt, um dieser Wahrheit willen einen öffentlichen »Prozeß des Richtens« abhalten. Dergleichen wäre dem Autor der *Essais* niemals in den Sinn gekommen. Dem

Abb. 2: Karl Wilhelm Diefenbach, *Per aspera ad astra*, 1892. Gemälde Nr. 18 aus dem Fries 1888.

essayistischen Schreiben, sagt Lukács wie zur Erwiderung auf den ungleich bescheideneren Anspruch Montaignes, ist mit der Aussicht auf »wohlfeiles Abschließen« nicht gedient: es sei »kein Ausruhen, sondern ein Erklimmen«.* Auch hier ist die herbeigerufene Metapher aufschlussreich. Der vom platonischen Höhlengleichnis durch die Jahrhunderte getragene Mythos des Aufstiegs gibt auch dem kritisch beunruhigten Essay die Richtung vor. Steil hinauf führt der Weg zu den Sternen.

Theodor W. Adorno, der ein halbes Jahrhundert nach Lukács einen philosophisch ambitionierten Beitrag zum Thema geleistet hat, ist dem Tenor dieses Programms gefolgt. Auch für den einstigen Kopf der Kritischen Theorie ist der Essay der Weltbeweger, der Störenfried und notorische Unruhestifter. Und doch will Adornos Essay über den »Essay als Form«, der Mitte der fünfziger Jahre entstanden ist, weit mehr sein als ein gattungstheoretischer Bestimmungsvorschlag. Adorno nutzt die selbstgestellte Aufgabe, die Aktualität des Genres aufzuweisen, zu einer scharfzüngigen Abrechnung mit der zeitgenössischen Philosophie. Die literarische Form des Essays gerät darüber in eine antagonistische Position, von der aus gesehen das, was die institutionalisierten Formen des Wissens an ihm stört – seine Beweglichkeit und Experimentierfreude, sein Eigensinn und sein Selbstbewusstsein –, unversehens als Stärken hervortreten. »Die den Geist glauben gegen Unsolidität verteidigen zu müssen, sind seine Feinde: Geist selber, einmal emanzipiert, ist mobil.«* Einzig im Essay, das ist die These des Nachkriegsphilosophen Adorno, überleben die geistige Unruhe und der Anspruch philosophischer Reflexion.

Aber das ist nicht alles. So wenig wie Montaigne will auch Adorno den Essay als Organ einer immer schon bescheidwissenden, einer selbstzufriedenen Kritik einsetzen, die, statt die von Adorno geforderte »Geduld zur Sache« aufzubringen, im Wissen um das Richtige nur noch Aktionen anzuzetteln braucht. Der philosophische Essay, für den Adorno wirbt, ist nicht dazu da, Weltanschauliches darzubieten. Prägnanz gewinnt das Genre überhaupt erst durch eine Doppelbewegung: dadurch nämlich, dass es, wie abzusehen, zunächst »dynamischer« ist als das von Adorno so genannte »traditionelle Denken«, dann aber und durchaus überraschend dadurch, dass es zugleich – auch dies ist Zitat – »statischer« ist. Sein eigenes Gesetz hält demnach den Essay dazu an, seine der Unruhe abgelauschten Sätze zusammenzuführen und deren inneren Zusammenhalt zu erweisen. Der Essay, so die Einsicht Adornos, ist der Versuch, den Abstand zwischen dem *Beschreiben* und dem *Bewegen* der Welt allein mit Hilfe dessen, was sich mit Worten sagen lässt, vorgreifend zu überwinden.

Indem er sein eigenes Gesetz geltend macht, gewinnt der Essay im Prozess seiner Verfertigung Statur. Der Inbegriff dieser genretypischen Stabilisierungsleistung ist bereits Montaigne geläufig gewesen: die Form. *Der Essay als Form* – im Titel seines Essays nimmt Adorno dieses initiale Versprechen auf, das nun, durchaus im Wissen um die damit verbundene

Provokation, das alte, längst ortlos gewordene Ruheversprechen überraschend erneuert. Der Essay, das bestätigt sich auch hier, ist das Kind der Unruhe. Aber, und dieser Zusatz ist entscheidend, mit seinem Formwillen stellt er sich dem Drängen der Unruhe doch auch entgegen. Wie er nach vorn deutet, auf die kommende Wirklichkeit, von der er schon jetzt eine Kostprobe bietet, so holt er zugleich ein, womit das philosophische Begreifen einst begann: den Willen zur Form. Wir verleihen unseren Narrheiten Würde, ist in Montaignes Essai über die Erfahrung zu lesen, indem wir sie in Form gießen.* Der Essay schränkt die Ungewissheit des Kommenden ein, indem er der Wirklichkeit, die sich ankündigt, in kühnem Vorgriff Bestimmtheit verleiht. Das Angebot des Essays an das Denken heißt *Form*.

Faulsein

oder von der Aussicht, dem Drängen der Unruhe zu entkommen

Ob Faulsein glücklich macht? Der alte Traum vom Schlaraffenland, vom Land der garantierten Rundumversorgung und der unbekümmert ausgelebten Verantwortungslosigkeit, scheint so etwas anzudeuten. Bei genauerem Hinsehen melden sich allerdings Zweifel. Schon die Wortwahl weist in eine andere Richtung. Faulsein ist eine besondere Form des Nichtstuns – jene nämlich, die kein Verhältnis zur Zeit findet und alles, was das Leben bietet, verstreichen lässt, verdaddelt und verdämmert. Anders als die Erschöpften und Niedergeschlagenen ergeben sich die Faulen dem Nichtstun ohne Not, und statt ein entspanntes Verhältnis zur Welt zu finden, schauen sie zu, wie die Verbindungen abreißen und schließlich ganz verlorengehen.

Unter Aspekten des Überlebens ist Nichtstun keine Option. Paradoxerweise ist es aber gerade die moderne Arbeitsgesellschaft gewesen, die die Trivialität des Leistungsminimums in Frage gestellt und das Nichtstun zur subversiven Geste veredelt hat. Das Lob der Faulheit,* das im 19. Jahrhundert aufkam, ist von den Wortführern der Bohème sogleich als Pose der Antibürgerlichkeit und der Verweigerung, ja der Unbeugsamkeit ausgegeben worden. Allein der Verkündungsgestus dieser selbsternannten Außenseiter verschob die Semantik des Faulseins und verhalf ihnen zu ungeahnter Reputation. Mit der Beschwörung dieses, wie er schrieb, »einzigen Fragments von Gottähnlichkeit« reagiert zu Anfang des Jahrhunderts bereits Friedrich Schlegel auf die zeitgenössischen Bestrebungen, die Gesellschaft nach dem Vorbild der Fabrik zu organisieren, in der das Heer der Werktätigen Tag für Tag sein Pensum erbringt. So war es gerade die Unwiderstehlichkeit der industriellen Revolution und ihrer kulturrevolutionären Implikationen, die ganz gegen deren Absicht das Faulsein gesellschaftsfähig gemacht hat. Faulsein wurde zur Geste, die Geste zur Demonstration.

Die Bedeutungsverschiebungen, die am Beginn der Moderne einsetzten, wirken bis heute nach. Mit der Arbeit und dem Fleiß hatten die Parteien des Fortschritts den Wertekanon der protestantischen Ethik übernommen und sich den Gedanken der innerweltlichen Bewährung als Vorschein der profanen Erlösung zurechtgelegt. Nicht anders als die führenden Köpfe der Reformation bestimmte auch Karl Marx die Arbeit als Lebensbedürfnis, und es ist dieser moderne, dieser parteiübergreifende Konsens der unbedingten Tätigkeitsbejahung, den das Lob der Faulheit nun lustvoll untergrub. Die romantische Heroisierung der Taugenichtse, der Müßiggänger und Sonderlinge versagte all den Tüchtigen und besinnungslos Strebenden die Gefolgschaft: jenem blinden Aktionismus, dem die eigene Zweckbestimmung entglitten und der längst zur Obsession geworden war.

Mit dem Schritt in die Arbeitsgesellschaft hatten sich die Gewichte verschoben. Ob die Faulheit glücklich machen könne, war schon nicht mehr die Frage. Das Paradies lässt sich nicht erzwingen, und niemandem fällt es einfach in den Schoß. Aber – und das war die Intuition all derer, die jetzt die Faulheit priesen – sie fördert das Nichtmitmachen und damit ein Verhalten, das dem Ethos der Leistungsgesellschaft, die niemanden zurücklassen möchte, krass zuwiderläuft. Wer faul ist, begehrt auf gegen die Tyrannei der Industrie, gegen den

Abb. 3: Federico Fellini, Filmstill aus *I Vitelloni (Die Müßiggänger)*, 1953.

Wahn der Optimierung und die permanente Steigerung der Effizienz. Dieses neue, selbstbewusste Faulsein, das sich im Verlauf der Moderne geltend gemacht hat, ist nicht mehr bloß ein träges Nichtstun und erzwungener Feiertagstrübsinn; es präsentiert sich als positiver Entwurf, als *Haltung*. Ohne falsche Sentimentalität gönnt Federico Fellini in seinen *Vitelloni* (1951) den Tagedieben und Traumtänzern, den Rumhockern und Eckenstehern solch unvermutete Augenblicke stolzen Außenseitertums. Es wird viel gesessen in diesem Film, oft auch herumgesessen, aber ebenso gefeiert und getanzt. Fellinis warmherzige, dabei sehr genaue Beobachtungen des Lebens in der kleinen, von der pulsierenden Moderne abgehängten Stadt zeigen die Müßiggängerei als querlaufende, stark improvisatorische Jedermannsperformance. Diese Müßiggänger sind vor allem Abweichler, Dissidenten der Arbeitsgesellschaft.* Wie ein paar Jahrzehnte später die Coen-Brüder in ihrem Film *The Big Lebowski*, wo der am liebsten bowlende und stets ein wenig besäuselte Dude mit parodistischer Majestät seine Tage hinbringt, nimmt auch Fellini den Bildern des Scheiterns und der Verzweiflung, ohne sie zu unterschlagen, die Autorität eines letzten Wortes. Was am Ende zählt, ist der Dissens: die Weigerung, dem Drängen der organisierten Unruhe nachzugeben.

Längst hat das Daseinsmodell der *Arbeit** die Gefühle der Menschen (»Trauerarbeit«), ihre Partnerschaften (»Beziehungsarbeit«), ihr Meinungssystem (»Überzeugungsarbeit«) und selbst die Reflexion dieser Zurichtungen (»Geistesarbeit«) durchdrungen, zu schweigen von der Wundersalbe des »Verarbeitens«, das, ähnlich wie der Stress, aus der Sprache der industriellen Fertigung in die Sprache der Betreuung übergegangen ist. Wenn irgendetwas die Tendenz zu durchkreuzen und ihre Fraglosigkeit zu erschüttern vermag, dann die leise, ewig lockende Widerspenstigkeit des Faulseins.

Flexibilität

oder vom Schrecken der Unruheverlassenheit

In seinen *Pensées,* die erstmals 1699 posthum erschienen sind, nennt der französische Philosoph und Mathematiker Blaise Pascal den Menschen ein Schilfrohr. Was ist gemeint? Ein Schreibgerät womöglich, das, von unsichtbarer Hand geführt, die erstaunlichsten Wörter und Sätze zustandebringt. Oder ein Stück pflanzliche Faser, das schon der nächste Windhauch davonträgt: ein Bild, das uns die eigene, die menschliche Schwäche – wie Pascal sagt: *notre faiblesse** – vor Augen stellt. Es handelt sich aber um ein *denkendes* Schilfrohr, das offenbar über besondere Fertigkeiten verfügt. Einerseits in der Unermesslichkeit des Weltraums verloren, ist dieses Wesen doch in der Lage, das All geistig zu umspannen und darin seine eigene Position auszumachen. Der Mensch ist schwach, ein dünnes Rohr, aber er ist nicht hilflos. Er weiß um die Unermesslichkeit des Weltalls, um seine schiere Übermacht, doch das Weltall weiß gar nichts – nichts von diesem Wesen, das sich von ihm umfangen weiß, und auch nichts von sich selbst.

Weshalb aber und in welchem Sinn ist dieses denkende Wesen ein Schilfrohr? Eine mögliche Erklärung ist, dass die semantische Spannung der bildlichen Elemente, die Spannung zwischen der Kraft des Denkens und der Zerbrechlichkeit des Rohrs, die Unverzichtbarkeit des Denkens hervorheben will. Der Mensch überlebt, weil er denken kann und solange er sich dieses Vermögens bewusst ist und von ihm Gebrauch macht.

Ohne das Denken wäre er nicht bloß schwach, er wäre hilflos. In dieser Ausgleichsfunktion zeigt sich, dass das Vermögen des Denkens und das Dasein des Schilfrohrs, so überraschend diese Kombination zunächst wirken mag, keineswegs willkürlich nebeneinandergestellt sind. Sein Denken führt diesem Schilfrohrwesen vor Augen, was es ist und ungeachtet seiner Schwäche vermag. Denkend ist es in der Lage, sich über sich selbst aufzuklären und sein Weltverhalten zu kontrollieren. Es kann nachgeben, wo es nottut, und sich biegen – um sich anzupassen, gewiss, vor allem aber, um nicht zu brechen.

Pascal widerspricht seinem Zeitgenossen Descartes, der soeben das Dasein des Menschen gespalten und Denken und Sein, *res cogitans* und *res extensa*, scharf unterschieden und die Souveränität des Ich auf das Denken des Denkens zurückgenommen hatte: auf das berühmte Cogito. Pascals Metapherngebilde des denkenden Schilfrohrs unterläuft diese Trennung, indem es Körper und Geist, die Biegsamkeit des Rohrs und die Kraft des Denkens, aufeinander bezieht und als Wirkungszusammenhang begreiflich macht. Das denkende Rohr reagiert elastisch und richtet sich, sobald der Sturm vorüber ist, wieder auf, ohne Schaden genommen zu haben. Bereichert durch die gemachte Erfahrung, erlaubt es ihm sein Denken, den Status quo ante wieder aufzunehmen und eben dadurch mit sich selbst identisch zu bleiben. Seine Flexibilität gibt seinem Dasein Dauer. Indem es diese aufrechte, diese ihm zukommende Haltung wieder einnimmt, wirken Körper und Geist zusammen, und es ist diese wechselseitige Ergänzung, die es dem Menschen erlaubt, neben den Stürmen des Lebens auch die aus ihm selbst hervorbrechende »Unbeständigkeit, Langeweile, Ruhelosigkeit – *inconstance, ennui, inquiétude*« ungeachtet seiner Schwäche, die nur allzu offenkundig ist, zu überstehen.

Die Frage, mit der Pascal sich auseinandersetzt, ist uralt und stellt sich doch auf immer neue Weise: Wie in der Unruhe leben und überleben, wie mit ihr zurechtkommen? Die Antwort der *Pensées* ist klar. Wollte man aus den Fragmenten dieses Ideenkonvoluts eine Verhaltenslehre des Menschen in Gesellschaft herauslesen, wie sie etwa der zu Lebzeiten Pascals aufkommenden Moralistik vorschwebte, bietet die Metapher des denkenden Schilfrohrs den entscheidenden Hinweis. Demnach gilt es, die Formen der inneren und äußeren Unruhe zu bestimmen, sich ihnen zu stellen und bei alldem aufrecht zu bleiben – aber nicht störrisch und widerwillig, sondern klug und geschmeidig. Der Mensch ist biegsam und anpassungsfähig, aber doch nicht so biegsam, dass er nicht doch einmal brechen könnte; er ist schwach, aber doch nicht so schwach, dass er dem Schicksal hilflos ausgeliefert wäre. Mit deutlichen Anleihen bei der Stoa und namentlich bei Seneca und Epiktet* plädiert Pascal für das Verhaltensmuster einer besonnen gehandhabten, einer auf Erhaltung und Konstanzsicherung angelegten Flexibilität.

Die neueren Beschreibungen der sozialen Welt geben dieses Primat einer stets gefährdeten, aus der Sicht der Betroffenen entworfenen Strategie der Selbsterhaltung auf. Wenn die Zeichen nicht trügen, sind wir eben dabei, unseren Umgang mit der Unruhe ein weiteres Mal umzustellen: von einem Verhältnis, das wie bei Pascal kritisch ist und von Vorbehalten geprägt, über ein Verhältnis der Duldung und der zögernden Anerkennung, wie es die Geschichtsphilosophien der Aufklärung vorgaben, bis hin zu der aktuellen Forderung, sich der Wirklichkeit der Unruhe vertrauensvoll zu überlassen: sich mit ihr zu befreunden und habituell anzunähern. Wo einmal die Forderungen der Konstanz und der personalen Identität standen, dominiert inzwischen die Vorstellung eines Lebensentwurfs, der wie auf einer leeren Tafel jederzeit alles neu macht, dessen Zustände permanent wechseln und der in diese

Permanenz des Wechsels vorgreifend und, befreit von den Lasten permanenter Kontinuitätssicherung, erleichtert einwilligt. Die zeitgenössischen Theorien des sozialen Wandels radikalisieren die schon von Pascal geforderte Nachgiebigkeit und treiben sie über den Punkt hinaus, an dem die im Bild des Schilfrohrs eingefangene Rückkehr in einen Zustand relativer Konstanz und die erneute Einnahme der aufrechten Haltung vorgesehen war. Die aktuellen Formen der Flexibilität sollen, mit einem Wort, nicht mehr nur maßvoll und situationsbedingt sein, sondern radikal und unbedingt.

Wir erleben den Umbau eines ganzen Vorstellungszusammenhangs. »Aus Zustandswechseln«, schreibt der Kulturwissenschaftler Klaus Theweleit, »dürfte die Flexibilität des modernen (West-)Menschen in seinem Alltagsverhalten resultieren, seine multiplen Verhaltensweisen, die nicht von einem ›integrierenden Ich‹ umfasst sind, nicht von einem solchen ›zusammengehalten‹, also auch nicht von ihm behindert werden. Der ›fragmentierende Körper‹ heute löst seine psychophysischen Probleme eben nicht mehr mit der motorischen Muskelarbeit des Drills; auch nicht mit der Phantasie eines überwölbenden Großkörpers unter dem Oberbegriff ›Charakter‹ und auch nicht durch den sportiven Ersatz-Drill im Trainingscenter. Er löst sie in der Regel durch seine Aufspaltung in verschiedene gut funktionierende Subsysteme; er löst sie durch seine Multifunktionalität. […] Die Aufspaltung der Gesellschaft in organisierte Spezial-Enklaven bedient ein Bedürfnis, und sie schützt zugleich. In der Parzelle brauchen wir nur die Parzelle zu denken. Würden wir an alles andere auch dauernd denken, es wäre unaushaltbar.«*

Flexibilität: So lautet das tonangebende, konsequent unruhekonforme Verhaltensmuster, das eben dabei ist, die Imago des »integrierenden Ich« abzulösen und durch ein »segmentiertes«, über unverbundene Aktionsräume verstreutes Ich zu ersetzen. Die aktuelle Modellierung des sozialen Verhaltens bezieht ihre Intuitionen unmittelbar aus den Anforderungen des Alltags und erklärt sie für sakrosankt. Wer in diesem neuen, unbedingten Sinn flexibel sein will, muss endgültige Entscheidungen vermeiden, weil sie unerwünschte Festlegungen und, wie Theweleit sagt, Behinderungen sind, und aus dem gleichen Grund muss er bereit sein, die Wahl des Arbeitsplatzes oder des Lebenspartners offenzuhalten. Was in dieser Welt der Provisorien und Vorläufigkeiten zählt, ist das aus allen Zusammenhängen gelöste Jetzt und Hier, die Chance des Augenblicks. Flexibilität verlangt ironische Selbstdistanz, einen gewitzten Werterelativismus, ein Faible für Neues und Anderes, die grundsätzliche Bereitschaft zur Optimierung sowie eine kritische Aufmerksamkeit für Fixierungen, Blockaden und Routinen. Mindestens ebenso interessant wie die Bruchstückhaftigkeit dieses durchflexibilisierten Lebensentwurfs ist die vorgreifend erklärte Zustimmungsbereitschaft der flankierenden Theorie. Nicht Vernunftgründe geben hier den Ausschlag, sondern ein tiefempfundenes und, wie Theweleit nahelegt, allgemein geteiltes Gefühl: das Gefühl, dass alles andere als diese bedingungslose Flexibilität unerträglich wäre, oder, dramatischer noch: »unaushaltbar«.

Unaushaltbar ist ein Wort, das man sich merken muss. Der Fachsprache der klinischen Psychologie entstammend, wo es der Skalierung seelischer Belastungsgrenzen dient, zieht es seit neuestem in den allgemeinen Sprachgebrauch ein. Dort hat es bis heute gefehlt. Es beschreibt ein zuvor unbekanntes, erst unter den Geltungsbedingungen fragloser Flexibilität aufgekommenes Missbehagen: die Sorge, die Unruhe könnte durch Identitätsforderungen beeinträchtigt oder gehemmt werden, könnte sogar nachlassen oder eines Tages vollständig erlahmen. Der Versuch, dieses schlechthin Unaushaltbare zu konkretisieren, lässt die Umrisse eines neuen, eines spezifisch unruhekulturellen Syndroms hervortreten. Bekannt ist die *Antriebslosigkeit* – die Schwäche, die darin liegt, den Anforderungen der Unruhenormalität nicht nachkommen zu können. Bekannt ist auch die *Ruhelosigkeit* – die Übermächtigung durch eine Unruhe, der wir nichts mehr entgegenzusetzen haben. Dem entspricht nun drittens die in greifbare Nähe gerückte Angst, die Vorleistung der bedingungslosen Flexibilität könnte vergebens oder einfach ungenügend gewesen sein, so dass die Unruhe den Pakt bricht und uns im Stich lässt oder einfach nicht mehr leistet, was wir, die wir ihr schon so weit entgegengekommen sind, uns von ihr versprochen haben. Die endlich bei sich selbst angekommene Unruhekultur treibt eine ganz neue Grundsorge hervor: den unaushaltbaren, das jahrhundertelang aufgestaute Drohpotential der Langeweile noch übertreffenden Schrecken der *Unruheverlassenheit*.

Fließen

oder von der metaphorischen Evidenz der Unruhe

Unruhig ist, was nie zum Stehen und zum Stillstand kommt. Mit dieser lakonischen Auskunft hat sich vor zweieinhalb Jahrtausenden das Fließen als Weltformel empfohlen: mit der Behauptung, dass *alles fließt.**

Inzwischen gehört die Fluidität der Verhältnisse und Beziehungen zu den fraglosen, schlechthin unbezweifelbaren Gewissheiten des globalisierten Bewusstseins.* Wie aber lässt sich derlei überhaupt feststellen, gar beweisen? Und worauf ließe sich andererseits ein Standpunkt gründen, der den Einflüsterungen des Sprachbildes nicht einfach nur nachgibt, sondern es als das, was es ist, zur Kenntnis nimmt und beschreibt? Kein anderes Verb der Unruhe – das Jagen und Drängen, das Hungern und Suchen, das Streben und Verlangen, das Wünschen und Sehnen eingeschlossen – vermag so prompt zu überzeugen wie das Fließen. Ohne Scheu umreißt es das Ganze der Welt, eben: *alles,* und erspart uns die kleine Münze der Psychologie. Nicht Motive und Anreize, nicht Meinungen und Vorstellungen rückt der Fluss des Werdens in den Blick, sondern Weltzustände und Übergänge, die sich zu einem unausgesetzten Bewegtsein aufaddieren, zu einer einzigen und weltumspannenden, in der Einheitlichkeit ihres Strömens total gewordenen Unruhe. Im Anschauungszusammenhang des Fließens erfasst die Unruhe das Ganze des Seins.

Kein Wunder also, dass alles, was uns zur Unruhe einfällt,

sich zuletzt als Ausformulierung dieser ebenso knappen wie erschöpfenden Vision einer strömenden Wirklichkeit erweist, in der es nichts gibt, was nicht fließt. Selbst die Wissenschaften pflichten dem bei und setzen zu Beginn des 21. Jahrhunderts auf den Realismus der Metapher. Die soziale Wirklichkeit der Gegenwart, sagen sie, sei als *liquid modernity* zu begreifen, als ein bewegtes System aus Strömungen und volatilen Netzwerken. Nach dem langen Vorlauf dieser Metapherngeschichte ist eine derartige Aussage weder gewagt noch überraschend oder originell. Aber gerade dies: dass sich uns das Fließen unausweichlich und immer wieder neu als die eben gerade jetzt gebotene Sicht der Dinge aufdrängt, bestätigt die Verwurzelung des Sprachbildes im kulturellen Unbewussten. Das Bild hält uns gefangen, und so *sehen* wir, was sich uns zeigt, im großen und ganzen *als* Fließen. Weil es uns so nah ist und mühelos bestätigt, wovon wir ohnehin überzeugt sind, leuchten die Weltmetaphern des Liquiden und Fluiden unmittelbar ein und überblenden ihre blickführende Funktion. Wir sehen über sie hinweg auf dieses Alles, das wir schon nicht mehr anders denken können als fließend: Tinte, Wein und Tränen; Milch, Schweiß und Blut; Wörter, Licht und Zeit; Daten, Energie und Geld.

Es ist, als könnten wir hinter die Aufblähung des Bildes zum Weltbild nicht zurück. Die Metapher des Fließens präsentiert die irdischen Bewandtnisse in Gestalt einer Gesamtheit, die anders als metaphorisch gar nicht zu umfassen wäre. Die damit erschlossene Zusammenschau alles jemals Geschehenen hat den Gebrauchswert des Sprachbildes über die Zeiten hinweg gesichert. So hält sich der Heraklitische Fluss* des französischen Malers André Masson konsequent an die Anschauungswerte der Metapher. Masson stellt dem Betrachter die strömende Welt vor Augen, oder vielmehr: das Urbild dieses Strömens selbst. Die gröbsten Mittel – derbe Strichführung und plakatives Farbenspiel – stehen im Dienst einer fast akademisch anmutenden Ideenmalerei. Das Bild nimmt die Metapher beim Wort und gibt die Sicht frei auf die fließende, bis in ihren tiefsten Grund aufgewühlte und beunruhigte Welt. Indem diese lautlosen Wirbel und Wellen die nackte Gestalt des Fließens enthüllen, bleibt, wie Masson dem Betrachter in wörtlicher Übernahme des Evangeliums versichert, »kein Stein auf dem andern« (Mt 24,2). Und stellt nicht bereits das Alte Testament die radikale Unbestimmtheit einer »Urflut«* an den Anfang der Zeiten, aus der dann mit der Schöpfung auch die Welt des Menschen überhaupt erst hervorgeht? Und ist dann nicht diese Urflut der vorparadiesische, der wahre Ursprung? Mit dem totalen Fließen tritt der Urgrund allen Seins zutage, dessen formlose Gewalt alle Versuche, die Welt zu humanisieren, schon vorgreifend widerlegt. Die Wahrheit des Fließens besagt, dass die Dinge stürzen und zerbrechen, dass sie zerrinnen und zerfließen und dass sie, indem sie allesamt in diesen allumfassenden Bewegungssturm hineingerissen sind, die ihnen durch ihre menschlichen Namen zugesprochene Identität verlieren werden. Unter Aspekten des eilenden Fließens sind sie gar nichts, sind sie weder »Baum« noch »Haus«, sondern Elemente des uferlosen Bewegtseins: verlorenes, der menschlichen Zweckbestimmung beraubtes und auf sein bloßes Dingsein zurückgeworfenes Treibgut.

Masson versteht seine Enthüllung als Kritik. Dass wir als Betrachter überhaupt so etwas wie Häuser und Bäume zu erkennen meinen, soll sich uns angesichts der tieferen Wahrheit des Fließens als Illusion erweisen. Das Bild, seine Didaxe, konfrontiert uns mit den Abgründen unserer kreatürlichen Befangenheit, die sich, indem sie das Denken gewohnheitsmäßig auf Festes und Bleibendes festlegt, gegen die tiefere Einsicht jener Fließformel sperrt und sie nicht wahrhaben will. Dabei müssten wir doch nur der bildlichen Anleitung fol-

Abb. 4: André Masson, *Le fleuve Héraclite*, 1940.

gen, um der Bewegtheit der Dinge innezuwerden. Doch Massons Kritik will nicht nur Fehlwahrnehmungen korrigieren, sie will auch ja sagen. Die Schärfe dieser bildlichen Intervention entspringt der Sehnsucht, auch selbst in die Bewegung des Fließens einzutauchen und ein Teil von ihr zu sein. Der Betrachter soll dem Aufruf des Bildes folgen, soll einwilligen in dieses für die natürliche Einstellung Unsichtbare, das Massons Anschauungswerk nun für uns alle sichtbar macht. Wir brauchen, versichert Masson, das Fließen der Welt nicht zu beweisen; wir haben viel mehr, denn wir können es *sehen*.

So steht das Schicksal der Dinge, die auf die Stufe ihrer bloßen Beschaffenheit zurückgeworfen sind, stellvertretend für dieses Alles, das da fließt. Die ungeheure Radikalität dieses Blicks auf die Welt verdankt sich einer konsequent durchgehaltenen Ästhetisierung. Die klassische Einsicht des *memento mori*, der Vergänglichkeit der menschlichen Dinge, verliert ihre Tragik und weicht der Lust an der Zerstörung, die neuen, ungeahnten Schaffensimpulsen den Weg freimacht. Dass in diesem wogenden und schwellenden, in diesem tosenden und gurgelnden All nichts Menschliches Bestand hat, ist die folgerichtige Einsicht eines rücksichtslos ausformulierten Ästhetizismus und des ästhetischen Verhaltens zur Welt.

Der erste, von Masson selbst aufgerufene Gewährsmann dieser spektakulären Strömungslehre ist Heraklit, wobei hinzugefügt werden muss: der verkürzt wahrgenommene Heraklit, an dem einst der seinerseits selektiv gelesene Philosoph Friedrich Nietzsche interessiert gewesen ist. Von dem Vorsokratiker jenes Namens, der aus den Turbulenzen der strömenden Urgewalt das zeitlose Gesetz der kosmischen Weltordnung herauslesen wollte, lässt das große Flussbild nichts übrig. Mit dem Anspruch, unmittelbar zur Sache zu sprechen, setzt es dem Betrachter die Röntgenbrille auf, um ihm nun endlich die Fakten zu zeigen. »Wäre unser Auge schärfer«, versichert Masson, »sähen wir alles in Bewegung (Der Blick des Heraklit. Vision Nietzsches)«.* Die Nachhilfe, die uns die Augen öffnet, ist ebendieser ins Bild gesetzte heraklitische Fluss. Masson entrollt das Panorama der unablässigen, im gewohnten Verlaufstempo gar nicht wahrnehmbaren Auflösung der Dinge und der Ideen, die – so die kunstästhetische Pointe – allem Neubeginn vorausgehen muss.

Mühelos fühlt sich die Moderne in die Bilderwelt des Mythos ein: Alles Material, mit dem die Menschen sich ihre Welt erbaut haben, soll aufgelöst und in den Urstoff strömender Gewässer zurückverwandelt werden. Wo der festgefügte Kosmos des historischen Heraklit alles Kommen und Gehen schadlos überstand, ja seine Einheitlichkeit gerade in dieser allumfassenden Ordnung des Werdens bestätigt sah, da bietet Masson die Welt im Rohzustand und als gestaltauflösenden Tumult. Georges Bataille, langjähriger Wegbegleiter Massons, zitiert zur Erläuterung eine Passage aus Nietzsches Nachlass-schrift über *Die Philosophie im tragischen Zeitalter der Griechen.* »Das ewige und alleinige Werden, die gänzliche Unbeständigkeit alles Wirklichen, das fortwährend nur wirkt und wird [...], ist eine furchtbare und betäubende Vorstellung und in ihrem Einflusse am nächsten der Empfindung verwandt, mit der Jemand, bei einem Erdbeben, das Zutrauen zu der festgegründeten Erde verliert. Es gehörte eine erstaunliche Kraft dazu, diese Wirkung in das Entgegengesetzte, in das Erhabne und das beglückte Erstaunen zu übertragen.«* Die neoheraklitischen Reminiszenzen untermalen das heroische Programm einer Kunst, die es sich herausnimmt, nicht bloß als Kunst aufzutreten, sondern als Kulturmacht. Mit der gebotenen Gründlichkeit schickt sich diese Macht nun an, auf denkbar umfassende Weise Tabula rasa zu machen und der tosenden Unruhe die Bahn zu brechen.

Die philosophische Kritik setzt bei der Verabsolutierung der Metapher an, bei ihrer mutwilligen Einseitigkeit und Ausdehnung auf *alles*. Der klassische Ort, an dem dieser Konflikt aufbricht, ist die *Geschichte* – ein Begriff, der bekanntlich zweideutig ist und sich sowohl auf die Ereignisse bezieht als auch auf die Art und Weise, wie wir sie wiedergeben und ordnen. Mit Blick auf diese Zweideutigkeit hat Siegfried Kracauer den Effekt beschrieben, der sich einstellt, sobald das historische Interesse die Ebenen vermischt und aus dem amorphen Geschehen *(history)* das Muster einer Erzählung *(story)* herausliest. »Wann immer dies geschieht, wird der Strom der unbestimmten historischen Ereignisse plötzlich angehalten, und alles, was dann sichtbar ist, wird im Licht eines Bildes oder einer Vorstellung gesehen.«*

Der Einwand gegen das Beim-Wort-Nehmen der Metapher ist klar. Die Artikulation des unmittelbar Angeschauten nach den Maßgaben des Sprachbildes verkennt, dass auch das Fließen ein erzählerisches Element ist: Darstellung der Sache, nicht aber die Sache selbst. Aller Glaube daran, dass die Wirklichkeit wirklich ein großes Fließen sei, fällt hinter diese Unterscheidung zurück und gibt, was sprachlicher Zugriff ist, als Tatsachenwahrheit aus. Das Ergebnis dieser Nachlässigkeit ist eine grandiose Verkehrung. Das Vorstellungsbild des Fließens wird zum Ausweis des Wirklichen, so dass wirklich fortan nur sein kann, was diese vorgreifende Erwartung bestätigt ... und *fließt.* Der Metaphernrealismus richtet alles Geschehen an der Einförmigkeit dieser einzigen, zum Fließen aufaddierten Gesamtbewegung aus und unterwirft es einem abstrakten, beliebigen Interessen dienstbaren Universalismus.

Erfolgreich im Sinne ihrer Durchsetzung sind Metaphern dann, wenn niemand sie bemerkt und es ihnen gelingt, sich als Ausdruck des Normalempfindens zu empfehlen. Kracauer zitiert aus einer Kritik, die dem Werk des Historikers François Guizot gewidmet war: Indem dessen Geschichtswerk das historische Geschehen aus größtmöglichem Abstand zeige, heißt es da, sei es am Ende »viel zu logisch« geraten, »um wahr zu sein«*. Metaphern, die uns die Welt erklären, haben ein ähnliches Problem. Einige, und besonders die unvermeidlichen, sind viel zu einleuchtend, um wahr zu sein.

Gelassenheit

oder der Sieg über die Unruhe und sein Preis

Zur Ruhe kommen, die Ruhe weghaben, seine Ruhe haben wollen – wie merkwürdig diese Formulierungen sind! Können sie so, wie sie üblicherweise dahingesagt werden, auch gemeint sein? Geht das überhaupt, »seine« Ruhe »haben«? Ist Ruhe ein bestimmtes Etwas, ein Gut, das sich in Besitz nehmen lässt? Jean-Jacques Rousseau, der seinen zivilisationsmüden Lesern von den Zeiten geschwärmt hat, »wo die schrecklichen Worte des *Mein* und *Dein* noch nicht erfunden waren«*, hat uns dem Besitzdenken gegenüber misstrauisch gemacht. In der Tat ist die Verhältnisbestimmung »Besitz« eine krasse Reduktion und lässt uns vergessen, dass viele der sprachlogischen Verbindungen, die durch Possessivpronomina gestiftet werden, überaus anspruchsvoll und verwickelt sind. Meine Stadt, meine Zeit, mein Fehler – keine dieser Zuordnungen markiert Besitzansprüche, zu schweigen von hochdifferenzierten (und ebenfalls immer wieder anderen) Verhältnisbestimmungen wie meine Geschichte, mein Gefühl, mein Körper. In all diesen Fällen verfehlt die Kategorie des Besitzes den entscheidenden Punkt.

Ähnlich verhält es sich mit der Ruhe, die auch der nicht besitzt, der sie hat. Die Ruhe ist kein Gegenstand, der von uns getrennt existiert und nur darauf wartet, in Besitz genommen zu werden. Die Ruhe, die wir meinen, ist ein Zustand, in den wir allenfalls hineingefunden haben. Das Wort Gelassenheit hält diese Bestimmung fest, indem es die Ruhe zu uns und uns zu ihr ins Verhältnis setzt. Die Gelassenheit macht aus der Ruhe einen Reflexionsbegriff. Demnach stellt sich die Ruhe nur ein, wenn wir bereit sind, allem zu entsagen, was ihr Eintreten blockieren, was sie vertreiben oder stören könnte. Unter Aspekten der Gelassenheit heißt Ruhe: anderes *gelassen* und sich bereit gemacht zu haben, um sie, ohne dass dies im übrigen garantiert wäre, finden zu können.

Die Gelassenheit, von der heute umgangssprachlich die Rede ist,* bezeichnet ursprünglich eine voraussetzungsreiche Form des Zur-Ruhe-gekommen-Seins, genauer noch: eine der Ruhe angemessene, nachdrücklich veränderte Einstellung zu sich selbst und zur Welt. Wie die stoische Seelenruhe, die *tranquillitas animi,* ist auch die Gelassenheit oder, wie das Wort bei seinem Erfinder Meister Eckhart lautet, die *gelâzenheit,* eine Reaktion auf Weltzustände, die als mangelhaft, als schädigend und sogar unerträglich empfunden werden: auf die Situation der Unruhe. Beide Konzepte, das antike wie das christliche, reagieren auf den Normalzustand der Inquietät mit der Aufforderung zum Verzicht. In ihren Konsequenzen unterscheiden sie sich jedoch und gehen entgegengesetzte Wege. Die Stoa ermuntert die Betroffenen, in der Unwirtlichkeit der Unruhe auszuhalten und sich zu behaupten, den Verzicht auf Nebensächliches also als Stärkung und als Grundlage einer nunmehr bewusst eingenommenen, gegen den Andrang der Unruhe abgeschirmten Haltung der Weltzugewandtheit zu verstehen. Demgegenüber wird der Verzicht auf dem Boden der Gelassenheit radikal und bis an seine äußerste Grenze getrieben. Aus Verzicht wird Gehorsam, aus Gehorsam wird, wie Eckhart sagt, »Entwerdung«.* Die Zielvorgabe der Gelassenheit verlangt eine umfassende Diätetik des Lassens, des Seinlassens, des Unterlassens und des Ablassens von den Lockungen der Welt, die sich im Alltag machtvoll vordrängen und, indem sie uns vom rechten Weg abbringen, eine törichte Wichtigkeit beanspruchen. Zu diesen überschätzten Größen gehören zunächst und vor allem wir selbst – das, was wir unserer Selbsteinschätzung nach sind und geltend machen zu müssen glauben. Der Mensch, fordert Meister Eckhart, muss »zuerst sich selbst lassen, dann hat er alles gelassen«.

Basis des Konzepts ist ein hochkonzentriertes Stück christliche Theologie. Gelassenheit ist ohne Demut nicht zu haben, Demut nicht ohne die Anerkennung der absoluten Macht, die für die Stabilität der Weltordnung einsteht und uns die Last der Verantwortung immer schon abgenommen hat – eine Last, die wir, schon aus Sorge vor Überforderung, auf dem Weg in die Gelassenheit erleichtert abtreten. Gelassenheit und Daseinsvertrauen bilden ein Paar, und es ist der Glaube, der dieses Paar zusammenschweißt. Aus dieser speziellen Konstellation heraus versteht sich die Art der Ruhe, die dem Gelassenen vor Augen steht. »Ein solcher Mensch sucht keine Ruhe, denn ihn behindert keine Unruhe.« Den Gläubigen interessiert die Ruhe erst in zweiter Linie. Entscheidend ist die Demonstration des Vertrauens in die überweltliche Macht, das stärker ist, als die Unruhe *(unruowe)* es jemals sein könnte, und so fallen Ruhe *(ruowe)* und Frieden *(vride)* gerade demjenigen zu, der sie nie gesucht und nie danach verlangt hat. Der Gelassene kommt zur Ruhe, weil und indem sie *ihn* gefunden hat, und nur in diesem Sinn ist sie »seine«, ist sie die ihm zukommende Ruhe – eine Ruhe, deren er sich würdig zeigt und die er nun mit anderen, gleichfalls Entsagenden und Hingabebereiten teilt.

Dem Gelassenen bleiben die Erfahrungen der Kontingenzkultur erspart – das Empfinden, Treibgut im Strom einer sinnentleerten Wirklichkeit zu sein. Die Welt, davon ist er überzeugt, verdient unser Vertrauen, weil sie von einer Macht im Sein gehalten wird, die, anders als wir Menschen es könnten, für den Sinn und die Sinnerfülltheit der Weltdinge einsteht. Eckhart drückt das so aus, dass wohl der Mensch »Herr seiner Werke« ist, ihm aber gleichzeitig klar sein muss, dass dieses Werkschaffen* in ihm nur sein gelegentliches Subjekt findet. So ist der wahrhaft Gelassene auch durch die Erfahrung des Scheiterns nicht aus der Ruhe zu bringen, weil selbst dieses Scheitern für ihn noch im Horizont einer tieferen Sinnhaftigkeit allen Seins begreiflich ist – allerdings, wie dieser ganze Entwurf der Gelassenheit, nur zu den bekannten Bedingungen. Dass sich diejenigen, die zur Gelassenheit gefunden haben, an diesen Bedingungen des Gehorsams und der Selbstentäußerung nicht stören, versteht sich von selbst. Ihre Haltung verdanken sie ja gerade der Einsicht, dass sie von der Anstrengung, den Grund ihres Gelassenseins selbst bereitstellen zu müssen, entlastet sind.

Geschichte

oder das Versprechen einer Unruhe ohne Unsicherheit

Erzählte Geschichte, warum sonst sollte sie uns interessieren, ist Sinnschöpfung. Aus der Unmenge der Fakten und Daten, die wir ständig mehren, gilt es, eine stimmige Erzählung herauszulesen – eine Erzählung, die das kollektive Gedächtnis bereichert, Aufschlüsse gewährt und uns etwas sagt.

Schon mit dieser Konstellierung von Wort und Sache tut sich eine Gegenläufigkeit von Geschichtemachen und Geschichteschreiben auf, die keine Erzählung überspringen kann. Das Geschichtemachen beginnt mit dem Anfang, das Geschichteschreiben mit dem Schluss, der durch den Erzählzeitpunkt gesetzt ist. Erzählte Geschichte blickt zurück, wendet sich aber von dem historischen Gegenstand aus auch wieder nach vorn und gelangt auf derselben Linie erneut in die Jetztzeit, die sie faktisch niemals verlassen hat. So ist der Rückbezug des Historikers nicht nur ein aufmerksames Schauen, sondern ein verständiges Aufbereiten und Ordnen im Namen der Aktualität, und in diesem Gestaltungsanspruch offenbart sich die Geschichtlichkeit des Geschichteschreibens selbst – die philosophische Ausgangsintuition der neuzeitlichen *Geschichte.* Es musste erst die im göttlichen Schöpfungsursprung zugesicherte Selbstgegebenheit der Welterscheinungen verlorengehen und der Eindruck eines, wie Wilhelm von Humboldt schreibt, »ungeheuren Gewühls der sich drängenden Weltbegebenheiten«* unabweislich werden, damit die Frage der Sinnhaftigkeit dieser Ereignisvielfalt als offene Frage akut werden konnte. Erzählte Geschichte bietet sich als diese Sinnschöpfung an. Sie anerkennt die Faktizität jenes »ungeheuren Gewühls« der Dinge, versichert aber zugleich, dem Primäreindruck des Gewimmels und der Unruhe das Feld nicht überlassen zu wollen. Die durch die historische Erkenntnis erschlossene Sinnfälligkeit der Daten und Fakten, das ist das Versprechen der Geschichte, gibt den Blick auf eine geläuterte und sogar kontrollierbare Unruhe frei, auf ebenjene wahre Unruhe, die sich bei genauerem Hinsehen als Zivilisation und Fortschritt, als Prozess und Entwicklung entpuppt: als *Unruhe ohne Unsicherheit*.

So weit, grob umrissen, die philosophische Intuition der Geschichte. In einem Aufsatz aus dem Jahr 1784 hat Immanuel Kant die Grundlagen der Disziplin entfaltet: »Idee zu einer allgemeinen Geschichte in weltbürgerlicher Absicht«.* Ausgangspunkt Kants ist die Beobachtung einer Divergenz: der Abweichung zwischen den Vorsätzen menschlichen Handelns und dem, was am Ende dabei herauskommt. Kants Sorge ist nicht nur, dass hier zweierlei Gesetzmäßigkeiten walten könnten, das Gesetz des Handelns und das Gesetz des Geschehens, sondern auch, dass die Menschen es unmöglich hinnehmen können, wenn die Natur – oder wie Kant noch sagt, die Vorsehung – sie in ein »trostloses Ungefähr gestoßen« haben und mit ihnen bloß ein »kindisches Spiel« treiben sollte. Wie – das ist die Frage – können die Menschen unter solchen Umständen sein, was zu sein sie unter Freiheitsaspekten wollen müssen: Subjekte des Weltgeschehens?

Herausgefordert ist die Frage durch das spezielle Weltverhältnis des Menschen, das Kant als »ungesellige Geselligkeit« charakterisiert. Demnach neigen die Menschen zum einen dazu, die Gesellschaft anderer zu suchen; zum anderen aber auch und ebenso entschieden sondern sie sich ab und treten zu den Anderen in Konkurrenz. Kant anerkennt diese »Unvertragsamkeit« als das hintergründige, von den tätigen Menschen »unbemerkt« gebliebene Mittel, das die Menschen davon abhält, den Lockungen »der Lässigkeit und unthätigen Genügsamkeit« nachzugeben, und das überdies dafür sorgt, dass sie sich widerwillig und doch zu ihrem Besten »in Arbeit und Mühseligkeiten« stürzen. Dieser Zustand einer erzwungenen, im Grunde unfreiwilligen und unverstandenen Balance der Kräfte kann allerdings der Idealzustand nicht sein. Kant stellt deshalb die Forderung nach der »gemäßigten Verfassung« einer Weltordnung auf, die, bewusst herbeigeführt und anerkannt, überhaupt erst »Ruhe und Sicherheit« dauerhaft zu gewährleisten vermag. Aufgabe der philosophischen Geschichte ist es, die Realisierungschancen freigewählter Weltbürgerlichkeit zu prüfen: die Möglichkeit einer realen und »allgemeinen Weltgeschichte nach einem Plane der Natur«.

Kant selbst bleibt skeptisch, und diese Skepsis wird in den Folgejahren noch zunehmen. Das Projekt der Geschichte, das ist das Fazit dieser Propädeutik einer allgemeinen Weltgeschichte von 1784, reagiert auf das legitime Bedürfnis der Menschen, den Anspruch der Freiheit mit dem Bedürfnis nach Sinn zu vereinbaren; andererseits sind noch alle Versuche gescheitert, diesem Bedürfnis nachzukommen. So endet Kants Geschichte als eine Geschichte im Konjunktiv, die den Lesern am Ende nicht mehr anbieten kann als Anhaltspunkte für »eine tröstende Aussicht«. Die Frage, auf die das Aufklärungsprojekt der Geschichte reagiert, ist in den Raum gestellt, ohne auch schon eine überzeugende Antwort gefunden zu haben.

Diesen provisorischen Zustand einer Geschichte, deren ausgleichende Wirkung einstweilen allenfalls erhofft werden kann, beendet – zumindest dem Anspruch nach – eine Generation später G. W. F. Hegel. Anders als Kant führt Hegel die

Geschichte nicht auf einen Naturplan zurück, der den Menschen die Zwecke ihres Handelns vorgibt, sondern auf das Kriterium einer Vernünftigkeit, die Hegel im Geschehen des Geschehens selbst am Werk sieht. Diese Instanz, und sie allein, ist Hegel zufolge in der Lage, die Unruhe der geschichtlichen Zeiten zu bezwingen. Die Weltgeschichte, heißt es dazu in den geschichtsphilosophischen Vorlesungen der zwanziger Jahre, »ist die Erziehung von der Unbändigkeit des natürlichen Willens«.* Für Hegel ist die Vernunft keine leere Forderung. Sie ist das in den geschichtlichen Zeiten selbst niedergelegte und in ihrem Fortgang entbundene, sich zunehmend seiner selbst bewusste Mittel der Wahl, um im Nachgang zwischen bloßem »Gewühl« und dem regelrechten Fortschritt im Bewusstsein der Freiheit zu unterscheiden. Hegel macht kein Hehl daraus, dass die Vernunft, die er in der Wirklichkeit der Geschichte walten sieht, göttlicher Herkunft ist. In Zeiten des theologischen Niedergangs, betont er, sei es das Amt der Philosophie, sich der herrenlos gewordenen Gehalte der Religion anzunehmen. Im Fall der Geschichtsphilosophie ist dies die als Erscheinung des göttlichen Geistes entschlüsselte Vernunft, die sämtliche Welterscheinungen durchdringt, eine Vernunft, die von vornherein und unter allen Umständen weltzugewandt ist. Aus ebendiesem Grund kann Hegel auch sagen, dass die philosophische Geschichte – und gerade sie – empirisch verfahre. Die von Kant exponierte Grundspannung von Wirklichkeit und Vernünftigkeit ist aus der Sicht Hegels immer schon überwunden, weil die Vernunft zugleich Substanz und in diesem Sinn »ihr selbst ihr Stoff« ist.

In der Geschichte, die Hegel zufolge der Ort ihres Hervorgehens ist, affirmiert die Vernunft sich selbst, und indem sie das tut, sortiert sie aus dem Leben der Unruhe – aus »dieser absoluten Unruhe des reinen Sichbewegens« – aus, was bloß Unsicherheit ist: die abstrakte, rein um ihrer selbst willen betriebene Veränderung. So setzt sich auch bei Hegel die Geschichte hinter dem Rücken und ohne Bewusstsein der Akteure durch, jedoch, anders als bei Kant, geführt durch die Weltvernunft. Der Sinn des Geschehens braucht gar nicht ausgewiesen zu werden, denn er liegt wie eh und je in ihm selbst und erschließt sich im Maß seiner Vernünftigkeit. So glaubt Hegel mit der Vernunft die Gegenmacht gefunden zu haben, die stark genug ist, um der Unruhe aus dem Inneren des Geschehens heraus ihre Grenzen aufzuzeigen und den Menschen die Unsicherheit zu nehmen. Die Unruhe der Welt, bestätigt Hegel, ist eine Sache der Leidenschaft; die Veränderungen der Geschichte jedoch, die dabei zustande kommen, unterliegen den Weisungen der Vernunft.

Die philosophische Geschichte verändert das Gesicht der Unruhe. Ohne ihr die Initiative zu überlassen, weist sie ihr eine Funktion zu und macht sie gesellschaftsfähig. Marx hat die mit dieser Umstellung verbundene Neubewertung der Unruhe aufgegriffen, jedoch das Vernunftkriterium, das bei Hegel für die Moderierbarkeit des Geschehens einsteht, als philosophische Grille zurückgewiesen. Was auf der Basis dieser Kritik, die zielsicher am entscheidenden Punkt ansetzt, am Ende allein noch übrig bleibt, ist die Lizenz zur Unruhe. Die soeben noch durch das Vernunftprinzip in der Spur gehaltene Geschichte weicht auf dem Boden des Historischen Materialismus einer anderen und neuen, einer dezidiert *materiellen* Geschichte, die sich nun frei und ungehindert als Unruhe verwirklicht. Das Ende Februar 1848 erschienene *Kommunistische Manifest* entfesselt einen wahren Sprachzauber, der all die überlieferten Vorstellungen »in die Luft sprengt« und »zu Boden gehen« sieht, der all die Begrenzungen »umstößt« und »vernichtet«, mit deren Unterstützung die idealistische Geschichte dem Gewühl der Begebenheiten hatte beikommen wollen.* Mit milder Ironie würdigt das Manifest zunächst die

Entschlossenheit, mit der die Bourgeoisie die alte Ordnung des Feudalismus hinweggefegt habe und damit stehende und ständische Zustände überhaupt. Zustimmung findet dabei, neben dem »abendländischen Aktivitätskommando«* und der bürgerlichen Geschäftigkeit, deren weltveränderndes Potential. Mit einer Deutlichkeit, wie sie bis dahin allenfalls in den heiligen Texten zu finden war, malt das Autorenteam des Manifests die kulturrevolutionären Folgen der Unruhe aus. Die Bourgeoisie, so die zeitdiagnostische These, hat die Unruhe freigegeben, und Marx und Engels greifen diese endgültige Seinsverschiebung nun auf, um das traditionell kritische Verhältnis von Unruhe und Geschichte durch ein Verhältnis der Konvergenz zu ersetzen. Das Auftreten der Bourgeoisie habe die Welt – »die ganze Erdkugel« – in »ewige Unsicherheit und Bewegung« gestürzt, versichern sie, und damit dem Proletariat die Bahn freigegeben. Lustvoll lässt das Manifest seine Leser an der revolutionären Zerstörung teilhaben, die nun nicht mehr aufzuhalten sein wird: »Alles Ständische und Stehende verdampft, alles Heilige wird entweiht, und die Menschen sind endlich gezwungen, ihre Lebensstellung, ihre gegenseitigen Beziehungen mit nüchternen Augen anzusehen.«

Aus der Sicht der zum Materialismus bekehrten Geschichte sind derlei Schilderungen einfach nur realistisch: Schilderungen der Unruhe und ihrer Faktizität. Speziell mit dem Aufkommen des Proletariats hat sich demnach der idealistische Vorsatz, in der Empirie des Geschehens einen irgendwie tragfähigen Sinnzusammenhang entdecken zu wollen, erledigt. Der Proletarier, der, wie das Manifest voraussagt, die im Kern selber revolutionäre Bourgeoisie auf wiederum revolutionäre Weise beseitigen wird, ist eigentumslos, und die Moral der Bürger ist ihm so fremd wie ein nationales Bekenntnis. Mit dem Proletarier präsentiert das Manifest den neuen und modernen Menschen, der, gänzlich frei von hinderlichen Loyalitäten und sentimentalen Weltverbesserungsabsichten,* nichts zu verlieren hat und zu allem bereit ist.

Der historische Auftritt dieses Typus, dessen exemplarische Bindungslosigkeit der Kapitalismus schließlich allen Mitgliedern der Gesellschaft ohne Ausnahme auferlegt, hintertreibt das idealistische Projekt einer vernunftkontrollierten, ihren Sinn in sich selbst tragenden Geschichte. Von der komplexen Gedankenfigur der *Aufhebung*, die, Hegel zufolge, die von den Kräften des Negativen aufgetrennten Zusammenhänge des Geschehens immer neu und anders vernäht und infolgedessen sowohl ein Bewahren und Festhalten (1) als auch ein Steigern und Emporheben (2) ist, ein Freilegen und Aufdecken (3), ein Mitnehmen und Davontragen (4), schließlich auch ein Zurücklassen und Vernichten (5), bleiben in der rauhen Wirklichkeit des Manifests allein die beiden letzten übrig: die endlose Reihe der Umwälzungen, der eiligen Abschaffungen und plötzlichen Neuanfänge, zu der sich die materialistische Geschichte aufaddiert. Die überkommene Geschichte des Idealismus, das ist die lapidare Auskunft von Marx, kann ihr Versprechen nicht halten, weil die Erfahrung der Kontingenz auch sie selbst erfasst und sie sich, ohne es selbst zu bemerken, längst dem Regime der Unruhe ergeben hat.

Kain

oder die Unruhe als Schuld und Verdammnis

Wie, auf welchen Wegen, ist uns die Unruhe zur zweiten Natur geworden? Die Frage, die dem vorliegenden Wörterbuch als Leitfaden dient, ist alt und hat sich nur deshalb kaum jemals so direkt gestellt, weil sie immer schon beantwortet schien: durch die Auskünfte des Genesis-Berichts. Der Urmythos vom Einbruch der Unruhe in die stehende Schöpfungswelt erzählt von Kain, der seinen Bruder erschlug, der sodann seinen Gott hinterging und schließlich verstoßen wurde durch das Machtwort, das den Beginn der postparadiesischen Zeiten markiert: »Rastlos und ruhelos sollst du auf der Erde sein.« (Gen 4,12) Das also war, den ältesten Erzählungen des Abendlandes zufolge, das der Wirklichkeit der Unruhe noch vorausliegende, das ursächliche und eigentliche Problem, das die religiöse Orthodoxie immer wieder heraufbeschwören wird: die Schwäche und Fehlbarkeit des Menschen.*

Im Rahmen dieser Ursprungserzählung fungiert die Unruhe als Zeichen: als Erinnerung daran, wie es geschehen konnte, dass der Mensch sein Aufgenommensein in die Schöpfungsordnung verspielte. Den Neigungen der Rezeptionsgeschichte folgend, greift auch Tizian mit dem Ereignis des Brudermordes jenen eminenten Augenblick heraus, den der Bibelvers in denkbar lakonische Worte kleidet: »Als sie auf dem Feld waren, griff Kain seinen Bruder Abel an und erschlug ihn.« (Gen 4,8) In der Erzählung des Mythos ist die

Tat komplexen Handlungsfolgen eingewoben. Jahwe hatte das Opfer Abels angenommen, doch auf das Opfer seines Bruders Kain »schaute er nicht«. Die Reaktion des Gottes war rätselhaft, aber überaus folgenreich. Von diesem Augenblick der Nichtbeachtung an war das Verhältnis der Brüder asymmetrisch, denn der eine war nun – grundlos – angenommen, der andere – ebenso grundlos – verstoßen. Allerdings verliert der Text über das Dasein des Angenommenen kein weiteres Wort,* er gerät ihm einfach aus dem Blick. Was jedoch den Zurückgewiesenen betrifft, so ist dessen Reaktion akribisch verzeichnet. »Da überlief es Kain ganz heiß, und sein Blick senkte sich.« Die Anerkennungsverweigerung hat Kain getroffen und lässt ihn nun sprachlos zurück. Er versteht nicht und weiß auch mit der anschließenden Aufforderung Jahwes nichts anzufangen, den Dämon des Grolls, der ihn zu übermächtigen droht, niederzuhalten. Der Mythos weiß von keiner Gewissensnot und keinerlei Zweifel, und so nehmen die Dinge ihren Lauf. Kain lockt den Bruder in die Abgeschiedenheit der Felder und erschlägt ihn.

So weit der Plot. Auf den ersten Blick erweckt die von der Forschung auf die vierziger Jahre des 16. Jahrhunderts datierte Leinwand Tizians den Eindruck eines nachgereichten Dokuments. Dies ist geschehen, und so muss es gewesen sein. Bei genauerem Hinsehen zeigt sich allerdings, dass der Maler nicht bloß der Textvorlage folgt und das Geschehen abschildert, sondern auf subtile Weise Regie führt. Aus der Warte des Betrachters und gleichsam der Linie seines Blicks folgend, fällt ein grelles Licht auf die in aller Heimlichkeit verübte Tat. Allein die Anordnung der Dinge im Raum und die nunmehr hergestellte Sichtbarkeit demonstriert die Macht der bildnerischen Phantasie. Von Lesern zu Betrachtern geworden, sind wir einbezogen und bekommen zu sehen, was dem Mythos zufolge nie ein menschliches Auge, wohl aber – und als ein-

Abb. 5: Tizian, *Kain und Abel,* 1570/76.

ziger – Jahwe einst sah. Wir werden zu Augenzeugen des Geschehens, das den Brüdern auferlegt ist und dessen zwingender, mit ritueller Strenge abrollender Verlauf weder dem einen noch dem anderen eine Chance lässt. So handelt Tizians Kain mit äußerster Entschlossenheit; er handelt aber auch, wenn die verschatteten Züge nicht trügen, mit geschlossenen Augen. Seine Tatkraft ist blind, und so bestätigt sich: Dieser Täter handelt, aber er versteht nicht. Statt des Mythos, der dieses Nichtverstehen schildert, im übrigen aber unkommentiert lässt, übernimmt es nun die Malerei, Licht in die Düsternis der Situation zu bringen und die Zusammenhänge darzustellen, von dem der Brudermord nur die Schauseite ist.

Die leergeräumte Bühne, auf der Tizian seine Figuren agieren lässt, lenkt die Aufmerksamkeit auf die Isolation des Brüderpaars und ihr Getriebensein. Schon im Augenblick der ungeheuren Tat sieht der Maler vorweggenommen, was dann mit der Verfluchung wirklich wird: den Augenblick der Verstoßung, in dem Kain vom Dämon der Unruhe erfasst und für alle Zeit umherirren wird. »Rastlos und ruhelos wirst du auf der Erde sein« – Wort für Wort wird Kain die Fluchformel wiederholen (vgl. Gen 4,14) und sie im Vollzug dieses Nachsprechens wiederum nicht eigentlich verstehen (und wie sollte diese Formel auch jemals in ihrer ganzen Tragweite »verstanden« werden), sie sich aber doch für jetzt und immer als die Summenformel seines Daseins zu eigen machen. Kain, darin liegt denn doch so etwas wie Fügsamkeit, nimmt seine Verwandlung in das Unruhewesen an, und auch diese Einwilligung ist folgenreich. In den Augen einer überaus kritisch urteilenden Rezeption wird die Stadt, die Kain nach seiner Verstoßung gründet (Gen 4,17 f.), schon rein als Siedlungsform den Zusammenhang von Unruhe und Kultur bezeugen und, bis hin zu Rousseau und Heidegger, der Ort der Seinsverfehlung sein. Da Kain den Fluch mit sich trägt, hat demnach die von ihm eingeführte, auf sich selbst gestellte Lebensweise der Menschen gar nichts anderes sein können als die in der Stadt versinnbildlichte, die zutiefst friedlose und mit sich selbst entzweite Kultur der Unruhe.

Tizian zeigt Kain als Täter, und er lässt keinen Zweifel an der Verwerflichkeit des Verbrechens. Zugleich aber deutet er an, dass diesem Täter das Geschehen vorgreifend zudiktiert war und sich schon hier gegenüber den Akteuren in einer Weise verselbständigt hatte, die für Eigenverantwortlichkeit keinen Raum ließ. Eine kühne Vorwegnahme der dann im

19. Jahrhundert aufgekommenen Täterpsychologie, die moderne Leser der Figur haben ansinnen wollen, liegt dem Maler allerdings fern. Tizian zeigt die Tat im Horizont der mythischen Beglaubigungspraxis (und der Mythos ist eine Beglaubigungspraxis wie die Kunst, wie die Wissenschaft, wie das gesprochene Wort), die den Täter auf seine Tat reduziert. Da ist kein frei handelndes Subjekt, da sind keine zurechenbaren Motive »hinter« der Tat, die als Erklärung dienen könnten und uns »verstehen« ließen; da ist nur die Tat in ihrer ebenso schroffen wie undurchsichtigen Ereignishaftigkeit, und was dieser Mensch *ist* und was er, wie uns Tizians *mise en scène* vor Augen stellt, in diesem Schicksalsmoment *tut*, ist unmittelbar eins.

Undurchsichtig wie die Folge der Handlungsschritte ist auch die Unruhe selbst, die das Unverständnis des Akteurs, so eng sie auch mit seinem Schicksal verknüpft ist, nur gesteigert haben kann. Die Unruhe, in die Kain durch das Fluchwort gestoßen wird, ist das Kennzeichen einer Situation, auf die ihn die Vorwelt in keiner Weise vorbereitet hatte. Im Umfeld der Kainslegende fungiert die adverbial vergegenwärtigte Unruhe als Sprachzeichen der Verlegenheit, für das Bevorstehende und seine Beispiellosigkeit das rechte Wort nicht verfügbar zu haben. Kain ist der Eine, der stellvertretend für alle den Einbruch des Unvergleichlichen, des über jede Benennbarkeit Hinausgehenden in die bestehende Welt erleben muss. Wie hätte er, der direkte Nachfahr der Paradiesbewohner, die Ruhe jemals für gefährdet halten können, da sie doch soeben noch das fraglos geteilte, allumfassende Medium ihres gemeinsamen Daseins und im genauen Sinn dieses Wortes der Inbegriff der Welt gewesen war? Tatsächlich ist die jäh hereingebrochene Unruhe, die Unruhe Kains, eigentlich namenlos. Sie muss es sogar sein – nicht nur, weil der Verlust der Ruhe in Regionen hineinführte, für die Worte nicht sogleich bereitlagen, sondern auch, weil zu den Veränderungen, die ebendieser Seinssprung in die Unruhe erzwang, ganz wesentlich der Verlust der paradiesischen Namenrichtigkeit gehört.* Im Geltungsbereich der Paradieswelt war das Benennen ein Erkennen gewesen, das die Dinge bei ihrem Namen rief. Die Unruhe setzt dem ein Ende, und es tut sich auf, was Friedrich Schiller den »Abgrund«* zwischen Wörtern und Sachen nennen wird.

Ausdruck dieses Entgleitens, dieses jäh einsetzenden Auseinandertreibens von Sprache, Ich und Welt, ist die Intransparenz der Unruhe selbst – die Unfassbarkeit dessen, was mit diesem Wort gesagt ist und was es bedeutet. In dem Maße, wie die Unruhe sich ausbreitet, schwindet die Kenntlichkeit der Welt. Was die Unruhe sein mag und was sie im eigentlichen Sinne ausmacht, wird sich, just ihretwegen, nun nicht mehr ohne weiteres sagen lassen, und ebenso wenig das, was, komplementär dazu, die einstweilen verlorene Ruhe jetzt noch sein und wie sie sich geltend machen könnte. Mit Blick auf den Einflussbereich des Urmythos müssen wir deshalb sagen: Kain hat nicht nur die Unruhe ausgelöst und weitergegeben, sondern auch sein Unverständnis hinsichtlich der Frage, was es damit auf sich hat.

Diese Unsicherheit über das veränderte Sein und seinen nun nicht mehr mit ihm selbst gegebenen Sinn kommt mit der Kains-Episode auf und bleibt dem Begriff der Unruhe auf Dauer erhalten. Zwei Interpretationslinien lassen sich unterscheiden: Auf der einen Seite wird die geläufige Meistererzählung stehen, wonach die Welt, indem sie in die Unruhe geriet, ihre Idealität verlor, sich jedoch ihre Grundordnung bewahrte und nun die Unruhe als Mittel nutzen kann, um aus der Unruhe auch wieder herauszufinden und die einstmals vertane Vollkommenheit *wiederherzustellen.* Auf der anderen Seite wird die Sorge stehen, dass sich die Unruhe dem listigen Versuch ihrer Instrumentalisierung entzieht, dass sie also – ganz gleich, was die menschlichen Akteure im Sinn haben mögen – weder ein Programm hat noch ein Ziel, sondern sich zum Zweck der Zwecke aufwirft, um nur noch sich selbst zu genügen: dem Immersoweiter der unberechenbar wuchernden Welt.

Anders als Prometheus, anders als Herakles oder Hermes ist Kain der Status des Helden verwehrt geblieben. Die Orthodoxie, die in ihm lange Zeit nur die Ausgeburt des Bösen sehen wollte,* den zutiefst schuldigen Auslöser der Unruhe, machte ihn zum verworfensten Heiligen im philosophischen Kalender. Zwar wurden in den Zeiten der Gnosis, deren frühe Vertreter gelegentlich als Kainiten auftraten, Sympathien für diesen Verworfenen laut, weil sich, wie es hieß, in seinem Schicksal das Schicksal der ganzen Menschheit vorgezeichnet finde. Aber diese Positionen blieben häretisch und wirkungslos. Erst im 18. Jahrhundert, in dem auch die Unruhe eine Neubewertung erfuhr, bekam Kain seine Chance. Es war Friedrich Schiller, der das Unternehmen der Menschheitsgeschichte aus dem Ungehorsam der ersten Menschen hergeleitet hat. Die Menschen hätten, gibt Schiller 1790 zu bedenken, im Paradies ihr Auskommen nicht gefunden, weil ihnen Langeweile und Stagnation den Aufenthalt vergällt hätten. Die Schicksalswende der Vertreibung, die der religiöse Mythos als Verdammnis und, soweit es Kain betraf, als Verstoßung in die Unruhe beschrieben hatte, verdeutlicht nun Schiller strikt gegenläufig und »ohne Widerspruch« als »die glücklichste und größte Begebenheit in der Menschengeschichte« – als ihren nachträglich, mit den Kategorien der Universalgeschichte überhaupt erst als solchen erschlossenen Gründungsakt.

Schon Tizian hat gewusst, dass sich die Bedeutung der Figur in der Rolle des Brudermörders und Bösewichts nicht erschöpft. In Schillers geschichtsphilosophischer Rekonstruktion, in der nun die Weltgeschichte von ihrer eigenen Einsetzung erzählt, entscheidet die Arbeitstätigkeit der Brüder über den Schicksalsweg der Menschheit: auf der einen Seite das anstrengungslose Schäferleben Abels, auf der anderen der Fleiß und die Strebsamkeit des Ackerbauern Kain.* Angesichts dieser, wie er schreibt, ersten Kollision des Menschen mit dem Menschen sind die Sympathien Schillers eindeutig. Kain erschlug Abel, weil er als der künftige Begründer der Kultur das schale Glück des tatenlosen, zutiefst schicksalsvergessenen Hirtendaseins keinesfalls mehr dulden konnte. So legitimiert sich die Unruhe, indem sie den Daseinsentwurf Abels nachträglich als Sinnbild der Pflichtverletzung ins Unrecht setzt. Mag deshalb auch, wie Schiller das Überlieferungsgeschehen zusammenfasst, dieser erste Anfang der Menschheitsgeschichte »traurig« gewesen sein, so war er doch keineswegs entmutigend. Mit Kain erschien vielmehr der Prototyp des Menschen, der sich selbst aus der Bedrängnis befreit und inmitten der postparadiesischen, ihm fremd gewordenen Naturwirklichkeit seine Ersatzwelt aufbaut, die ihm schließlich zur unzulänglichen, aber eben auch zu *seiner* Wirklichkeit werden wird: die Kultur. Das Auftreten Kains erweist sich als unbewusster Einstieg in den »Fortschritt der Kultur«, den die »kindische Menschheit« in den Zeiten des Mythos noch vor sich hatte und dessen weiterer Verlauf uns, die wir nun an der Seite des Menschheitshistorikers auf die Ereignisse von damals zurückschauen, mit den Schrecknissen des Anfangs versöhnt.

Schon der Genesis-Bericht hatte die Unruhe durch die Wiedergabe des göttlichen, sich im Augenblick seiner Verlautbarung selbst erfüllenden Machtwillens in den Rang eines Weltgesetzes gehoben. Während sie aber dort als Verhängnis galt, als das Merkzeichen der menschlichen Schwäche und Verworfenheit, kehren die modernen Sympathisanten Kains, denen Schiller die Stichworte geliefert hat,* die Wertvorzeichen um. Kain tritt als Rebell hervor, dem es gelungen ist, den Verlust der Ruhe in den Gewinn der Welt umzumünzen. Parallel zu der veränderten Wahrnehmung Kains verliert auch die Unruhe ihre Anstößigkeit. Der Weg wird frei für die Wahrnehmung der Unruhe als Verheißung, die uns, den Kindern Kains, gerade aufgrund ihrer Unbestimmtheit die Realisierung unbegrenzter Möglichkeiten in Aussicht stellt.

Krise

oder wie die Unruhe sich selbst bestätigt und verstärkt

Krisen agieren auf zwei Ebenen, und es ist reizvoll zu sehen, wie diese Ebenen einander in der öffentlichen Debatte ergänzen: die Ebene des Wortes und die Ebene der Sache.

Da ist zum einen der Befund der Krise selbst, in den bestimmte Wahrnehmungen, bestimmte Interessen und Urteile bereits eingegangen sind. Die Krise ist ein Schlagwort, und während es die einen mit grimmiger Genugtuung vorbringen, um die Dramatik des Augenblicks herauszustreichen, weisen die anderen es kopfschüttelnd zurück. In ihren Ohren erschöpft sich die Krise in Krisengerede. In Wertungskonflikten wie diesen deutet sich schon an, wie stark Krisenbefund und Unruhereaktion ineinandergreifen und wie dieses Zusammenspiel eine unwiderstehliche Dynamik entfaltet. Ist die Krise erst einmal gewiss, kommt automatisch auch die Unruhe zum Zug. Wer auf Veränderung aus ist, wird deshalb die Komplizenschaft von Unruhe und Krise nutzen und mit einem spektakulären Krisenbefund den Anfang machen. »Eine neue Revolution ist nur möglich im Gefolge einer neuen Krisis«, mit diesen Worten plaudern Marx und Engels 1850 das Betriebsgeheimnis des Begriffsgebrauchs aus, um unmittelbar anschließend die eigentliche Pointe zu setzen: »Sie ist aber auch ebenso sicher wie diese.«*

Niemand sollte sich durch das Beispiel zu voreiligen Schlüssen verleiten lassen. Entscheidend für die begriffssprachliche

Funktion des Krisenbefundes sind weniger bestimmte ideologische Vorgaben als eingespielte Automatismen, die in den unterschiedlichsten Theoriemilieus für das Aufschaukeln von Krisenbefund und Unruhereaktion garantieren. Die Ausrufung der Krise weckt Erwartungen, die der Unruhe wie von selbst die Bahn freigeben. Dieses Zusammenspiel ist früh schon erkannt und karikiert worden, am deutlichsten vielleicht von Diogenes von Sinope, dem Zeitgenossen des Sokrates und bildmächtigen Kritiker der Kultur. In einer jener Anekdoten, die den Philosophen berühmt gemacht haben, ist von der Stadt Korinth die Rede, die von fremden Truppen belagert wird. Während die Bewohner in heller Aufregung durch die Stadt irren, ordnet der Philosoph seine Habseligkeiten und fängt an, seine Tonne hin- und herzurollen. Auf den Aberwitz seines Tuns angesprochen, erwidert er: »Ich wälze mein Fass, um nicht den Eindruck zu erwecken, ich sei unter so vielen Tätigen der einzige Nichtstuer.«* Der augenzwinkernde Bescheid des Philosophen lenkt die Aufmerksamkeit um: von der Krise (der Belagerung der Stadt) auf das heimliche Bündnis zwischen Krise und Unruhe (die Aufgeregtheit der Bewohner von Korinth). Gewiss soll die philosophische Performance das Fehlen der Besonnenheit sichtbar machen und zeigen, wie wenig es braucht, um das öffentliche Leben ins Chaos zu stürzen. Wichtiger aber für das Verständnis der Krise ist die Einsicht, dass sie mehr als alles andere ein Vorwand ist, um dem Drängen der sprungbereiten Unruhe nachzugeben. Die Skurrilität der philosophischen Geste gibt den Blick frei auf den Pakt, den die Menschen mit der Unruhe geschlossen haben. Ohne sich dessen bewusst zu sein, haben sie ihr Schicksal in die Hände der Unruhe gelegt, und es sind die Krisen, in denen dieser Vertrauensvorschuss zutage tritt und wirksam wird. Der Klang des Begriffsnamens genügt, um das Aufflammen der Unruhe zu rechtfertigen und alles, was von diesem Augenblick an im Zeichen der Krise geschieht.

Es ist also nicht einfach nur so, dass wir, wie das Denkschema der Kausalität vermuten lässt, auf Krisen mit Unruhe reagieren. Das Verhältnis ist enger, ist symbiotisch. Die Alarmbereitschaft der Unruhe ist schon da, und es ist die Ausrufung der Krise, die die Unruhe aus der Latenz befreit und uneinholbar hervorbrechen lässt. Die Unruhe wird zum Reflex – zu einer zwingenden, über jede Begründung erhabenen Konsequenz. Das Verständnis dessen, was sich da Bahn bricht, bleibt somit auch unter krisentheoretischen Aspekten diffus und notorisch unterbestimmt. Aber gerade diese Unbestimmtheit, so enttäuschend sie unter analytischen Aspekten sein mag, ist funktional. Zur Krise gehört, dass Routinen nicht greifen und Lösungen nicht sogleich zur Hand sind, so dass der Umschlag von Ratlosigkeit in Rastlosigkeit aus der Sicht der Beteiligten nur folgerichtig erscheint und die Unruhe nochmals anheizt. Im Gegenzug bringt gerade dieses Zusammenspiel von terminologischer und situativer Unschärfe den Krisenbefund zur Evidenz und sorgt dafür, dass wir uns wie einst die Bewohner von Korinth in die Pflicht genommen fühlen, dass wir beunruhigt aufspringen und nach den Lösungen greifen, die wir von der aufgeflammten Unruhe erwarten. Die Herkunft aus der Sprache der Medizin tut ein übriges, um den gebieterischen Charakter der Krise, worin auch immer sie bestehen mag, sicherzustellen. Die Krise bezeichnet den Moment, auf den es ankommt, und so können und dürfen wir uns ihrem Appell nicht verschließen.

Die Popularisierung des Begriffs in den Sprachwelten von Wirtschaft und Politik erklärt sich aus diesen Prämissen, die dem Begriff unveräußerlich sind. In der Krise geht es um höchste Einsätze, geht es, wie mit Christoph Martin Wieland ein zeitgenössischer Beobachter der Französischen Revolution schreibt, »um Leben oder Tod«.* Impliziert ist neben der Höhe des Einsatzes, der die Option der Unbetroffenheit oder auch nur der passiven Zuschauerschaft von vornherein ausschließt, die Unabweislichkeit einer Entscheidung, die unmittelbar bevorsteht und bei den Betroffenen – und von der wahren Krise sind alle betroffen – den Pulsschlag nochmals erhöht. Die Krise ist etwas, auf das wir nicht *nicht* reagieren können.

Die Unbedingtheitssuggestion der Krise ist derart effektiv, dass die Unruhe sich jederzeit auf die Krise berufen und sich als Wachsamkeit, als Vorsorge, als Ausweg und überhaupt als einzig denkbare Konsequenz in Szene setzen kann. Nicht in jedem Fall muss allerdings die Krise einen bestimmten Augenblick bezeichnen. Sie kann auch, wie in jener Ankündigung von Marx und Engels, einen Prozess meinen, eine aus kontingenten Einzelkrisen sich aufaddierende Dauerkrise, die entweder auf die endgültige Entscheidung zuläuft, auf das (wie es in der 1871 getexteten »Internationale« heißt) »letzte Gefecht«, oder sich einfach nur immer weiter fortsetzt: als permanente Unruhe. Bereits die Geschichtsphilosophen des 18. Jahrhunderts bereiten dieses Verständnis der Krise als Dauerkrise und damit zugleich als die geschichtliche Chance vor, mit der Zeit das Versprechen des Fortschritts einzulösen oder, von der anderen Seite des politischen Spektrums her gesehen, die ursprüngliche »Heiterkeit und Stille« der menschlichen Dinge wiederherzustellen.* Diese Offenheit des Ausgangs bestätigt die Beobachtung der weltanschaulichen Neutralität. Die Unruhe, die auf die Krise folgt, hat an der Schwelle zur Moderne die Rhetoriken der *Revolution* und der *Restitution* noch gleichermaßen beflügelt. Wer ein Volk groß machen wolle, schreibt Justus Möser im Jahr 1778, müsse dafür Sorge tragen, dass es allezeit tätig sei und es »in einer solchen beständigen Krisis unterhalten […], worin es immerfort seine Kräfte anspannen und durch den Gebrauch derselben die Summe des Guten in der Welt vermehren könnte.«*

Sich selbst in einer beständigen Krisis halten – die staatspolitische Empfehlung des Aufklärungspublizisten und Geheimen Justizrats Möser klingt wie der Wahlspruch der Unruhekultur. Die Krise, das ist lange Zeit der allgemeine, sämtliche Gebrauchsweisen des Begriffs übergreifende Grundgedanke gewesen, ist ein Analyseinstrument und schärft den Blick für die anstehenden Entscheidungen. Doch mit der Übertragung der Krise auf die Themenkreise von Politik und Gesellschaft, von Wirtschaft und Umwelt hat sich die Begriffsbedeutung pragmatisch verschoben und ist, mit der Unterscheidung Reinhart Kosellecks, vom Indikator zum Faktor des realhistorischen Geschehens geworden. Wer Krisen ausruft, drängt zur Aktion, und so versteht sich die einmal reflexiv gewordene Krise zunehmend von dem her, was erfahrungsgemäß daraus folgen wird. Die Krise wird zum Interventionsvorwand, zum Auslöser für den Reflex der Unruhe. Schon Möser hat gesehen, dass in der zum Dauerzustand geronnenen Krise, die mal als Krise der Moderne und der Kultur, mal als Krise des Geistes, des Sinns oder der Legitimität bestimmt wird, das besonnene Wägen des Für und Wider nebensächlich und stattdessen ganz unmittelbar die Evidenz der Krise selbst zur Hauptsache wird, die der Wahrnehmung der Welt die Richtung vorgibt. Und spüren wir nicht alle schon das unausweichliche Heraufziehen der nächsten Krise, über die wir nur deshalb wenig zu sagen wissen, weil unsere Sonden und Satelliten sie noch nicht genau genug erfasst haben? All die Wahrnehmungen und Vorahnungen der Krise haben etwas Zwingendes. Die einmal etablierte Rhetorik setzt all diejenigen als verantwortungslos ins Unrecht, die sich wegducken und der allgemeinen Unruhe entziehen wollen. Auf diese Weise von einem Bewegungs- zu einem Zustandsbegriff geworden, verschattet die

Krise das Weltbild, und die Sorgen, die das Zeichen der Verantwortung sind, überflügeln die Hoffnungen, die nur noch blauäugig erscheinen. Dass die Zukunft nicht mehr, wie noch vor wenigen Jahren, in den Regenbogenfarben der Utopie vor uns steht, erklärt sich, wie ich meine, aus der Entgrenzung der Krisensemantik, die Tag für Tag den Alarmknopf drückt und dem Lebensgefühl gerade der aufmerksamen, moralisch ansprechbaren Zeitgenossen als Richtschnur dient. Binnen weniger Jahrzehnte hat das Bewusstsein der Krise die Zeitlogik des Politischen verkehrt: Wer sich auf die Schubkraft der Krise, auf das Drohen und Warnen eingelassen hat, muss auf die Attraktionen der Utopie und der visionären Horizonte verzichten.

Dies aber ist eine Entscheidung, hinter die nicht zurückgegangen werden kann. Wir sind krisenfixiert, und das bedeutet: Wir wollen die Welt verändern, so viel ist klar, doch niemand kann sagen, wohin die Reise gehen soll. Die Unruhe hat die Utopie geschluckt. In einer Öffentlichkeit, die sich als Sorgengemeinschaft versteht, bleibt am Ende nur die Unruhe als moralische Pflicht und politische Tugend. Vor diesem Hintergrund sind die Semantiken der Krise und der Unruhe einander immer ähnlicher geworden. Nicht mehr, wie in den Anfängen der Begriffsgeschichte, auf die Beurteilung der Lage will der Befund der Krise hinaus, sondern auf das Bewältigungsversprechen dauerhaft enthemmter Unruhe. Mit dem Übermut dessen, der sich schon jetzt auf der Seite der künftigen Sieger wähnt, hat Friedrich Engels das Bündnis von Krise und Unruhe auf den Punkt gebracht. Seine lustvoll hingeworfene Kurzform der modernen Krisenausrufungspraxis lautet: »Weltkrach«.*

Kritik

oder wie die Unruhe Begriffsprofile verschleift

Unruhe und Kritik bilden ein interessantes Gespann. So stellt sich die Frage, ob die Unruhe überhaupt kritisierbar ist. Auf pragmatischer Ebene liegt die Antwort klar auf der Hand. Die Unruhe lässt sich mühelos bejammern und beklagen. Wenn uns alles zu schnell geht und einfach zu viel oder zu hektisch wird, sind wir um Worte nicht verlegen. Begriffslogisch ist die Sache allerdings komplizierter. Die Kritik ist nämlich, wie man es auch dreht und wendet, ein Unruheverstärker ersten Ranges. Kritik üben heißt Fragen stellen, Staub aufwirbeln, widersprechen, quertreiben, mit einem Wort: Kritisieren heißt keine Ruhe geben. So steht die Kritik im Fall der Unruhe vor einem Dilemma. Zwar können wir, wie alles andere, auch die Unruhe kritisieren; es lässt sich aber nicht vermeiden, dass wir sie damit zugleich auch steigern und, was immer wir sonst noch dazu sagen, unfreiwillig bestätigen.

Die Welt, so die stillschweigende Prämisse aller Kritik, ist nicht, wie sie sein soll. Schon mit ihrem Auftreten unterstellt die Kritik einen Weltzustand der Verfehltheit, der mit jedem ihrer Einsätze und jeder ihrer Behauptungen plausibler wird. Die Einsätze der Kritik sind Signale; sie bestätigen die Kritikwürdigkeit der Welt und sind nur ein weiterer Beleg dafür, dass diese Welt ein Schadensgebiet ist, dass sie so nicht bleiben kann und dass es Zeit wird, endlich die Zurückhaltung aufzugeben und einzuschreiten.

Die Praxis der Kritik verfügt über charakteristische Sprachgesten. Klassisch-philosophisch ist die *urteilende Kritik,* die aus der gebotenen Distanz und nach reiflicher Überlegung eine wohlbegründete Entscheidung trifft; daraus hervorgegangen ist, gleichsam als Kritik der Vernunftkritik, eine fortsetzende und in diesem Sinn *hermeneutische Kritik,* die mit Blick auf den konkreten Gegenstand – im Zweifel also auf das *Werk* – ein Thema weiterspinnt, um unvermutete Potentiale zu entbinden. Weit gebräuchlicher ist inzwischen allerdings drittens eine *propagandistische Kritik,* die sich in den Dienst der einmal als gerecht erkannten Sache stellt und sie durchfechten will, sowie schließlich die *vernichtende Kritik,* die, was sie angreift, rundheraus ablehnt und zerstört. Ungeachtet ihrer verschiedenen Ansatzpunkte und Ansprüche stimmen die Formen der Kritik darin überein, die Dinge so, wie sie augenblicklich sind, keinesfalls auf sich beruhen zu lassen. Die Wirklichkeit, das ist die Prämisse der kritischen Ontologie, verlangt von sich aus danach, dass wir sie umkrempeln und ihrem Idealzustand näher bringen. Judith Butler hat die Konventionen beschrieben,* die in der Praxis der Kritik ein Synonym sehen für das Anzetteln von Krisen, für das Schüren des Unbehagens, für das Ärger- oder Schwierigkeitenmachen und eben, ganz allgemein, für das Stiften von Unruhe. In ihrem Zusammenspiel haben derlei Gedankenverbindungen das Verhältnis von Mittel und Zweck verkehrt. Es ist, so lautet das im Kern theologische Argument, geradezu der Sinn all der Unzulänglichkeiten der irdischen Zustände, der rettenden Kritik mit Einsatzstellen zu dienen.

Verfolgt man die Entwicklung seit den ersten Anfängen des neuzeitlichen Kritikbegriffs bei Pierre Bayle,* dann bewegen sich die thematischen Linien der Kritik und der Unruhe aufeinander zu. Im Verlauf dieser Annäherung ist die Kritik in den Rang einer Kardinaltugend aufgestiegen, die sich mit dem Versprechen verbindet, dass nichts so bleiben muss, wie es ist. Am Ende dieser Entwicklung steht eine Kritik, die sich als *virtue of troublemaking* verwirklicht. Bayle allerdings hätte diesen Typus der Kritik, dessen Verbreitung Butler anschaulich macht, noch mit Befremden zur Kenntnis genommen. Die Kritik galt dem Aufklärer als intellektuelle, nicht als moralische Leistung, und ihre Überlegenheit sollte weniger der Unerschütterlichkeit von Überzeugungen Ausdruck verleihen als der Triftigkeit von Argumenten.

Was jedoch Bayle bereits vorbereitet, ist das bis heute stabile Bündnis der Kritik mit der Zeit. Die Kritik richtet den Blick nach vorn und spielt den Reichtum unausgeschöpfter Möglichkeiten gegen die Grenzen der aktuellen Wirklichkeit aus, das Morgen gegen das Heute. Die hechelnde Gegenwart fällt zurück und kommt nicht hinterher. So rückt im *règne de la critique* das Jetzt und Hier als Übergang in den Blick, als Vorläufigkeit, deren rasche Überwindung schon allein deshalb geboten ist, weil sie uns der Wahrheit näher bringt. Das 18. Jahrhundert habe die Vernunft nicht »als festen *Gehalt* von Erkenntnissen, von Prinzipien, von Wahrheiten« genommen, mit diesen Worten resümiert Ernst Cassirer den Erwartungshintergrund der Aufklärungskritik, »sondern vielmehr als eine *Energie;* als eine Kraft, die nur in ihrer *Ausübung* und *Auswirkung* völlig begriffen werden kann«.* Der in den Unruhekulturen des Westens verbreitete Hang zur Beschleunigung technischer und, diesem Beispiel folgend, sozialer Verläufe ist das folgerichtige Ergebnis des Vertrauens in die segensreiche Wirkung der Zeit. Für die von der Unruhe beseelte Kritik, die auf diese Wirkung setzt, kann die Zeit schon aus Gründen der Generationengerechtigkeit gar nicht schnell genug vergehen.

Was aber, wenn das Bild der Wahrheit weniger bestimmt und eindeutig ist? Wenn die Kritik darauf verzichten muss, im Namen der Wahrheit zu sprechen, weil sie sie selbst nicht kennt? Wenn sie nicht einmal sicher ist, ob es sie gibt, ob sie sich finden lässt – und ob sie, falls es sie denn gibt, überhaupt gefunden werden *sollte*?

Unter dem Datum des 18. August 1756 hat Jean-Jacques Rousseau einen Brief an Voltaire geschrieben, der den ein halbes Jahrhundert zuvor von Bayle geschmiedeten Pakt zwischen Kritik und Wahrheit aufkündigt.* Um die epochale Spaltung des Kritikverständnisses zu verdeutlichen, nimmt Rousseau eine ungewöhnliche Rollenverteilung vor, die zugleich eine Distanzierung ist. Der Großschriftsteller Voltaire wird, durchaus im Rahmen des Üblichen, als Philosoph angeredet; Rousseau selbst aber stellt sich als »aufrichtige Seele« vor, als *man of the crowd,* der auf das Privileg der Autorposition verzichtet. Die Wahrheit, die dieser Kritiker der Aufklärungskritik zum Sprechen bringen will, ist nicht Ausdruck von Exzellenz und Expertise und verlangt sogar den Verzicht auf den Status ausgewiesener Kennerschaft. Rousseau kokettiert mit der Rolle des Laien, mit der Rolle der *anima idiotica.* Um zu sagen, was zu sagen ist, und, wie Rousseau erläutert, »die Sache des Menschengeschlechts gegen es selbst« zu vertreten, sind Aufrichtigkeit und Wahrheitsliebe Voraussetzung genug.

Rousseau hat gesehen, dass die Kritik sich auf dem Boden der Moderne neu erfinden muss, dass also, allgemein gesagt, die Moderne nicht lediglich ein weiterer Zeitabschnitt in der Reihe der historischen Epochen ist, sondern eine dauerhaft veränderte Wirklichkeit einführt. Anders als die Kritik der ersten Aufklärergenerationen, anders vor allem als die Kritik eines Bayle oder Voltaire, muss diese neue Kritik sich die Grundlagen ihres Einsatzes selber schaffen. Sie spricht nicht für andere, nicht in irgendjemandes Auftrag und nicht einmal im Auftrag der Vernunft. Sie spricht für sich selbst. Rousseau sah bei der historischen Gabelung der Kritik, wie so oft, Sokrates auf seiner Seite, der einst das dogmatische, um jeden Preis zu sichernde Wissen durch das Wissen des Nichtwissens aufgebrochen hatte. Er argumentiere nicht als Wissender, hatte Sokrates im *Charmides*-Dialog seinem Schüler Kritias erklärt, sondern suche mit ihm, Kritias, eine Einsicht, an die sie sich gemeinsam herantasten müssten.* Aus dieser Unterscheidung zwischen einer Kritik, die zu wissen meint, und einer Kritik, die an der Gewissheit zweifelt, geht nun, da Rousseau sich gegenüber Voltaire erklärt, das neue Selbstverständnis einer Kritik hervor, die grundsätzlich auf Sicht fährt. Diese Kritik hat weder einen Auftrag höherer Mächte zu erfüllen noch einen Plan der Geschichte umzusetzen. Sie ist eine Suche, die offen ist und die, wie sie sich eingestehen muss, für die Folgen ihres Tuns nicht garantieren kann. Diese Kritik, die Rousseau in der Auseinandersetzung mit Voltaire spontan entwickelt, ist die reine Unruhe.

Die Nachfolger Rousseaus haben auf diese Konvergenzbewegung von Kritik und Unruhe sehr unterschiedlich reagiert. Auf der einen Seite steht eine form- und stilbewusste Kritik, die sich, wie Rousseau selbst, über die Unsicherheit ihrer Grundlagen im klaren ist und die erkannt hat, dass für die Glaubhaftmachung ihrer Position allein sie selbst aufkommen muss. Der Bürger von Genf hat selbst am besten gewusst, dass das *far niente,* das seine späten *Rêveries* ausmalen, überhaupt nur als Ausdruck einer literarischen Selbstbesinnung zu rechtfertigen war, die das Rumoren der Kritik für den Augenblick unterbricht, aber doch keineswegs stillstellt. Rousseaus Kritik ist »Kritik der Zeitgenossen – *critique des contemporains*«,* stets aber und zugleich *Selbstkritik.*

Der andere Weg führt in den *Aktivismus.* Das Wort Aktivist entstammt, was den deutschen Sprachraum betrifft, den totalitären Ideologien des 20. Jahrhunderts. Die Belege, die das neu aufgelegte *Deutsche Fremdwörterbuch* versammelt, dokumentieren die besondere Wertschätzung, die zunächst die Nationalsozialisten und dann der Staat der Arbeiter und Bauern den Treuesten der Treuen entgegengebracht haben. »Fleißig oder faul, Aktivist oder Bummelant«* – das war, links wie rechts, die Frage.

Man versteht, dass in den westlichen Demokratien für derlei Einstellungen lange Zeit kein Bedarf bestand. Noch Ende der sechziger Jahre hielt Theodor W. Adorno der rebellierenden Studentenschaft vor, den Herausforderungen der Kritischen Gesellschaftstheorie auszuweichen und in blinde Geschäftigkeit zu flüchten – in Aktivismus und Aktion. Schüler Adornos gestalteten damals eine regelmäßig erscheinende Doppelseite der Satirezeitschrift »Pardon«, deren Motto den Biedersinn des tumultuarischen Eifers ironisch überzog: *pro bono, contra malum.** Seit Ende der achtziger Jahre ist die Doppelbödigkeit dieses tapferen Streitens »für eine saubere Welt« nicht mehr hörbar, weil der aktivistischen Kritik das selbstreflexive Element abhandengekommen ist. Die späte, als Resümee seiner Lebensleistung lesbare Bemerkung Adornos,* kritisches Denken habe die Wut sublimiert, hat sich als voreilig erwiesen.

Wie sich der Gestaltwandel der Kritik im Einzelnen vollzog, ist, soweit ich sehe, bis heute nicht geklärt. Möglich war er aber nur unter den Bedingungen der endgültig entproblematisierten Unruhe. Der Kritiker, wie er einst den Aufklärern vorschwebte, hat ein gebrochenes, der Aktivist ein emphatisches Verhältnis zur Unruhe: Er weiß sich von ihr getragen. Der damit getane Schritt hat das Profil der Kritik verändert. Aus der *Denkform* der Kritik, wie sie noch Adorno vorschwebte, wurde die Kritik als *Lebensform.* Die aktivistische Kritik schürt die Unruhe – aber nicht, wie der Sokratiker Rousseau, mit dem Risiko des ungewissen Ausgangs, sondern um die Einstimmigkeit der Wohlgesinnten zu organisieren. Es ist diese Einstimmigkeit und die Selbstverpflichtung gegenüber der Idealität, hinter der die Wirklichkeit folgerichtig und mit frustrierender Regelmäßigkeit zurückbleibt. So ist der Aktivist Unruhegeist und Apologet in einem – der Apologet einer Welt, die von sich aus danach verlangt, verändert zu werden.

Die aktivistische Neuaufstellung der Kritik kommt einem Umbau der Fundamente gleich. Wo die alte, im Geist der Aufklärung agierende Kritik noch Argumente vortrug und umständlich das Für und Wider erwog, setzt ihre Nachfolgerin auf Rhetorik. Ausschließlich rhetorisch ist die schlichte Gegenstellung von *Bonum* und *Malum,* von Richtig und Falsch, in der heutigen Öffentlichkeit noch durchzuhalten. Den Aktivismus ficht dieses Handicap nicht an, weil ihn nicht die Voraussetzungen seines Auftretens interessieren, sondern unmittelbar dieses Auftreten selbst. Unverdrossen setzt er Zeichen, plant Aktionen, fordert, beklagt, alarmiert, macht Druck. Während die klassische Kritik als Einzelstimme auftrat und sogar bestimmten Namen zuzuordnen war, die, wie exemplarisch bei Adorno, einem idiosynkratischen, auf das Gewicht der Worte vertrauenden Idiom zuneigte, skandiert der Aktivist im Chor und hält sich an den Sprachcode weitläufig vernetzter Organisationen. Die Kritik wird zum Gruppenerlebnis, zur solidarischen Aktion. Der einzelne Aktivist darf anonym bleiben, weil es auf ihn selbst und seine persönliche Sicht der Dinge gar nicht ankommt. Was zählt, ist die Gewissheit, Teil einer großen Bewegung zu sein.

Und weil das so ist und der Aktivist seine Überzeugung *lebt,* ist er über alle Zweifel längst hinaus. Der Aktivismus hat ein diskursives Feld erschlossen, auf dem selbst debattengestählte Ironiker sich ein Herz nehmen und öffentlich Zeugnis ablegen. Die Kritik ist sendungsbewusst geworden, sie hat eine Mission. Wollte die alte Kritik das Korsett des Geläufigen aufsprengen und sich abheben vom Grund der Zeit, so erzwingt die neue Kritik die postdikursive Gleichsetzung von Gutsein und Rechthaben. Ruhelose Aufmerksamkeit, die unermüdliche Fahndung nach Missständen und die an sich schon wertvolle, als »proaktiv« begrüßte Bereitschaft, sich immer und überall einzumischen, verschmelzen im Aktivismus zur zeitgemäßen Ausdrucksgestalt des kritischen Bewusstseins* – zur Bürgertugend des Troublemaking. Was einmal die Aufklärung aus den durch Unbestechlichkeit, durch Distanz und Kennerschaft ausgewiesenen Kritikern machen wollte, das macht nun die populäre, stets sprungbereite Superkritik des Aktivismus aus uns allen: Funktionäre der Unruhe.

Kultur

oder wie die Unruhe das Ruhebedürfnis weckt

Wörter und Begriffe liegen nicht einfach gebrauchsfertig bereit. Ihre Verwendung setzt Nachfragen und Interessen voraus, Vorgeschichten und Begleitumstände, die darüber mitentscheiden, ob sie sich durchsetzen und auf Dauer überzeugen können. Wie alle kulturellen Tatsachen haben auch die Wörter ihre Zeit. Allerdings, und an dieser Stelle wird die Sache interessant, ist dieses Verwiesensein nicht einseitig. Die Verbreitung bestimmter Redeweisen deutet auf die Wirklichkeiten zurück, die sich vor Zeiten in ihnen erkannt haben. Mit diesem Wechselwirkungseffekt bietet sich die Möglichkeit kulturanalytischer Vertiefung. Wie, so lautet die Nachfrage des rückblickenden Beobachters, und unter welchen Voraussetzungen war das Aufkommen bestimmter Wörter und Begriffe möglich, und welches waren die Bedürfnisse, denen sie, nachdem sie einmal verfügbar waren, im Lauf ihrer Entwicklung entsprachen?

Wie andere Begriffe, die das Dasein als Ganzes umfassen wollen, wie die Welt oder die Wirklichkeit, ist auch der Begriff der *Kultur* vergleichsweise jung und erst im Zuge der Übertragung neuzeitlicher Selbstverständlichkeiten auf ältere Zeiten allgemein geworden. Mit der Nüchternheit des Begriffshistorikers betrachtet, erweisen sich solche Übertragungen allerdings als anachronistisch. So etwas wie die Kultur der Antike oder des Mittelalters hat es nie gegeben, Wort und Sache waren unbekannt. Vieles von dem, was überhaupt erst auf dem Boden der Neuzeit als Kultur ansprechbar geworden ist, war zuvor völlig anders eingebettet, etwa in das religiöse Leben: es war Kult oder kultischer Gegenstand. Eine authentische Sonderwelt der Menschen, die sich außerhalb der Logiken des Kosmos und der Schöpfung gestellt und konkurrierende Ansprüche geltend gemacht hätte, kam vorneuzeitlich nicht in Betracht und wurde, wo sie sich dennoch hervortat, scharf zurückgewiesen. Eine breite, vom Christentum und den assistierenden Schulen der Philosophie durch die Jahrhunderte getragene Tradition variiert immer wieder dieses eine, robuste Erzählschema, wonach die Versuche der Menschen, sich ohne den Beistand höherer Mächte eine eigene, eine im nachdrücklichen Verständnis des Wortes *humane* Welt aufzubauen, eitel, anmaßend und zum Scheitern verurteilt seien. Im Wahrnehmungshorizont dieses breit überlieferten Abwehrnarrativs ist die Aussichtslosigkeit auf sich selbst gestellter Humanisierungsbemühungen systematisch folgerichtig und faktisch evident. Demnach muss die menschengemachte Welt an ihrer Unfähigkeit scheitern, die Unruhe, die ihr aus ihrer eigenen Mitte heraus entgegenschlägt, dauerhaft einzuhegen und zu befrieden. Das Zugeständnis, dass der Mensch vieles zuwegebringt, ist herkömmlich mit der Gewissheit verbunden, dass er außerstande sei, diesen Hervorbringungen Bestand zu geben. Alles Menschengemachte ist Schall und Rauch: es scheitert an seiner eigenen Unruhe.

Was das Aufkommen des Kulturbegriffs, wie wir ihn kennen, über Jahrhunderte hinweg verzögert hat, war die Überzeugung, dass die Welt der menschlichen Dinge unstet und flüchtig sei und deshalb der Ort des Heils nicht sein könne. Bereits der Kulturentstehungsbericht, den Platon in seinem *Protagoras*-Dialog vorträgt, setzt die Gedankenverbindung von Inquietät und Kulturalität als gesichert voraus. Platon berichtet von den göttlichen Brüdern Prometheus und Epimetheus, die mit der Aufgabe betraut waren, die Erde mit lebendigen Wesen zu bevölkern, und wie Epimetheus die Sache verdirbt. Speziell der Mensch gerät ihm zu einem Wesen voller Mängel: »nackt, unbeschuht, unbedeckt, unbewaffnet«.* In dieser Situation ergreift Prometheus die Initiative, um die Unvollkommenheit des Geschöpfes auszugleichen, und so bringt er den Menschen das ihnen bis dahin vorenthaltene Feuer. Während der Titanengott für den Feuerraub schwer bestraft wird, leben die Menschen, wie Platon weiter erzählt, fürs Erste in der »Behaglichkeit des Lebens«. Sie erbauen sich eine Welt, die, hätte es für diese menschlichen Hervorbringungen eines Sammelbegriffs bedurft, wohl Kultur hätte genannt werden dürfen. Sie stellen Altäre auf, errichten feste Behausungen, sorgen für Kleidung und Nahrung. Zum Schutz gegen die Wildnis entstehen die Städte, und für einen kurzen, freilich auch trügerischen Augenblick erscheint diese künstliche, diese zweite Natur so vollkommen wie die erste und ursprüngliche, in der die Götter walten. Doch die Menschen, darin liegt die Pointe des mythischen Berichts, verderben es sich selbst. Aus nichtigen Anlässen geraten sie in Streit, fallen übereinander her und sind unfähig, die äußere Unruhe (die andrängende Wildnis) und die innere Unruhe (ihre eigene Missgestimmtheit und Streitsucht) zu bezwingen. So muss diesem schwachen, an sich selbst scheiternden Geschöpf zum zweiten Mal ein Gott aushelfen. Zeus entsendet Hermes, um den Menschen Moral und Gehorsam gegenüber der Staatsgewalt beizubringen, damit »diese der Städte Ordnungen und Bande würden«. Um die von der tumultuarischen Kulturwelt nur immer weiter angeheizte Unruhe durch »Ordnungen und Bande« niederzuhalten, bedarf es übermenschlicher Kräfte – für Platon die bittere Bestätigung der Imperfektibilität und jener kreatürlichen Unruhe, die für die menschlichen Dinge bezeichnend ist.

Die Kultur, so lautet der Vorbehalt von Platon bis Rousseau, ist eine Welt ohne Maß, eine Welt der ungebändigten und sich aus sich selbst heraus verstärkenden Unruhe. An dieses Urteil über die Lage der menschlichen Dinge knüpft auch der römische Philosoph Seneca an, wenn er der idealen Einrichtung des Goldenen Zeitalters, das für die Menschen längst verloren sei, jene »Werke der Sterblichen – *omnia opera mortalitate*« polemisch gegenüberstellt* – Werke, die hinfällig und, da nur für den Moment geschaffen, im Grunde nichtswürdig sind. Der Kontrast zwischen erster und zweiter Natur, zwischen der festgefügten Ordnung des Kosmos und der flüchtigen Wirrnis der Kultur, könnte schärfer nicht sein. Ehedem, schreibt Seneca im 90. Brief an Lucilius, habe die Natur allen Menschen »wie eine Mutter« zuverlässig Schutz geboten, so dass sie ihre Nächte »ohne Seufzer« verbringen konnten. Und dagegen nun die Zustände von heute, in denen Unmaß und Verschwendung, Ängste und Sorgen die Oberhand gewonnen haben. Die Szenen der Permissivität und der Prasserei, die auf dem Cinemascope-Format von Thomas Couture zu sehen sind, bezeugen die von den antiken Autoren geschilderte Unfähigkeit der Menschen, ohne höheren Beistand eine dauerhafte, das Auskommen der Gattung gewährleistende Ordnung zu schaffen, und bebildern die Unruhe, der die Menschen in tragischer Selbstüberschätzung verfallen sind. Die sich selbst überlassene, aus der Obhut höherer Mächte herausgefallene Welt ist ein Tollhaus: »Unruhe *[sollicitudo]* quält uns auf unserer purpurnen Liegestatt und schreckt uns mit schärfsten Stacheln auf: doch welch sanften Schlaf schenkte jenen der harte Erdboden!«

Wie bei Platon steht das Urteil über die Kulturdinge von vornherein fest. In sich selbst, eben als Dinge der Kultur, tragen sie die zerstörerischen Kräfte der Unruhe und des Niedergangs. Die Überzeugung, dass die Kultur rein als solche Form-

Abb. 6: Thomas Couture, Les Romains de la décadence, 1847 (Die Römer der Verfallszeit).

losigkeit und Verfall bedeute, ist alt und zu dieser Zeit noch weit von den Erwartungen der Moderne entfernt, die in der Kultur die Kräfte des Fortschritts am Werk sieht. Und doch ist die Übernahme des Abwehrnarrativs nicht Senecas letztes Wort. Über Platon hinausgehend, modifiziert er das Schema der Kulturverachtung an entscheidender Stelle. In der Wirklichkeit der einmal entstandenen Kultur, so problematisch sie gerade für ihn immer bleiben wird, entdeckt Seneca die Potentiale der Bewusstwerdung und, als deren praktische Konsequenz, der Selbstbeherrschung. Die Kultur ist der Raum der Unruhe, gewiss, aber sie ist auch der Raum der Reflexion, und genau darin liegt ihre Chance. Was die Natur allein auf sich gestellt niemals vermocht hätte, brachte demnach die Kultur zustande, die, als sie den Tugenden Raum gab, die philosophische Weisheit entstehen ließ. Es ist die Unruhekultur, die einst die Menschen auf Abwege geführt hat, die ihnen aber nun auch die Gelegenheit bietet, von sich selbst abzurücken und die Bedenklichkeit ihrer Lage ins Auge zu fassen. Mit dieser argumentativen Wendung bezieht Seneca seine Kritik in den übergreifenden, aus dem Verlust der Ursprungswelt hervorgegangenen Bewusstwerdungsprozess mit ein und verpflichtet die Kultur auf den Kurs einer permanenten Selbstbetrachtung. Dazu gehört auch und sogar an erster Stelle die Einsicht in die Notwendigkeit, die Unruhe zu erkennen und zu bändigen. Aus stoischer Sicht verwirklicht sich die Kritik der Kultur als Kritik ihrer Unruhe, die keineswegs bloß Ablehnung ist. Im Gegenteil: Um ihrer selbst und um des Friedens ihrer Welt willen müssen die Menschen lernen, was nach dem unwiderruflichen Verlust des Goldenen Zeitalters nur die von der Unruhe gezeichnete Kultur ihnen vermitteln kann: »innehalten zu können und bei sich zu verharren – *posse consistere et secum morari*«. An der Kultur selbst ist es, ihrem unruhigen Drängen Einhalt zu gebieten.

Seit Seneca ist die Situation der Kultur nicht mehr eindeutig. Auf der einen Seite ist die Kultur, hier immer verstanden als das Universum der menschlichen Dinge, der Ort der Unruhe, an dem die Schwäche und Überforderung des Menschen für jedermann sichtbar zutage tritt. Auf der anderen Seite bedurfte es genau dieser unzulänglichen Einrichtung der Kultur, um des Zusammenspiels von Kulturalität und Inquietät innezuwerden und auf dieses Bemerken hin spezifisch humane, von äußeren Mächten unabhängige Formen des Zusammenlebens zu entwickeln. Es hat Jahrhunderte gedauert, bis diese voraussetzungsreiche, gleichsam aus der Verlegenheit geborene Ermunterung zur Kulturalität, die sich aus Senecas Überlegungen ergibt, wieder aufgenommen werden konnte und anerkennungsfähig war. Eine klare, in ihrer Bedenkenlosigkeit beispiellose Anweisung formuliert Voltaire, der dem Romanschluss des *Candide* (1759), wonach wir unseren Garten bestellen müssen, ein bezeichnendes, für den weiteren Verlauf dieser Anerkennungsgeschichte entscheidendes Ultimatum voranstellt. Nachdem Candide die berühmte Schlussformel bereits vorweggenommen hat, bestimmt Pangloß das biblische Paradies kurzerhand als Arbeitsgarten, womit, wie er hinzufügt, bereits in mythischer Zeit darüber entschieden gewesen sei, dass der Mensch nicht für die Ruhe geschaffen ist – *que l'homme n'est pas né pour le repos.* Wofür aber dann? Dafür, sich hier und jetzt und ein für alle Mal zu bekennen: »entweder in Rastlosigkeit *[dans les convulsions de l'inquiétude]* umgetrieben zu werden oder in [die] Tatenlosigkeit der Langeweile zu verfallen *[vivre dans la léthargie de l'ennui]*«.*

Das Ultimatum ist rein rhetorisch. Voltaire lässt keinen Zweifel daran, dass, würde die Menschheit sich frei erklären dürfen, sie längst schon zugunsten der Unruhe entschieden hätte. Verglichen mit dem Schrecken einer Ruhe, die nun als lähmende Langeweile entlarvt und, wie sich eben darin zeigt, der menschlichen Natur zuwider ist, fällt es leicht, die Unruhe als die eigentlich menschliche Lebensform auszugeben. Vor diesem Hintergrund der weitläufig angebahnten und nun von Voltaire propagierten Befreundung mit der Unruhe lässt sich das faszinierende Ereignis eines bedeutungsgeschichtlichen Positionswechsels beobachten. Stand die Kultur seit alters im Verdacht, die Menschen ihrem metaphysischen Obdach zu entfremden und sie den Sensationen des Tages auszuliefern, so gewinnt die Kultur nun, in der Mitte des 18. Jahrhunderts, das Ansehen eines menschheitsgeschichtlichen Projekts. Parallel zur *Zivilisation* wird auch die *Kultur* zum Hochbegriff, der die erhabensten Menschheitsziele bündelt – und zwar immer mit der Betonung, dass dies die Ziele des Menschen sind. In Deutschland ist es das Lexikon von Johann Georg Walch gewesen, das in seiner vierten Auflage von 1775 überhaupt erstmals die Kultur als philosophischen Begriff gewürdigt hat. Von Kultur sei dann die Rede, heißt es dort,* wenn die Dinge in einen Zustand versetzt werden, den sie von Natur aus niemals erreicht hätten. Damit ist der entscheidende Punkt getroffen. Die Kultur ist etwas gänzlich Neues, etwas Ungeheuerliches, und ihre Anerkennung ein Schnitt in der geschichtlichen Zeit. Sie ist eine elementare, eine ontologische *Abweichung*, etwas, was im Gefüge des griechisch-lateinischen Kosmos und in der providentiellen Ordnung des göttlichen Schöpfungswerks so niemals vorgesehen war. Schon für die Zeitgenossen markiert der neue Begriff eine Seinsverschiebung, und Johann Gottfried Herder findet für die Beispiellosigkeit des Vorgangs die treffende Formel, wenn er, der praktizierende Theologe, die Kultur als die *zweite Geburt des Menschen* anspricht.* Erst im Rückblick tritt die entscheidende Bedingung hervor, die zu dieser Umwertung des Kulturbegriffs führte. Es hat erst einmal *alles* als Kultur und als von Menschen gemacht verstanden werden müssen, damit rückwirkend auch das, was traditionell als Schutz gegen jene spezifisch »kulturelle« Überforderung gedacht war: Religion und Metaphysik, in das Reich der Kultur hineingezogen und gegen ihr Selbstverständnis als kulturelle Tatsache angesprochen werden konnte.

Die *Kultur,* daran lässt die Begriffsgenese keinen Zweifel, ist etwas deutlich anderes als die *Geschichte* oder die *Gesellschaft,* sie folgt einer anderen Logik und hat andere Implikationen. Während die Diskurse des Historischen und des Sozialen die Unruhe notorisch aufwerten (»Fortschritt«, »Entwicklung«, »Wachstum«, »Veränderung«), ist das Verhältnis zwischen Kultur und Unruhe stets kritisch geblieben. Die Kultur ist aus der Situation der Unruhe hervorgegangen, aber – diese Ambivalenz ist ihr stoisches Erbe – sie findet sich mit der Unruhe nicht ab. Die Spaltung des Kulturkonzepts in einen Allgemeinbegriff, der den Reichtum menschlicher Lebensweisen umfasst, und einen Spezialbegriff, der die Gegenstände vorzugsweise der Kunst und des Feuilletons resümiert, ist eine Folge dieser Zweideutigkeit. Der Unruhekultur, in der uns nichts genügt und in der auch wir uns niemals genügen, steht der Anspruch der aus einer Faltung des Begriffs hervorgegangenen Hoch- und Reflexionskultur gegenüber, die zusammenträgt, festhält und sichert, was aus der sozialen und politischen Normalität der Unruhekultur herausfällt und nach deren Maßstäben nutzlos ist. Das aber bedeutet: Die gleiche Kultur, die auf die Unruhe gesetzt hat und allenthalben Beschleunigung, Vernetzung, Verkürzung, Steigerung, Überbietung und Optimierung propagiert, lässt sich auf Umwege, Aufschübe und Umständlichkeiten ein, die das Drängen der Unruhe verlangsamen, umleiten und die Unruhe, und sei es auch nur in ausgesuchten Momenten, bezwingen.

Es mag sein, dass die Umwegigkeit das verbindende Element ist, das allen menschlichen Kulturen ungeachtet ihrer Vielstimmigkeit gemeinsam ist. Die Umwegkultur entzieht sich dem Diktat des Nutzens und der Effizienz. Sie unterläuft den Automatismus der Instinkt- und Reizreaktionen, um ihn durch die umständliche und sogar sperrige Praxis der Rituale, der Zeremonien und Festlichkeiten zu ersetzen, die, gerade weil sie um ihrer selbst willen da sind, der Unruhe den Zugriff verwehren. Kulturspezifisch in diesem Sinne ist die umwegfreundliche Vielzahl der Varianten, Nuancen und Alternativen. Während unter den Bedingungen der Gradlinigkeit und der schnellstmöglichen Umsetzung immer nur *ein* Weg denkbar ist und eine einzige Strecke, über die er führen muss, ist die Zahl der Umwege unendlich. In der Zusammenschau ergeben die Wege und Umwege der Kultur ein polylineares Gebilde stets noch vermehrbarer Verbindungen, welche die Beobachter der Kulturlandschaft nachvollziehend bestimmen, kartographieren und nach Belieben erweitern können. Während der gerade Weg, wie Descartes ihn in seinem *Discours de la méthode* dem verirrten Wanderer* ans Herz legt, aufgrund seiner Alternativlosigkeit evident ist und – diese Suggestion ist entscheidend – aufgrund ebendieser Evidenz der Begründung nicht bedarf, muss das Streckennetz der Umwege fortlaufend gefestigt und gesichert werden.

Die Umwegkultur ist die Reflexionskultur, aber – und das hat bereits Seneca gesehen – sie ist und kann nur sein das Resultat der Unruhekultur. Die Elementarfigur des Umwegs muss als Reaktion auf diese Ausgangsbedingung einer Kultur verstanden werden, die mit sich selbst nicht im Reinen ist. Die Umwege bieten dem einmal entfesselten Trubel Einhalt. Sie befeuern ihn aber auch, weil das Streckennetz der Umwege nie zum Abschluss kommt und niemals fertig ist. Und ebendeshalb, weil auch die Umwegkultur ein ewiges Provisorium bleibt, verlangt sie fortwährend nach Aufmerksamkeit, nach Urteil und Kritik: nach der klug genutzten Unruhe, die es braucht, um nicht der bewusstlosen und selbstgenügsamen, vom Schleier der Normalität gedeckten Unruhe das letzte Wort lassen zu müssen.

Langeweile

oder weshalb wir der Unruhe ewig Dank schulden

Zu den thematischen Fäden, die F. Scott Fitzgerald 1925 zu seinem Epochenroman *Der große Gatsby* verwoben hat, gehört die Langeweile. »Was sollen wir heute nachmittag mit uns anfangen?«, fragt die weibliche Hauptfigur Daisy im siebenten Kapitel. »Und morgen und die nächsten dreißig Jahre?«*

Unter den Protagonisten des Romans gehört Daisy zu denjenigen, die ziellos durch den Tag taumeln, die alles mitnehmen, was sich bietet, und sich einfach mitreißen lassen. Fitzgeralds Romanfiguren erleben die Langeweile, die sie befallen hat, als leere Zeit und, eben aufgrund dieser Unerfülltheit, auf eine ebenso bestürzende wie fatale Weise als Leidenszeit. Der Alltag der spontanen Partys, der ziellosen Ausflüge und gigantischen Feste hat sich mit dem Gefühl verbunden, die im Überfluss verfügbaren Stunden und Tage ungeachtet all dieses Aufwandes nicht mit Leben füllen zu können und dem Verrinnen der Wochen und Monate letztlich ratlos gegenüberzustehen – also nicht *in* der Zeit und *mit* der Zeit zu leben, sondern auf ebenso schmerzliche wie unabänderliche Weise *außerhalb.*

Der vorherrschende, wie ein Alb lastende Eindruck ist: nicht nur nichts Nennenswertes zu tun zu haben – nichts also, was nicht ebensogut auch ungetan bleiben könnte –, sondern nicht einmal mehr eine Vorstellung davon zu besitzen, was des Tuns wert wäre. Die charakteristische Leere der Langeweile deutet auf den Sachverhalt, dass nicht irgendjemand oder irgendetwas *uns* langweilt, sondern dass *ich selbst* es bin, der sich langweilt. Langeweile ist, wie auch die übrigen Begriffe des inquietären Feldes, ein Reflexivum. Am Ende ist es immer dieses sich langweilende Ich, das sich seine Unfähigkeit eingestehen muss, in diesem endlos scheinenden Kreisen festen Stand zu gewinnen. Der Eindruck der Leere nimmt diese Negativität, nimmt dieses Ausbleiben äußerer Reize auf, die in der Lage wären, die Aufmerksamkeit zu wecken und dauerhaft zu binden. Stattdessen werden die Sekunden und Minuten des Tages unendlich schwer. Für diejenigen, die wie das Romanpersonal Fitzgeralds erst einmal Bekanntschaft mit ihr gemacht haben, entwickelt sich die Langeweile zum Sinnbild des Schreckens.

Eine frühe Beschreibung dieser Steigerungstendenz, die dem Empfinden der Langeweile innezuwohnen scheint, stammt von Blaise Pascal. Für Pascal ist der Begriff, der überhaupt erst im 17. Jahrhundert aufkam, noch neu gewesen. Das ganze Unglück der Menschen, heißt es im 136. Fragment der *Pensées,* rühre daher, »daß sie nicht ruhig in einem Zimmer bleiben können«. Pascal bestimmt die Langeweile als einen an sich selbst leidenden und zugleich unüberwindlich scheinenden Verdruss, der in ebendieser Konfrontation mit der eigenen Unfähigkeit gipfelt, »vergnügt zu Hause zu bleiben – *demeurer en repos chez soi avec plaisir*«.* Die Langeweile ist der mit überwältigender Deutlichkeit fühlbare Defekt eines Wesens, das die Eindeutigkeit seines Bezuges zur Welt verloren hat und dem mit der Ruhe auch die Fähigkeit zur Ruhe abhandengekommen ist. Allerdings stellt Pascal nicht das Erscheinungsbild der Langeweile in den Vordergrund, ihre Symptomatologie, sondern ihre auszeichnende Funktion und das, worauf ihre Ausbreitung schließen lässt. Demnach ist der *ennui* neben der Unbeständigkeit *(inconstance)* und der

Ruhelosigkeit *(inquiétude)* charakteristisch für die Lage eines Wesens, das sein metaphysisches Obdach und mit ihm das Gefühl für die Sinnerfülltheit der Dinge verloren hat. Sie ist eine Krise des Selbstbezuges ebenso wie des Zur-Welt-Seins. Pascal erkennt in der Langeweile die Signatur seiner Zeit, die er als Zeit des Übergangs begreift. In den Augen dieses Epochendiagnostikers charakterisiert das Aufkommen der Langeweile die Art und Weise dieses Veränderungsgeschehens, das die Menschen soeben erfasst hat, und deutet auf die neuen, spezifisch neuzeitlichen Weisen ihres Verhaltens.

Offensichtlich hat Pascal das Vorbild für seine berühmte Szene bei Seneca gefunden, der bereits das Unwohlsein des Menschen beschreibt, der in den Räumen seines Hauses allein ist und sich nun eingestehen muss, »daß er sich selbst überlassen bleibt«.* Die Übereinstimmung mit der stoischen Beschreibung der Verlassenheit ist verblüffend, trägt aber nicht weit. Denn während Seneca überzeugt ist, dass die philosophische Vernunft die Seele von ihren selbstzerstörerischen Affekten befreien und zur Ruhe zurückführen werde, verbindet sich der *ennui,* den Pascal beschreibt, ganz wesentlich mit dem Empfinden, ihm hilflos und ohne Aussicht auf Erlösung ausgeliefert zu sein. Die Langeweile ist unerbittlich und ebendarum, wie Pascal sagt, ein »Unglück«. Vor diesem Hintergrund vergegenwärtigt die Ausbreitung der Langeweile die Grenzen der Vernunft. Die Menschen von heute, sagt Pascal, haben die einst von den Stoikern genährte Zuversicht verloren, über die Philosophie in die Spur ihres Lebensweges zurückzufinden, und suchen nun Zuflucht in allerlei Ersatzangeboten und Flitterkram. Sie tun alles, um sich von sich selbst und ihrer Lage abzulenken. In ihrer Verzweiflung flüchten sie in Zerstreuung und Unruhe – in die Unruhe, die nun nicht mehr nur geduldet, sondern herbeigesehnt und im großen Stil organisiert wird. Da es sie im tiefsten Inneren danach verlangt, der Lage, der sie nicht gewachsen sind, zu entkommen, beschließen sie, »nicht daran zu denken« und peinlich darauf zu achten, dass für Ablenkung jederzeit gesorgt ist. Nur die Unruhe, das ist der stillschweigende Konsens der sich selbst überlassenen und zutiefst gelangweilten Menschheit, kann uns retten.

So wird die Langeweile zum Vorwand. Um von sich selber abzulenken, blockiert sie die Selbsterkenntnis, so dass nun die vernünftigen Gründe des Handelns von den gesuchten Vorwänden der Zerstreuung ebenso wenig zu unterscheiden sind wie der Brauch vom Missbrauch. Aus der Langeweile geht eine umfassende, in ihre eigene Normativität eingeschlossene Rhetorik der Vorwände hervor, die bis dahin unbekannt gewesen war: die Rhetorik der »Relevanzen« und »Aktualitäten«, des »Sinns« und der »Werte«, die nun eigens auszeichnen und künstlich verstärken müssen, was unter dem Diktat der Zerstreuung seinen Zweck verloren hat. Umgekehrt können die von der Langeweile Bedrängten ihr Glück in Ruhe und Seelenfrieden nicht mehr finden; es liegt, wenn überhaupt, in der Unruhe und darin, sich lieber heute als morgen »ins Getümmel zu stürzen«. Am Ende wird über die alte Frage der Philosophen, was das glückliche Leben sei, auf die denkbar banalste Weise entschieden. Nehmt ihnen die Zerstreuungen, mit diesem Wort Pascals hätte auch Fitzgerald die Situation resümieren können, und ihr werdet sehen, »wie sie vor Langeweile vergehen«.

Pascal präsentiert den Aufriss des *ennui* als Beschreibung seiner Zeit: als Kommentar zur Situation des Menschen, der die vertraute Welt des Herkommens verlassen, den Boden der Neuzeit aber gerade eben erst betreten hat und sich nun an das Nächstbeste klammert. Tatsächlich wollen die Betrachtungen zur Langeweile, die Pascal in der Mitte des 17. Jahrhunderts zusammengetragen hat, eine Warnung sein. Sie sind als Aufruf zu lesen, es sich nicht zu leicht zu machen und die beispiellose Herausforderung der Stunde zu erkennen. Es gilt, sich den veränderten Bedingungen der neuen Zeit zu stellen und sich ihnen gewachsen zu zeigen.

In der weiteren Entwicklung des Themas ist dieser Bezug zur geistigen Situation der Zeit verblasst. Während Pascal die Gefahren der Selbsttäuschung benennt, die der Dämon der Langeweile heraufbeschwört, interessiert die Langeweile im nachfolgenden Jahrhundert der Aufklärung vor allem als Drohkulisse. Dem 18. Jahrhundert gilt die Langeweile als der jederzeit aufrufbare Schrecken, mit dem verglichen ein Leben in Unruhe, und das heißt konkret: der Alltag der Arbeit und des Fleißes, unbedingt vorzuziehen sei. Im Blick auf die Unerträglichkeit der Langeweile, die nun schon keines Nachweises mehr bedarf, erscheint die Unruhe als das legitime Mittel, um das Übel der Langeweile wirksam zu bekämpfen. Selbst wenn sie wirtschaftlich vollkommen uninteressant wäre, argumentiert der entsprechende Beitrag in der großen *Encyclopédie*, würde die Arbeit »ihren Lohn in allen Zuständen des Lebens in sich tragen, bei dem mächtigsten Monarchen ebenso wie bei dem ärmsten Bauern«.* Langeweile ist das in einem einzigen Begriffsnamen gebündelte Argument, wonach der inzwischen mehrtausendjährige Aufenthalt in der Unruhe den Menschen gleich welcher Herkunft und gleich welchen Standes eine Fülle von Möglichkeiten erschlossen hat, mit denen das Angebot der paradiesischen Ruhewelt niemals hätte konkurrieren können. Bereits einhundert Jahre nach der Niederschrift der *Pensées* hat sich damit die Skepsis Pascals bewahrheitet: Die Ruhe, die jetzt nur noch Langeweile ist, hat aufgehört, eine ernsthafte Option zu sein.

Einmal in den Ruf einer ständig drohenden Gefahr geraten, spielt die Langeweile der Normalisierung der Unruhe in die Hände. Die Langeweile wird zum Kampfbegriff derer, die den

Menschen Interessanteres, Lukrativeres, Unterhaltsameres, Aufregenderes, Glücksverheißenderes glauben in Aussicht stellen zu können als die nun ein für alle Mal als Monotonie verschriene Ruhe. Schon der *Encyclopédie*-Artikel verknüpft das Thema der Langeweile mit der Frage nach der richtigen »Lebensweise« – einer Frage, die bereits unüberhörbar rhetorisch ist, weil die Option des unablässigen Tätig- und Beschäftigtseins allein noch übrig ist. Nicht die Arbeit ist öde und langweilig, in diesem Urteil stimmen Bourgeois und Citoyen, Kapitalisten und Proletarier überein, sehr wohl aber die Nichtarbeit. Die aus der Abwehr der Langeweile heraus begründete Option für ein Leben in Unruhe ist auch politisch von Belang. Während die Aristokraten für ihr Nichtstun mit Langeweile bestraft würden und am eigenen Leib erfahren müssten, dass ihre Lebensweise der menschlichen Natur widerspreche, sei im Volk, wie Rousseau versichert, die Langeweile unbekannt.* Wie im Grunde schon das Paradies, so erbringt nun das Leid der Müßiggängerei den Beweis, dass die Ruhe ein für den Menschen unerträglicher Zustand ist und mit der Langeweile den Grund seiner Unhaltbarkeit von vornherein in sich trägt.

Es war die Langeweile, die an der Schwelle zur Neuzeit die Ruhe vollends in Misskredit brachte und sie dazu zwang, ihren Ruf als Inbegriff des irdischen Glücks an die Unruhe abzutreten. Der Romanautor Fitzgerald scheint allerdings dieser Umwertung der Werte schon nicht mehr blind vertraut zu haben. Die Frage Daisys rührt an ein Problem, das mit der zwei Jahrhunderte zuvor erfolgten Freigabe der Unruhe längst schon hätte gelöst sein müssen.

Mode

oder die Schule der Unruhe

Jedes Ding folgt dem eigenen Gesetz, schreibt Honoré de Balzac in den *Verlorenen Illusionen.* Bei einem Diamanten komme es zum Beispiel darauf an, dass er unzerstörbar ist und lupenrein. Ganz anders dagegen die Mode: deren kurzlebige Schöpfungen dürften »leichtfertig« sein, »wunderlich und bedeutungslos«.* Dem Romancier genügen ein paar wenige Stichworte, um als Hauptregel der Mode den permanenten, allen Sinnverheißungen hohnsprechenden Wechsel der Augenblicksautoritäten zu bestimmen. Was demnach die Mode zur Mode macht, ist ihre Anarchie und dieses offenkundige, von jedermann anstandslos hingenommene Paradox der *Unbedingtheit auf Zeit.*

Die Mode ist das ideale Übungsfeld der Unruhe: die Bühne, auf der die Unruhe ihren kulturellen Stellenwert für jedermann sichtbar und mit aufreizender Deutlichkeit zur Schau stellt. Denjenigen, die sich auf die Mode einlassen – auf die aktuellen Vorgaben des Sich-Kleidens und Sich-Gebens, auf die Augenblicksdiktate des Wohnens, Redens und Denkens –, verspricht sie die nicht enden wollende, aber auch niemals stockende Umgestaltung der sinnlich-sichtbaren Welt, den unablässigen Neubeginn. Das bedeutet freilich auch, dass dieses Neue, dem die Mode den Weg bahnt, nicht bleiben wird. Weil es in der Welt der Mode rein um seiner selbst willen da ist, kann sich das Neue niemals halten; was es zu bieten hat, ist kurzlebig, ist eine Laune des Augenblicks. Die modische Neuigkeit ist eine Welle, die anhebt, sich aufbäumt und bricht – und immer so fort. Die Absehbarkeit dieses Geschehens mindert jedoch den Reiz keineswegs. Das Rollen der Innovationen ist verlässlich genug, um von der Vergänglichkeit abzulenken, die ja die Bedingung all dieser Seligkeitsmomente ist, und den Blick unverwandt nach vorn zu richten. Was veraltet ist und zurückbleibt, wird überstrahlt von der überwältigenden Aktualität und Niedagewesenheit der modischen Glitzerwelt.

Die Mode redet nicht von Vergänglichkeit oder von Verfall, die doch ihre Kehrseite sind. Die elementare Voraussetzung dieses Nichtwahrhabenwollens stand bereits den ersten Kritikern vor Augen, als sie lange vor Balzac über die Leichtfertigkeit der Mode klagten, über ihre Extravaganz und Nichtigkeit. Die tempobedingte Fixierung auf das Neue, hieß es, fessele die Aufmerksamkeit an das Flüchtige und Läppische – ausgerechnet an dasjenige also, das offenkundig die Aufmerksamkeit nicht wert ist. Mode ist Aberwitz und Zerstreuung, ist die gestaltgewordene Ablenkung von denjenigen Gegenständen, denen – jetzt und überhaupt – unsere Sorge zu gelten hätte. Beispielhaft warnte Blaise Pascal, zu dessen Lebzeiten mit der Sache auch das Wort populär wurde, vor dem Übergreifen der Mode auf alle Bereiche der Kultur, auf die Moral und das Wissen, die Sprache und das Recht.* Der Mensch, so die Befürchtung, der sich eben noch als das zeitlose Ebenbild Gottes erkannt habe, werde sich im hitzigen Durchlauf der Zeitgeistattitüden verlieren und niemals wiederfinden.

Tatsächlich kann die Mode das unentwegte Kommen und Gehen ihrer Gegenstände nur vorleben, weil ihr Inhalte gleichgültig sind. Der formal-ästhetische Übermut modischer Auftritte, ihr Faible für das Groteske, das Überspannte und offenkundig Funktionswidrige: der Schnabelschuh, der Gemüseaufbau auf dem Hut, der Cul de Paris, ist tausendfach glossiert und belächelt worden. Aber gerade in diesen Mutwilligkeiten und Absurditäten, die jeder Beschreibung spotten, tritt als Bedingung des Wandels die Gleichgültigkeit zutage, die es der Mode erlaubt, das Tempo der Veränderung hoch zu halten und uns Jahr um Jahr aufs Neue zu überraschen. Die Inhalte verblassen; sie sind bloß Vorwände und interessieren gerade einmal für die Dauer einer Saison.

Die Mode, daran hat die Kritik von jeher Anstoß genommen, ist ein gewaltiger Vergleichgültigungs- und Verdauungsapparat. Gewohnheitsmäßig attackiert sie das Empfinden für Angemessenheit, das auf Abstand und Erfahrungswerten beruht, um für den Augenblick beliebige Formen oder Farben, beliebige Ausdrucksweisen, Denkbilder oder Affektlagen zu erzwingen, die dann im nächsten Augenblick ebenso gebieterisch wieder verworfen werden. Die Mode ist nicht nur innovationsfreudig, sie ist auch verabschiedungsselig, und nichts gilt ihr so wenig wie die Diktate von gestern. Ihre Geringschätzung gilt den vergangenen Inhalten, aber auch denjenigen, die es versäumt haben, sich umzustellen und der Forderung nach Innovation im richtigen Augenblick nachzukommen. Der heimliche Lehrplan der Mode sieht die gemeinsam geteilte Freude an der Veränderung vor, die fraglose Bereitschaft und, besser noch, das unbedingte Verlangen, mit der Zeit zu gehen und sich für anderes, Fremdes und Neues zu begeistern – was immer es auch sei.

In diesem sich rein aus sich selbst verstehenden Wandel, in diesem Wandel um des Wandels willen, gähnt die Leere, die seit dem 17. Jahrhundert für die Mode bezeichnend ist und aus der sie selbst auch nie ein Hehl gemacht hat. Tatsächlich ist der Begriff der Mode aus einer ebenso einfachen wie aufschlussreichen Nuancierung hervorgegangen. Während »der Modus – *le mode*« eine Weise des Seins geltend macht, welche das *Wesen dieses Seins* bloß ergänzt und ihm äußerlich bleibt, kehrt »die Mode – *la mode*« die Verhältnisse um und verleiht jener vormals nachgeordneten *Weise des Seins* Priorität. Die Bevorzugung des Wie gegenüber dem Was, der Funktion gegenüber der Substanz, vollzog sich nahezu ohne Programme und theoretische Flankierungen. Der Mode genügte, um sich durchzusetzen, das Forum der öffentlichen Aufmerksamkeit. Und gerade so, durch die pragmatische Beschränkung auf ihre überwältigenden Gesten und öffentlichen Auftritte, hat die Mode dafür gesorgt, dass sich das Leben der Massen neu, und das heißt neuzeitkonform ausrichten konnte. Mit einer Mühelosigkeit, die für diese ganze Anerkennungsgeschichte der Unruhe überhaupt bezeichnend ist, errang die Mode das Vertrauen der Menschen und empfahl sich als Schule der Unruhe: als Schule, die ohne Unterricht auskommt und die, zur Demütigung des staatlichen Bildungswesens, mit ihren Botschaften die Schüler prompt erreicht und restlos überzeugt.

In der Mode und ihren sprichwörtlichen Launen feiert die Veränderung sich selbst. Die Kritik, so stimmgewaltig sie sich auch von Anfang an zu Wort gemeldet hat, hat diese Tendenz und das Modischwerden von allem und jedem nicht aufhalten können. Kriterien wie das Sein oder der Sinn verkennen, ebenso wie die dann unter rousseauistischen Vorzeichen zur Gegenspielerin aufgebaute Natur, das Raffinement des modischen Anreizsystems. Die demonstrative, als Zeichen des Protestes gedachte Vermeidung von Stil, mit der schon Rousseau gegen das Regime der Mode aufbegehrte und den »Schöngeistern und *gens à la mode*« widersprach,* richtet gegen die Machtdemonstrationen des permanenten Wandels nichts aus. Die Antimode ist Teil des Modesystems und vielleicht mehr noch als dieses ein Mittel, um sich hervorzutun: der reine Snobismus.

All die Formen der Verweigerung und der Kritik scheitern an dem Geschick, mit dem das modische Gesetz die *Dimension der Zeit* (die Spannung zwischen Endlichkeit und Ewig-

Abb. 7: Anton Tripp, *Ohne Titel,* undatiert (zweite Hälfte 1950er Jahre).

keit) und die *Dimension des Sozialen* (die Spannung zwischen Nachahmung und Einzigartigkeit) miteinander verknüpft. Mühelos gelingt es der Mode, die Unterwerfung unter die saisonalen Vorgaben mit dem individuellen Anspruch auf Originalität und Unverwechselbarkeit zu vereinen. Die Abweichung von dem, was eben noch galt, bedient das Bedürfnis nach Unterscheidung, bestätigt aber zugleich, was ja ohnehin alle verstanden und darum auch genau so erwartet haben. Die Wirklichkeit der Mode ist ein gleitendes Ineinanderübergehen von Abweichungen und Übereinstimmungen, von jähen Geltungsverlusten und spontanen Prestigegewinnen, die alle dies eine gemeinsam haben, uns mit der Normalität des Wechsels und dem charakteristisch modernen Phänomen der unbedingten, von den Fesseln des Sinns befreiten Unruhe vertraut zu machen.

Dabeisein und Mitmachenwollen sind starke Beweggründe. Sie erklären jedoch nicht die unermüdliche Bereitschaft, sich aufzuraffen und auf das jeweils Neue und Neueste auch tatsächlich aufzuspringen, das doch, wie wir alle längst verstanden haben, morgen schon das Gestrige und Abgetane sein wird. Wie also überzeugt uns die Mode davon, dass das Neue trotz seiner Flüchtigkeit den Einsatz lohnt, wie schafft sie es, uns immer neu für sich einzuspannen und für den rasenden Wandel zu begeistern?

Ganz einfach dadurch, dass sie die Karten offen auf den Tisch legt. Die Mode treibt ihr Spiel vor aller Augen, ihr System ist in exemplarischer Weise »transparent«. Unverhohlen spricht sie ihre Anhänger als Eingeweihte an, die mit den Regeln, denen sie folgen, vertraut sind und sie deshalb nicht bloß mechanisch anwenden, sondern aus vollem Herzen *leben*. Georg Simmel hat von einem unsichtbaren Rahmen gesprochen, der das willkürliche Treiben der Mode für jedermann erkennbar umgrenzt.* Entscheidend ist, dass dieser Rahmen, indem er selbst starr und unverrückbar bleibt, den Anarchismus der Mode einerseits freisetzt und andererseits in die Schranken weist. Die Anhänger der Mode sehen sich mit einer Art sekundärer, unbedingt verlässlicher Beruhigung belohnt: mit der Zusage, dass wohl die Stile des Verhaltens und des persönlichen Erscheinungsbildes wahllos wechseln, niemals aber der Rhythmus dieser Veränderung selbst. Sich ändern, ohne jemals ein Anderer zu werden – das ist das Angebot der Mode.

Die Tolerierung modischer Exzentrizitäten beruht auf der Glaubwürdigkeit dieser Zusage. Die Mode erzeugt Unruhe, niemals aber Unsicherheit. Mit ihrer charakteristischen Durchmischung von Veränderung und Wiederholung stellt sie die Vertrauenswürdigkeit der Unruhe auf Dauer. Nicht, wie noch zu Zeiten Pascals, das Bleibende ist unter den Bedingungen der von ihren Moden bewegten Moderne das Normale; normal ist die Lust am Vorübergehenden, dessen verlässliche Wiederkehr eine ganz eigene Morphologie der Unruhe hervortreibt – eine Morphologie, die so klar strukturiert ist und so verlässlich wiederkehrt, dass sich alle darauf einlassen können: auf die Sensationen der regelmäßigen Erneuerung. Die Mode versöhnt uns mit der Unruhe. Sie sorgt dafür, dass wir sie nicht mehr, wie einst die Zeitgenossen des Barock, als willkürlichen Einbruch in den gemächlichen Gang der Normalität erleben, sondern als die Normalität selbst.

Muße

oder vom Versuch, die Ruhe konkret werden zu lassen

Mit der Muße ist es wie mit der Gesundheit: was es damit auf sich hat, lässt sich so leicht nicht sagen. Umso deutlicher bemerken wir es aber, wenn die Muße ausbleibt und wir vergebens auf sie gehofft haben. In seiner Romansatire *Lust und Laster* von 1930 erteilt Evelyn Waugh einer bahnreisenden Dame das Wort, die mit der einschlägigen Erfahrung vertraut ist. »Sie wissen ja«, wendet sie sich an ihre Begleiterin, »wie Alfred in den Ferien ist; die halbe Zeit weiß er nicht, was er mit sich anfangen soll, guckt einfach nur raus aufs Meer und sagt, tja, das ist mal was anderes, und dann denkt er darüber nach, was wohl im Büro so los ist.«*

Alfreds Scheitern spricht Bände. Abschalten möchte er und die Hektik des Arbeitsalltags hinter sich lassen. Er kommt aber nicht davon los, weil seine Ausstiegsphantasie dem Reglement der Unruhe verhaftet bleibt. Die Muße, so seine bittere Erfahrung, ist offenbar nichts, was sich herbeizwingen lässt und auf Knopfdruck einfach da ist. Weder nimmt sie Weisungen entgegen, noch beugt sie sich dem Kalkül der Kausalität. Wer meint, einfach nur die Arbeit einstellen zu müssen, um anschließend wie von selbst in die Muße zu wechseln, kann lange warten.

Um dem filigranen Gebilde der Muße näherzukommen und den Anforderungen des theoretischen Begreifens gerecht zu werden, haben die Philosophen schon früh die Möglichkeit des Umwegs gewählt, in diesem Fall den Umweg der Negation. Wer die Muße sucht, sagt Sokrates im *Theaitetos,* muss Situationen der geistigen Unfreiheit meiden und Orte aufsuchen, an denen allein jene Gewichtigkeit der Gedanken den Ausschlag gibt, die aus der Konzentration auf die Sache erwächst.* Die sokratische Auskunft ist weit von jeder Definition entfernt, nennt aber als Vorbedingung eines Lebens in Muße die geistige Unabhängigkeit sowie als idealen Entfaltungsraum die Meditation. Die Muße, so ist außerdem zu erfahren, gemahnt an die Daseinsweise der Götter, und alles Philosophieren ist Vorbereitung auf dieses Nichterzwingbare, das den Menschen über sich selbst hinaushebt.

Wie in der Praxis, so verlangt die Muße auch in der Theorie behutsame Weisen der Annäherung. Die spätantiken Philosophien der Muße führen diese Zurückhaltung vor. Sie deduzieren die Welt nicht aus dem System, sondern wollen herausfinden, welches die Voraussetzungen einer auskömmlichen Lebensführung sind. Was, so lautet die entscheidende, allen weiteren Problemen vorangestellte Frage, ist das gute Leben? Im Horizont dieses Auskunftsverlangens fungiert die Muße als eine Art Richtwert, als *summum bonum,* auf das nicht schon zu Anfang vorausgegriffen werden kann, weil es sich, sofern unsere Vorbereitungen uns dahin führen, im Verlauf des je besonderen und einzigartigen Lebens erst einstellt. Die Muße ist von den Erwartungen dessen, der sie erlebt und erfährt, nicht zu trennen. Sie will also nicht erst, wie die neuzeitlichen Sozialphilosophien von der Freizeit sagen werden, durch ein reiches Arbeitsleben erst einmal verdient sein; jenseits dieser Logik der Leistung und des Tausches stellt die Muße sich, wenn es gutgeht, von sich aus ein: als das Ergebnis einer Reihe behutsam angebahnter Einstimmungen und Einzelschritte.

Muße ist etwas anderes als leere, von den Sorgen des Alltags befreite Zeit. Um an dieser Stelle Verwechslungen auszuschließen, ist schon in der Spätantike versucht worden, jene im *Theaitetos* einstweilen nur angedeutete Positivität dessen, was die Muße ist und ausmacht, ein wenig deutlicher hervortreten zu lassen. Dabei treffen die römischen Autoren, die das platonisch-aristotelische Vokabular der Philosophie ins Lateinische übersetzen, weitreichende, bis heute wirksame begriffssprachliche Entscheidungen. In Übereinstimmung mit der altgriechischen Gegenbegrifflichkeit von *skolé* und *askolé* setzt auch die Terminologie der lateinischen Lebenskunstlehren klare Akzente, wobei die Muße *(otium)* das Maß vorgibt. Sie ist das Daseinsglück des freien Menschen. Nicht, wie dann in der Moderne, die Alltagserfahrung der Unruhe *(negotium)* legt fest, was die Muße zu sein und zu bieten hat, nämlich: Freizeit und Regeneration, sondern umgekehrt: Unmittelbar das Ideal der Muße selbst gibt vor, woran die Alltagsnormalität sich zu messen hat und was die Menschen erwarten dürfen. Die Muße ist die Welt, die der Normalerfahrung des Alltags gegenübergestellt ist: eine Wirklichkeit, in der jene Sorglosigkeit sich endlich einstellt, die Körper und Seele, Wunsch und Wirklichkeit am gleichen Ort zusammenführt.

Die Muße formuliert ein Ideal menschlicher Lebensführung, aber, und das wissen auch die Stoiker, sie ist überdies ein Privileg. Worauf, fragen sie deshalb, gründet das Recht, dieses Privileg in Anspruch zu nehmen? Während Cicero die Unterbrechung der politischen Geschäfte nur in ausgewählten Fällen dulden mochte und im Grunde als eines freien Mannes unwürdig erachtete, entwickelte wenig später Seneca, der ein Zeitgenosse Jesu Christi gewesen ist, eine sorgsam wägende Apologie der Muße. Demnach verlangt die Muße nicht einfach den Rückzug in die Unbeschwertheit des Privatlebens, sondern lädt ein zu ungebundener, aber auch gemeinnütziger Tätigkeit. Seneca gesteht den *otiosi* ihr Privileg zu und nimmt sie zugleich in die Pflicht. Die Muße darf weder »endloses Betrachten« sein noch »reine Untätigkeit«, weder Müßiggang noch Trägheit. Wie das Leben des Alltags hat auch das Leben in Muße, wie Seneca wiederholt betont, seinen Zweck, und es wird diesem Zweck gerecht, indem es denkende Betrachtung wird: *contemplatio.*

Die aus heutiger Sicht vielleicht schon gar nicht mehr erwartete Aktualität der Muße offenbart sich an genau dieser Stelle: in der Erweiterung des Wahrnehmungshorizonts vom Nächstliegenden zum Fernliegenden und seinen eigenen, wenn auch nicht sogleich ins Auge springenden Relevanzen. Was Seneca anbietet, ist eine Begründung der distanzwahrenden, der in diesem Sinn kritischen und auf Autonomie bedachten Sphäre des Wissens: eines Wissens, das nicht sogleich nach seinem Nutzwert und seiner Anwendungstauglichkeit taxiert wird, sondern den Bahnen der Vernunft über den Tag hinaus folgt. Die Muße ermöglicht die Entstehung und Sammlung eines Wissens, das nicht bloß für heute taugt, sondern für alle Zeit. Die Erträge des Wirkens aus der Distanz werden, wie Seneca einräumt, nicht in jedem Fall den Zeitgenossen unmittelbar zugutekommen, umso mehr aber »dem ganzen Menschengeschlecht«. So öffnet der Anspruch der Muße den Horizont des Wissens. Neben dem *anderen Ort,* an dem sie sich entfalten kann, verlangt die Muße eine *andere Zeit*, in der ihr einstweilen noch unbestimmter Nutzen für andere konkret wird. Indem sie der Muße ihre Freiräume gewährt, leistet die Gegenwart ihren Beitrag zu der in der unabsehbaren Folge der Generationen sich verwirklichenden Humanität.

In der Höhle der Mußewelt, dem Vorbild der dann später eingerichteten Akademien und Universitäten, lässt sich durchspielen, wofür unter dem Handlungs- und Erfolgsdruck des Alltags schlicht und einfach die Zeit fehlt. Wer sich auf ihre raumzeitliche Abgeschiedenheit einlässt, löst sich aus den vorgefundenen Bindungen um des Friedens seiner Seele willen, aber – und darin besteht der allgemeine Nutzen – dieser Seelenfrieden erweist sich zugleich als produktiv. Die distanzierende Muße ist also keineswegs, wie im Vergleich dazu die Freizeit, selbstbezogen und lediglich für diejenigen von Vorteil, die sie genießen dürfen. Die Muße ermöglicht die Unabhängigkeit und Weite des Blicks, die es überhaupt erst gestatten, sich über das Nächstliegende und Unaufschiebbare hinaus den Belangen der *humanitas* zuzuwenden. Für den Stoiker realisiert sich diese Doppelbewegung von Selbst- und Weltzuwendung als ein und derselbe Schritt. Wer sich der Muße überlässt, wird – genau das ist der ursprüngliche Sinn dieses Wortes – zum *Kosmopoliten,* zum Bürger aller Zeiten und Welten, und dies nicht bloß geistig durch Lektüre und Meditation, sondern auch körperlich durch regelmäßige Exerzitien und eine den Ansprüchen der Muße angepasste Lebensführung. Das begriffliche Profil der Muße ist mit diesen Präzisierungen geschärft; sie ist weder das Schlaraffenland noch ein Pauschalangebot für Abenteuerlustige, Zerstreuungssüchtige und Erlebnishungrige. Wo sie sich einstellt, verdankt sie sich der strengen Einhaltung asketischer Vorgaben.

Die senecanische Muße ist ein zeiträumliches Anderswo, das zugleich »da« ist und »nicht da«. Anders als die Utopie, die ein topographisches Nirgendwo statuiert, behauptet die Muße Präsenz, sogar erhöhte Präsenz. Sie ist die zeiträumlich entgrenzte Lebensform der Wenigen, die dem Wohl aller dienen, indem sie, von den Alltagspflichten entbunden, das kollektive Wissen – das Wissen der Wissenschaften, aber auch das Wissen der Moral, der Politik, der Künste und der Literatur – vertiefen und mehren. So gelangt Seneca über die spezielle, rein aus der Begriffsform heraus entwickelte Moral der Muße zu positiver Bestimmtheit. Als Vorgabe dessen, was auf hintergründige Weise die Unfreiheit verneint, ist die Muße das Nicht-Verneinte: das von sich selbst Ununterschiedene und in diesem Sinn Erfüllte, das freilich dem planvoll Handelnden und seinen Bestrebungen nur bedingt verfügbar ist. Die ganz von der doppelten Verneinung her gedachte Muße verlangt äußere Vorkehrungen und innere Bereitschaft, doch erzwingen lässt sie sich nicht. Einstweilen zeigt sie sich lediglich als dieser Mangel, als dieser Mangel an *Ruhe*, der nach Erfüllung verlangt.

Es sind derlei Anschlüsse und ideengeschichtliche Wiederaufnahmen, die in der Folgezeit dem Christentum und speziell der dann seit dem Hochmittelalter erblühenden Kultur der Klöster die Übernahme des Konzepts erleichtert haben. Den antiken Vorgaben weitgehend folgend, gilt die Muße auch weiterhin als mustergültige Lebensform, die, wie Thomas von Aquin sagt, das Übermenschliche im Menschen bezeugt. Der übernommene Anspruch einer Lebensform in Muße realisiert sich praktisch: Siesta und arbeitsfreie Sonntage* sind Versuche, der Muße den Anschein der Ausnahme oder gar des gesellschaftlichen Vorrechts, der schon den Stoikern suspekt war, zu nehmen. Unabhängig von Privilegien sollen die Menschen an jener Ruhe teilhaben, die, dem Mythos zufolge, einst den Schöpfer in dem Augenblick überkam, als er am siebenten Tag sein Werk übersah.

Aber gerade an dieser Theologisierung des Themas, die dann mit Ausbreitung der Reformation als konfessionelle Trennlinie wahrgenommen wird, droht der Begriff zu scheitern. Unterstützt durch die Beschlüsse der Augsburger Konfession von 1530, haben die Verfechter der protestantischen Ethik die klösterliche Andacht unter Verdacht gestellt und als eine sich »den Weltpflichten entziehende Lieblosigkeit« geschmäht.* Die Tendenz solcher Äußerungen, in denen die Muße als Pflichtverletzung dasteht, hat über die Wahrnehmung des Themas entschieden. Schon bald ist die Muße, einst der Inbegriff menschlichen Daseinsglücks, nur noch ein fades Nichtstun, nur noch die frivole Anmaßung der Klöster und Paläste, schließlich das empörende Sinnbild sozialer Ungerechtigkeit. Die alte, von Seneca betonte Unterscheidung zwischen tugendstrenger Muße *(otium)* und leichtlebigem Müßiggang *(otiositas)* entfällt, und der *otiosus* wird zum Nichtsnutz, Drückeberger, Tagedieb. Die Drohmetapher der vergeudeten Zeit ist durchaus wörtlich zu nehmen: »Ein Dieb, der einbricht«, schreibt der Volksprediger Knigge 1783, »sündigt nicht so schwer als ein Müßiggänger, der die Zeit stiehlt, die ihm der Schöpfer anvertraut hatte, um vollkommener zu werden.« Müßiggängerei ist Diebstahl, weil sie dem endlichen Wesen, das der Mensch ist, die ohnehin knappe Lebenszeit stiehlt und sich um das Gebot der nutzbringenden Arbeit nicht schert. Wer sich dem Müßiggang hingibt, verleugnet die menschliche Situation.

Die Muße, so urteilt das neue Arbeitsethos der Bürger, ist situationsvergessen und asozial, und so ist sie aus den Selbstbildern der nachrevolutionären Moderne herausgefallen. Was heute, in den Zeiten der normalisierten Unruhe, die Muße sein könnte, ist eigentlich kaum mehr vorstellbar. Wort und Sache scheinen verloren, die Klischees der Freizeit und der Zerstreuung haben sich durchgesetzt. Eine Ausnahme bildet das vor einem halben Jahrhundert von dem französischen Philosophen Michel Foucault eingeführte Konzept der Heterotopie. Mit seinem Entwurf der *autres espaces* erinnert Foucault daran, dass jeder von uns mit Räumen vertraut ist, die sich von der gewohnten Umgebung unterscheiden – mit Orten einer hier ganz wörtlich zu nehmenden Abgeschiedenheit, die ihnen ihre Eigenständigkeit garantiert: Gärten und Friedhöfe, Passagierschiffe und Kirchen, Parks und Salons, Rummelplätze und Festwiesen. All diese Räume mit ihrer wohlvertrauten Abseitigkeit und erregenden Exotik, mit ihrer

Nähe, die zugleich Ferne ist, verdanken ihren Eigensinn einer Präsenz, die quer steht zur Normalität der Unruhe. Foucault spricht von Gegenräumen, denen es durch die Ausbildung einer robusten Eigenlogik gelingt, die dem einfachen Oppositionsverhältnis von Ruhe und Unruhe drohenden Abhängigkeiten zu vermeiden.

Die Heterotopie* ist eine Unterbrechung: ein Ort jenseits der Grenze dessen, was sich hier und jetzt vorwegnehmen und zielstrebig ins Werk setzen lässt. Mit erstaunlicher Präzision kommt dieses Modell der Heterotopien auf den ursprünglichen Befreiungsgedanken der Muße zurück: auf die Idee einer Ungebundenheit, der unversehens und sogar mit leichtem Erstaunen aufgeht, dass sie über die einfache Negation der Unfreiheit längst schon hinausgelangt und zu etwas Bestimmtem geworden ist. Indem aber die Gegenweltlichkeit dieser Erlebnisform vom Normalen abweicht, es stört und verstört, verändert sich auch das Gesicht der Muße. Utopien, sagt der Autor der *Ordnung der Dinge,* »trösten« und beruhigen, indem sie uns in Wunschphantasien schwelgen lassen. Die Heterotopien jedoch, die dem Vertrauten nahebleiben und es aus nächster Nähe herausfordern, »beunruhigen«. Die Heterotopie ist die Variante einer Muße, die sich aus der Gegenstellung zur Unruhe befreit hat und die konkrete Gestalt, die sie der Ruhe verleiht, von Fall zu Fall erst finden muss.

Neugierde

oder wie die Unruhe allen Bedenken zuvorkommt

Die Unruhe ist eine Obsession – die bestimmte und allgemein geteilte Obsession, sich mit dem einmal Erreichten nicht zufriedenzugeben. Sinnfälliger Ausdruck dieser Übereinkunft ist die Sprache der Komparative, ist der von der Sportwelt vorgelebte Grundsatz des ›Schneller, höher, weiter‹. Als eine Art Nebeneffekt deutet die eingefleischte Steigerungsrhetorik den obsessiven Zug der Unruhe unter der Hand in ein intentionales, in ein genau so gewolltes und zielgerichtetes Handeln um: in das allgemein geteilte Bestreben des Bessermachens, des Mehrwissens, Mehrgeltens und Mehrhabens.

Die Geschichte der Neugierde erzählt davon, wie dieses vormals als fragwürdig empfundene Verlangen nach Überschreitung, wie dieses zwanghafte Übertreffenwollen und Nicht-genug-bekommen-Können zur Erkenntnistugend umgestaltet wurde. Aus der Wissbegierde wurde die Neugierde, die auf die Dinge des Alltags übergriff und, indem sie von der neuen Fraglosigkeit speziell des Wissenwollens profitierte, den Horizont allgemein geteilter Erwartungen erschloss – den Horizont von Erwartungen, die im Handumdrehen zu Möglichkeiten, Aussichten und Chancen wurden. Mit der Ausbreitung dieser Gedankenfigur wurde der Westen expansiv und geriet in eine Drift, die bis heute anhält. Im Namen der Neugier und mit der größten Selbstverständlichkeit überschritten die Europäer ihr angestammtes Territorium und drangen in die schweigende Fremde vor, um sich gänzlich unbekümmert über die nichteuropäische Welt herzumachen. Kaum weniger euphorisch schwärmt heute die Forschung aus, um, befeuert von den Bildbotschaften aus der Traumfabrik und rührigen, von Organisationen wie der NASA unterstützten Communitys, extraterrestrischen Intelligenzen nachzuspüren. Der anhaltende Erfolg cineastischer Weltraumabenteuer, die offenbar an tragende Schichten der westlichen Empfindungswelt rühren, ist aufschlussreich. Exemplarisch lässt sich ihm entnehmen, wie die Logik der Komparative ihre eigenen Voraussetzungen ausblendet und wie sie es anstellt, im globalen Maßstab die Phantasien zu lenken.

Über die Erwägung, dass die Reife außerirdischer Intelligenz sich gerade darin zeigen könnte, angesichts der Avancen eines Wesens, das es auf seinem Heimatplaneten nicht aushält, lieber in Ruhe gelassen zu werden, sind die von der Unruhenormalität Umfangenen immer schon hinaus. Allerdings wären die ersten Theoretiker der Neugierde, die zugleich als Kritiker auftraten, von dieser Selbstverblendung keineswegs überrascht gewesen. Bevor die Neugierde zur Kardinaltugend der Unruhekultur aufstieg, hat sie Bedenken hervorgerufen, die vor allem diese Konsequenz betonen: dass die Neugierde die Selbst- und Weltwahrnehmung überblende, indem sie die Aufmerksamkeit auf immer Anderes und Neues umleite. Die Neugierde will nicht wissen, sondern schweifen, und so gibt sie der Unruhe die Richtung vor. Wahllos und aus diesem einen und einzigen Grund, dass es neu ist, spielt sie das Neue gegen das Alte aus und untergräbt, indem sie mit dem Neuen stets zugleich das Unbekannte zulässt, die Geltung mühsam gewonnener Einsichten und Erfahrungswerte. Mit einem Wort: Mit der Etablierung der Neugierde und der neugierbasierten Unruhe schwindet die Aussicht, jemals wieder zu jener Ruhe zu finden, wie sie in der Vorstellung des Paradieses festgehalten ist.

Ganz im Sinn dieser Vorbehalte thematisiert Augustinus die Neugierde als vorreflexives Verlangen, das – allein dies eine fragwürdige Reduktion – konsequent der Logik des Sichtbaren folgt. Neugierde ist Sehenwollen und Mehrsehenwollen, ist das Verlangen nach Ausdehnung der sichtbaren Welt und nach der Umdeutung von gelebten Daseinsformen in objektivierbare Schauwerte. All das ist über tausend Jahre vor der Erfindung des Fernrohrs und des Mikroskops gesagt. Schon Augustinus erscheint die Neugierde als Vorwitz, als eine Form triebhafter Erschütterung der bekannten Welt, als ein von bloßer Schaulust getriebenes Stochern im Entlegenen und den menschlichen Augen wohlweislich Vorenthaltenen. Die Neugierde mehrt das Wissen, dies ist zugestanden, aber doch bloß um seiner selbst willen und ohne den Menschen nützlich zu sein. Einmal freigesetzt, unterläuft sie die Konvention solcher Zweckbindung überhaupt. Augustinus spricht von »dieser kranken Gier«, die lediglich dazu da sei, »etwas zu erleben«.* Indem das Verlangen der Neugierde sich seiner Natur nach auf alles und jedes richten kann, nimmt sie den Menschen das Empfinden für das rechte Maß. Augustinus nennt sie deshalb eine Versuchung: Sie irritiert den Blick für das Wissenswerte und Wissensnotwendige.

Derlei Konsequenzen werden ergänzt um einen auf den ersten Blick gegenteiligen Effekt, durch den Effekt der Beschränkung und Beschränktheit. Demnach ist die Neugierde der Ausfluss eines allumfassenden Anthropomorphismus,* der konsequent in eine Welt aus Spiegeln hineinführt. Dem Neugierigen erschließt sich die Wirklichkeit als Widerschein seines Begehrens. Unter Ausnutzung der menschlichen Schwäche, sich von Nichtigkeiten ansprechen und bezaubern zu lassen, entgrenzt sie die menschliche Welt, und zwar im Modus des Nicht-innehalten-Könnens, des Sich-nicht-abfinden-Wollens und des Sich-niemals-Zufriedengebens, mit einem Wort: im Modus der Unruhe. Über den Vorbehalt, dass es Dinge geben könnte, Anderes und Übermenschliches, das dieser Art des Fahndens nach Sensationen grundsätzlich verschlossen bleiben muss, ist die Neugierde immer schon hinaus. Sie kann und sie will nicht wahrhaben, dass, wie Pascal den Gedanken zuspitzt, nicht nur das Überkommene *(les impressions anciennes)* unseren Blick zu verengen vermag, sondern ebenso das Verlangen, dieses Überkommene zu überwinden: das Verlangen nach Neuem *(les charmes de la nouveauté)*.* Die Täuschung durch die Imperative des Neuen ist perfekt, weil es ihm gelungen ist, sich uns als Erkenntnis zu präsentieren, die alles bisher Gewusste übertrifft. In der Unruhekultur müssen Erkenntnisse, wenn sie etwas taugen wollen, neu sein, und alles Neue ist, weil es unseren Horizont erweitert, Erkenntnis. So klammert sich die Neugierde, wie Augustinus schreibt, an diesseitige Sensationen und Zeichen, ohne zu bemerken, dass, wie Pascal kongenial fortfährt, die Zeichen weniger für die Gegenwärtigkeit des Sinns einstehen als für dessen Abwesenheit. Die Direttissima vom Sichtbaren zum Sinn, so die Kritiker der Neugierde, ist eine Illusion.

Wie bereits Augustinus sucht auch Pascal, der Zeitgenosse Galileis und Descartes', einen zeitgemäßen Ausgleich von Glauben und Wissen. Die Art des Wissens jedoch, zu dem die Neugierde hindrängt, wird dem Anspruch des Glaubens niemals genügen können, wird immer nur Ablenkung sein und das Versprechen der Unruhe erneuern, von der wir doch wissen, dass es niemals eingelöst wird. Die Neuzeit hat sich über derlei Vorbehalte hinweggesetzt und die Neugierde freigegeben – aber, wie Hans Blumenberg argumentiert hat,* nicht aus Leichtfertigkeit, sondern weil die dogmatischen Voraussetzungen der vormaligen Tabuisierung nicht länger zu überzeugen vermochten. Das Bedürfnis nach rationalen Glaubensbestätigungen war unabweislich geworden, und so wirkte, nicht zuletzt durch das Auftreten Augustins und

Pascals, die Massivität der Kritik ganz gegen deren Absichten auf die geschmähte Neugierde »stimulierend, akzentuierend, tendenzierend« zurück. Die Neugier profitierte vom Reiz des Verbotenen.

Prominenter Zeuge des Umbruchs ist Francis Bacon. Mit seinem *Novum Organum* von 1620 stiftet Bacon eine Konkurrenz der Wissensformen, die Konkurrenz zwischen dem (alten und herkömmlichen) Wissen aus Büchern, das statisch ist und die Menschen in »Sorglosigkeit und Trägheit – *socordia et inertia*« festhält, und dem (neuen und beispiellosen) Wissen aus Beobachtung, das dynamisch ist und somit allein verspricht, »vom Herkömmlichen abzuweichen« und die Menschheit »voranzubringen«.* Geschickt kommt Bacons Rechtfertigung dem traditionellen Verdacht der Anmaßung zuvor. Die Erneuerung der Wissenschaften ist zugleich eine Wiederherstellung, die mit den ursprünglichen Weltplänen Gottes abgestimmt ist, die, so Bacon, eben auch die Generierung des Neuen vorsahen. Die auf diese Weise umverstandene Neugierde sieht nur und will auch nur sehen, was die Vorsehung den Menschen in den Grenzen seines Vermögens sehen lässt. Sie ist, wie das *Novum Organum* nicht müde wird zu betonen, gerade nicht Maßlosigkeit. Die Wissenschaft, die Bacon voranbringen will, soll »weder nach zu hohen Dingen trachten noch das rechte nüchterne Maß verlieren, sondern die Wahrheit in Liebe pflegen.«

Der Einhegungsversuch Bacons, der mit den Einwänden der Tradition vertraut war, hatte keinen Bestand. Er konnte keinen Bestand haben, weil die Neugierde schon bei ihm selbst als eine Überschreitung auftritt, die im imaginären Vorgriff auf das Mögliche, auf das Interessante und Interessantere das Bestehende, eben weil es besteht, in Zweifel zieht und unter der Hand die Beweislast umkehrt. Nicht das Neue muss sich von nun an rechtfertigen, das unweigerlich kommen wird und dem wir uns stellen müssen, sondern das Alte, das der Erneuerung hinderlich im Weg steht. Blumenberg zitiert den Bacon-Leser Montesquieu, der den selbstreferentiellen Charakter der neuzeitlichen Neugierde bereits in den Tagen der Aufklärung erkannt und ihr Aufgehen in den Routinen ganz selbstverständlich als »Arbeit« aufgefasster Tätigkeiten beschrieben hat. »Durch unsere Arbeit erreichen wir nichts als das Recht zum Weiterarbeiten.« Die Neugierde, einmal zum Antrieb der Unruhe geworden, prosperiert im Schutz ihrer Fraglosigkeit und bedarf nun der Abschirmung gegen die klassischen Bedenken nicht mehr. Der Unruhekonsens steht dafür ein, dass sie sich ungehindert ausleben darf. Ausgenommen von dieser grenzenlosen Aufmerksamkeit ist allein die Neugierde selbst,* einschließlich ihrer stillschweigenden Implikationen. Aber gerade dieser blinde Fleck der Neugierde, ihre Selbstvergessenheit, ist exemplarisch sowohl für sie selbst als auch für die Unruhekultur. Ihr rasanter Ausbreitungserfolg bewahrt sie vor Zweifeln an sich selbst.

Paradies

oder wie die Unruhe zu einer Vorgeschichte kam

Mit dem Paradies hat die Ideengeschichte der jüdisch-christlichen Kulturen das bemerkenswerte Phänomen einer vorzeitlichen Gegenwelt hervorgebracht, das Prequel gleichsam zu der dann folgenden Realgeschichte. Mit diesem Wechsel des Blickpunkts auf das, was den historischen Zeiten vorausging, war zum einen ein Ursprung gestiftet und zum anderen eine innere Spaltung etabliert, der folgenschwere Riss zwischen paradiesischem Ideal und postparadiesischer Wirklichkeit.

Inhaltlich hat diese Gegenweltlichkeit auf zweierlei Weise Ausdruck gefunden: durch die anhaltende, von der Paradiesvorstellung durch die Zeiten getragene Erwartung der Vollkommenheit sowie zweitens durch die Vorstellung, dass das Treiben der Unruhe aus einem absoluten Anfang hervorgegangen sei, der zugleich der Beginn der großen Erzählung von der Geschichte der Menschheit ist. Der religiöse Schöpfungsmythos, der dies alles überliefert, hat der Unruhe ihren Ort zugewiesen und ein Wertungsschema etabliert, das in der Folgezeit auch außerhalb der religiösen Dogmatik Verbreitung fand. Dieser Kernerzählung zufolge ist die *Ruhe* des Paradieses die wahre, dem Menschen eigentlich zukommende und gemäße Welt, während in der *Unruhe* die entfremdete Wirklichkeit des gefallenen Menschen zutage tritt, der sich mit Folgen bis auf den heutigen Tag der gottgeschenkten Ruhe des Ursprungs als unwürdig erwiesen hat.

Der Überlieferung folgend, müssen wir uns das Paradies als Garten vorstellen. Das Paradies, wie es der Mythos schildert, ist also keine Wildnis, sondern mustergültige, rundum menschenfreundliche Natur – ein friedvoller, angenehm klimatisierter Park, in dem Pflanzen, Tiere und schließlich ein Mann und eine Frau ihr dauerhaftes Auskommen fanden. Das Dasein im Paradies war, ganz im Sinn der stoischen *tranquillitas animi*, ungestört und sorgenfrei, weil es genau so geschaffen war, wie man es von einem fürsorglichen Schöpfer wohl erwarten durfte. An alles hatte dieser Vatergott gedacht und jedes Bedürfnis vorausgesehen, das die menschlichen Paradiesbewohner jemals entwickeln würden. So lebten Mensch und Welt in zeitloser, von starken Mauern geschützter Eintracht und vollkommener Entsprechung.* Kein Bedürfnis der Menschen blieb unbefriedigt, und umgekehrt: Bedürfnisse, die sich nicht hätten befriedigen lassen, lagen für diese Ursprungsgeschöpfe außerhalb jeder Vorstellung. Ihr Glück war getragen von dem in den Zeiten der Unruhe nie wieder erreichten Zustand der Wunschlosigkeit.

In dieser Form der alttestamentarischen Erzählung ist das Paradies kanonisch und zu einem jederzeit mitgeführten, allerdings stets noch verfehlten Selbstideal des Abendlandes geworden. Seine Funktionalität und aufschließende Kraft liegen in seinem scharfen Kontrast zur Normalität der Unruhewelt. Das Paradies ist anders, und gerade im Licht dieser Andersheit erscheinen die Paradiesereignisse als Urszene, aus der sich alles Nachfolgende und also auch die Unruhewirklichkeit erklärt. Derlei Aufschlüsse und Enthüllungen verbleiben strikt in der Zeitlogik des Mythos. Der Plausibilisierung des Mythos zufolge, deren narratives Geschick über zweieinhalb Jahrtausende hinweg überzeugt hat, ermöglicht uns die Exteriorialität des Urgartens einen Blick von außen auf uns selbst und zeigt uns, was es mit der Unruhe auf sich hat: wie sie aufkam, worin sie sich zeigt und wie sie, nachdem man sich ihrer einmal bewusst geworden war, von Tag zu Tag erlebt und erlitten worden ist.

Indem dieses Narrativ zur Erfahrungswelt der Unruhe eine Gegenwelt anbietet, die den Bedürfnissen der Menschen ganz ohne Vorleistungen entgegenkommt, tritt umgekehrt die Unruhe als Wirklichkeit hervor, die den Menschen zusetzt und sich gegen sie verschließt. Die rein aus diesem Kontrast heraus verstandene postparadiesische Wirklichkeit ist unstet und rastlos, undurchsichtig und fremd, und niemals steht sie still. Ihre Wandelbarkeit fordert die Wachheit und Reaktionsbereitschaft der Menschen heraus, die, einmal in sie hineingeraten, mit ihr zurechtkommen und sich anpassen müssen. So erklärt der Mythos, wie aus den Menschen, die einmal Paradieswesen gewesen waren, Unruhewesen wurden. Namentlich Kain, der überhaupt erste von Menschen gezeugte und geborene Mensch, ist die mythische Protogestalt all derer, die sich aus dem Paradies verstoßen und ihre Lebenszeit in die postparadiesische Perspektive der Rastlosigkeit gerückt sehen. Der hochdramatische, von höchster Stelle verfügte Werdegang dieser alttestamentarischen Figur veranschaulicht den Übertritt in die Unruhe als den einen und entscheidenden, als den *weltbewegenden* Augenblick, in dem überhaupt erstmals entstand, was seither die Normalität des menschlichen Daseins ausmacht. Die Unruhe, darin besteht die epistemologische Leistung der Paradieserzählung, tritt inmitten der Fraglosigkeit ihrer Normalität als das hervor, was sie ist: als Zustand der Welt, die nicht mehr das Paradies ist.

Das Paradies ist nicht um seiner selbst willen beschrieben worden. Es bebildert den imaginären Gegensatz zu einer Wirklichkeit, die anders als durch diesen Kontrast nicht hätte hervortreten können. Entscheidend ist das Licht, das vom Paradies aus auf die nachfolgenden Wirklichkeiten fällt und die nun im Augenblick ihrer Spiegelung im Anderen erkennen, dass sie den Status der Idealität, den jene erste Natur verkörpert, entbehren müssen. So tritt mit dem Paradies ein ontologisches Gefälle hervor, das alles Nachfolgende als zweite Natur darstellt und entsprechend ins Zwielicht rückt. Geradezu zwangsläufig musste die Idee einer menschlichen Eigenwelt, musste die Idee der *Kultur* als unangemessen und anmaßend erscheinen. Die Gegenwelt des Paradieses war ideal gerade darin, den Menschen das Obdach einer selbsterzeugten Eigenwelt nicht abverlangt zu haben und seinen Sorgen, bevor sie überhaupt spürbar wurden, zuvorgekommen zu sein. Aus diesem Arrangement des Urmythos lässt sich beinahe die Definition ableiten: In der jüdisch-christlichen Tradition benennt das Paradies den Ort, an dem der Schutz des Hauses wie überhaupt die Anstrengungen der Kultur entbehrlich sind. Im Gegenzug erscheinen Hausbau und Kultur als Zeichen der Gefallenheit. Noch der Aufklärungsphilosoph François de Fénelon hat, als er in seinem Telemach-Roman von 1699 die Umrisse der idealen Gesellschaft entwarf, das Glück der Menschheit an die Bedingung knüpfen wollen, dass sie der Kunst der Architektur entsagt und auf feste Behausungen überhaupt verzichtet.* Bereits ein halbes Jahrhundert vor dem Erscheinen von Rousseaus *Erstem Diskurs* nutzt Fénelon die pathetische Sorgenfreiheit des Paradieses zu einer Kritik der Kultur, die, rein als zweite und entsprechend unzulängliche Natur, den Menschen einen künstlichen, einen paradieswidrigen und allein darum schon falschen Lebensstil aufzwingt: ein Leben in Unruhe. Fénelons Intervention ist nur eine Variante der namentlich vom Rousseauismus popularisierten Vorstellung, wonach sich die Menschen, um glücklich zu sein, auf ihre ursprüngliche Natürlichkeit besinnen und als erste Maßnahme den Irrweg der Kultur – den Irrweg der Überfeinerungen, der Künstlichkeiten und Verstiegenheiten –

beenden müssten. Die Kultur, so das Ceterum censeo dieser Kritik, ist der Ort, an dem die einst in der Paradieswelt zur Erscheinung gelangte Wesentlichkeit der Weltdinge von vornherein verfehlt wird.

Die aus der Idee des Paradieses hervorgegangene Ursprungssehnsucht hat dem Neomythos von der Überwindbarkeit der Unruhe und all dessen, was mit ihr heraufgezogen ist, immer neue Nahrung gegeben. Und tatsächlich ist das Paradies die Gegenwelt nicht nur der Unruhe, sondern auch der Kultur. Bis ins Umfeld der Psychoanalyse hinein nährt das paradiesische Ursprungsideal die Vorstellung, dass die Menschen da am glücklichsten sind, wo ihnen die Zumutungen der Kultur erspart bleiben. So tradieren die Bildphantasien der Paradieswelt die Norm einer Idealität, der die Kultur niemals gerecht werden kann, und das Paradies wird, im kritischen Wortsinn Hegels, abstrakt. Statt die Sehnsuchtsbilder der Vollkommenheit als trügerische Mitgift vorneuzeitlicher Gedankenordnungen in Frage zu stellen, setzt das kulturkritische Evangelium der Natur auf die Realisierung immer neuer Paradiese und verwirft, was dieses zeitlose Ideal zu gefährden scheint: die auf Vollkommenheitsverzicht gegründete Wirklichkeit der Kultur.

Das Missverständnis all dieser Versuche, die Ursprünglichkeit der Paradieswelt in die Neuzeit herüberzuretten, ist offenkundig. In Wirklichkeit ist es die Kultur selbst gewesen, die das Gedankenexperiment des menschenfreundlichen Urgartens gewagt und mit der Präsentation dieses Entwurfs sich selbst und ihre Normalität, die Normalität der Unruhe, in Frage gestellt hat. Wir wüssten gar nichts vom Paradies, wenn wir es nicht verlassen hätten. Aus der Mitte der Kultur heraus ist dieser Urgarten entworfen und beschrieben worden, und Menschen, die ihn sich erträumten, haben ihm literarisch Gestalt gegeben. Sie haben sich selbst, ihre Urahnen, in diesen fiktiven Garten hineinimaginiert, um den Blick zu schärfen für die eigene, nunmehr als nachparadiesisch definierte und nachdrücklich abweichende Kulturwirklichkeit – eine Wirklichkeit, in der nicht das Vollkommene, sondern das Unvollkommene das Höchsterreichbare darstellt.

Die Paradiesphantasie, ihre Ausgedachtheit, ist etwas deutlich anderes als das, was ein von einem Schöpfer geschaffenes Paradies hätte sein müssen.* Das ist eine ernüchternde Einsicht, und so müssen wir erkennen, dass, was immer die großen Reiseberichte der frühen Neuzeit zu diesem Thema noch gesagt und hinzugedichtet haben, nie ein Mensch das Paradies betreten hat. Darüber hinaus aber wissen wir jetzt, dass der Zauber des Paradieses nicht in ihm selbst liegt; er liegt in einer Kultur, welche derlei zu ersinnen und die von ihr selbst hervorgebrachte Imagination als ihre ureigenste Herausforderung anzunehmen imstande ist.

Ruhe

oder der Entwurf der Welt aus der doppelten Negation

Das Dasein des wilden Menschen, wie Jean-Jacques Rousseau es den Zeitgenossen des 18. Jahrhunderts ausgemalt hat – dieses Menschen, der die Zivilisation nicht kannte und auch nicht die mindeste Vorstellung davon besaß, was mit Begriffen wie Bildung oder Kultur gemeint sein könnte –, beschränkte sich auf drei Bedürfnisse: Nahrung, Fortpflanzung und Ruhe.* Die Ruhe, sagt dieses kühne Erinnerungsbild des Jahres 1755, wurzelt in den Anfängen der Menschheitsgeschichte, sie ist das offenbare Geheimnis des irdischen Glücks.

Diese Ruhe ist die Ruhe des Ursprungs. Sie sei den Menschen des Naturzustandes selbstverständlich gewesen, versichert Rousseau, und habe sie auch dann nicht verlassen, wenn sie sprachlos und ohne feste Bleibe in den Wäldern umherstreiften. Die Vergangenheitsentwürfe Rousseaus verstehen sich als Vergewisserungen, die herausfinden wollen, was dem Menschen gemäß und was davon im Fortgang der Zivilisation sei es verwirklicht, sei es verlorengegangen ist. Als ständige Begleiterin des wilden Menschen ist demnach die Ruhe ursprünglich eingelassen gewesen in die gattungsgemäße Art zu leben und zu sein. Stabil gehalten wurde diese Lebensweise durch die Entsprechung von menschlichen Bedürfnissen und äußerer Natur – durch eine Balance, die weder durch Erziehung noch durch Fortschritt *(ni éducation, ni progrès)* jemals gefährdet gewesen sei. Ausgelöst durch einen unglückseligen

Zufall, fährt Rousseau fort, sei dann aber das Unbegreifliche dennoch geschehen, und die ruhegewährende, ruhegarantierende Stabilität des Ursprungs zerbrach. Das Leben der Menschen verlor, was es bis dahin ausgezeichnet hatte: Sorglosigkeit und Beständigkeit, und so begaben sie sich auf den Weg der permanenten Steigerung, der sich als der Weg in das permanente Ungenügen erwies: auf den Weg der *perfectibilité*. Was ihnen blieb, war die Erinnerung an längst verlorene Zeiten, eine Erinnerung, die es uns nun, wie Rousseaus Diskurse exemplarisch vorführen, im nachhinein erlaubt, das seither Geschehene an dem zu messen, was in den Zeiten des Ursprungs bereits gegeben und jedermann verfügbar war.

Nicht nur Rousseau, sondern auch Adam Smith, dessen *Theory of Moral Sentiments* nur wenige Jahre nach dem *Zweiten Diskurs* erschien, sah sich vor die Frage gestellt, was eigentlich die Menschen seit Jahr und Tag dazu treibt, einem Gut nachzujagen, das sie doch in den Zeiten des Ursprungs schon einmal besaßen: die Ruhe derer, die mit sich selbst und der Welt im Reinen sind. Verfügt nicht, mit diesen Worten spitzt Smith die Provokationen Rousseaus weiter zu, jeder Bettler noch immer und vor allem: ohne sich anstrengen zu müssen, über »jene Sicherheit und Sorglosigkeit, für welche Könige kämpfen«?* Für einen Augenblick bleibt die Frage, die schon die Autoren der Antike gestellt hatten und die alsbald auch die Stürmer und Dranger und selbst noch die zivilisationsmüden Aussteiger unserer Tage umtreibt, dahingestellt. Doch anders als Rousseau hegt der frühe Theoretiker des Marktes keinerlei Zweifel, wie die Sache ausgehen wird. Die neue, wirtschaftsethisch reflektierte Logik des Tauschs kann die Ruhe nur gelten lassen, wenn sie verdient und derjenige, der sie beansprucht, zuvor ein Leben lang tätig gewesen ist. So knüpft der freie Markt die einstmals unbedingte, den Menschen schlicht und einfach geschenkte Ruhe des Paradieses* an Bedingungen, während er gleichzeitig das Primat der Unruhe durchsetzt, die als Tüchtigkeit, Arbeit und Fleiß das Zivilisationsprojekt der Menschheit trägt. Mag auch ein Hauch von Absurdität über dieser Art des Daseins liegen, die uns die kapitalistische Form des Wirtschaftens auferlegt, so ist es doch diese als Neuerung und Steigerung erlebte Unruhe, der wir, wie Smith seinen Lesern versichert, alles verdanken, was wir sind, und die das Leben, wie wir es kennen, seinem Wesen nach ausmacht.

Je auf ihre Weise nutzen Rousseau und Smith das schon damals erhebliche Provokationspotential der Ruhe und des Nichtstuns, um ein grelles Licht auf die Situation ihrer Zeit zu werfen. Die Ruhe dient als polemischer Einwurf, als Hypothese, hat aber im übrigen aufgehört, eine ernsthafte Option zu sein. Zu stark ist der Tenor des jüdisch-christlichen Genesis-Berichts, wonach die Ruhe den Menschen ursprünglich geschenkt und ihnen dann zur Strafe für ihr Fehlverhalten entzogen wurde. Stellvertretend für alle, heißt es bei Moses, sei dieser Eine namens Kain mit dem göttlichen Fluch belegt worden: »Rastlos und ruhelos wirst du auf der Erde sein.« (Gen 4,12 u. 14.)* Die jüdisch-christliche Ruhe, die Ruhe des Paradieses, ist die immer schon verlorene Ruhe; sie ist nicht von dieser Welt, ihr Status ist die Abwesenheit. Folgerichtig gilt das Dasein in der Unruhe als Merkzeichen, das den Sündenfall gegenwärtig hält, gleichzeitig aber als Ausdruck der nachparadiesischen Normalität. Im Anschluss an diese Tradition war es ein leichtes, die durch den Sündenfall bereitete Bühne der Welt mit den Bildern der Mühe und der Arbeit zu füllen, die von nun an das Dasein der Menschen kennzeichnen.

Was die Ruhe angeht, so ist der Verlust, von dem der religiöse Mythos erzählt, im Rahmen der irdischen Dinge endgültig. Und wie Smith räumt auch Rousseau ein, dass der Weg zurück zu den Zeiten der ursprünglichen Einfalt, sollte sie je das Dasein der Menschen bestimmt haben, verstellt und das vielzitierte *Zurück zur Natur,* das eine flüchtige Leserschaft ihm bis heute nachsagt, durch und durch illusionär sei. So führen die Wege der jüdisch-christlichen Tradition, gewollt oder nicht, mit wachsender Konsequenz aus der Ruhe heraus und geben sie preis.

Doch neben diesem populären Verständnis der alttestamentarischen Szenenfolge, die vom tragischen Verlust der Ruhe erzählt, kennt die westliche Kultur und kennt auch Rousseau noch eine zweite Erzählung, in der sich das Zeitgefüge umkehrt und die Ruhe vom Anfang ans Ziel rückt. Dies, dass sie nicht *hinter* uns, sondern *vor* uns liegt und den Weg eines auskömmlichen und womöglich doch einmal glücklichen Lebens weist, ist die eigentliche Pointe der *stoischen* Ruhe. Die stoische Ruhe ist keine wiederhergestellte Ruhe, ist nicht die geschenkte Ruhe eines verlorenen Ursprungs, sondern eine neue, eine genuin menschliche und im Hier und Jetzt errungene Form der Ausgeglichenheit. Was, so lautet die entscheidende Frage, die Seneca seinem Schüler Lucilius vorlegt, was »heißt ›glückliches Leben‹?« Und er antwortet selbst: »Sorgenfreiheit und dauerhafte Gemütsruhe – *securitas et perpetua tranquillitas.*«* Die Stoa versteht sich als philosophische Lehre, die den Menschen in ihrem Bestreben beisteht, dem Lebensglück näherzukommen und dabei auf kluge Weise zu vermeiden, was diese Annäherung gefährden könnte. Die Ruhe, von der dabei die Rede ist, muss als Richtschnur des Lebens verstanden werden, als ein biographisches »Projekt«. Dementsprechend haben die Stoiker keinen Workout und keinen Trip in die Wohlfühloase vor Augen, keine Logik der Pause, sondern einen dauerhaften Zustand der Sorgenfreiheit, dessen Stabilität nur durch Übereinstimmung mit der zeitlosen Ordnung der Dinge zu gewährleisten ist. Die stoische Ruhe verlangt Kosmosvertrauen. Die Frage, ob dieses Vertrauen gerechtfertigt und das Ideal erreichbar sei, stellt sich nicht, weil es aus Sicht der stoischen Lehre lediglich darum geht, sich die ohnehin gegebene, das Schicksal des Einzelnen übergreifende Situation vor Augen zu stellen und diese Situation nun, mit weitreichenden Folgen für das praktische Handeln, bewusst anzunehmen. Entscheidend ist, dass das Ideal der Seelenruhe an die oberste Stelle rückt und dem Menschen zeitlebens die Richtung weist. Welches dieser Weg für ihn selber sei, sagt ihm nicht sein inneres Verlangen, nicht ein kollektives Leitbild oder die überschäumende Phantasie, sondern einzig und allein die Einsichtsfähigkeit einer Vernunft, die ihm den Gesamtzusammenhang der Weltdinge und damit zugleich seinen eigenen Platz in diesem Ganzen erschließt.

Die stoische Ruhe, das unterscheidet sie von der Ruhe des Paradieses, steht nicht am Anfang, sondern am Schluss. Seneca umreißt diesen Zustand in einem Entwurf, der an der Frage orientiert ist, »wie der Geist immer in gleichmäßiger und glücklicher Bewegung verbleibe, mit sich in segensreicher Übereinstimmung stehe, sein eigenes Tun freudig betrachte und diese Freude nicht unterbreche, vielmehr in einem Zustand der Ruhe verharre *[sed placido statu manet]*, ohne je überheblich oder niedergeschlagen zu sein. Dieser Zustand wird die Ausgeglichenheit der Seele *[tranquillitas animi]* sein«. All dies ist mit großer Zurückhaltung und sogar Vorsicht gesagt. Der Ton der Dogmatik, auch dies zeichnet dieses zweite Ruhe-Narrativ des Westens aus, ist dem Denken Senecas fremd. Dabei ist diese Zurückhaltung in besonderer Weise sachgemäß. Der Ruhe, räumt der stoische Philosoph ein, eignet ein Rest von Unbestimmtheit, der sich aus der Perspektive der Vorläufigkeit ergibt, mit der wir, die einstweilen Beunruhigten, auf das Ideal der *tranquillitas animi* vorgreifen, ohne seine endgültige Gestalt zu kennen. Wie seine Schüler und Leser, so sieht sich auch Seneca selbst, der philosophische

Lehrer, keineswegs am Ziel, sondern auf dem Weg. So bleibt der stoische Begriff der Ruhe eine vor allem negativ bestimmte Größe. Er umschreibt einen Zustand, der ganz wesentlich aus der Verneinung dessen entspringt, was auch selbst als Verneinung thematisch geworden war: aus der Verneinung der Un-Ruhe, der *in-quietudo.*

In der Logik der stoischen Begriffsbildung erweist sich die Ruhe als das nur annäherungsweise bestimmbare Resultat der in tausend Einzelschritten durchgesetzten Negation der Unruhe. *Ruhe ist, was nicht unruhig ist.** Immerhin ist diese doppelt negative Art der Präsentation aussagekräftig genug, um Verwechslungen mit den problematischen Erscheinungsformen der Ruhe auszuschließen: Verwechslungen mit dem Müßiggang oder der Unentschlossenheit, mit der Trägheit oder der Gefühlskälte; »das ist keine Ruhe *[quies]*«, auf die Unterscheidung legt Seneca den größten Wert, »die jede Bewegung *[motus]* für eine Belästigung hält, sondern Willensschwäche *[dissolutio]* und Trägheit *[languor]*.« Die begriffssprachliche Präzisierung möchte den allzu schlichten Dualismus von Ruhe und Unruhe vermeiden und ersetzt ihn durch einen originellen Problemzugang. Verstanden als doppelte Negation, ist die Ruhe der Unruhe nicht einfach schroff und unvermittelt gegenübergestellt, sondern setzt sie voraus als dasjenige, dem die Ruhe abzuringen ist, als den Vorzustand, der das Bedürfnis nach Ruhe überhaupt erst geweckt und überdies die Mittel bereitgestellt hat, um dem Bedürfnis zu entsprechen. Aus Sicht der stoischen Bewältigungskultur ist deshalb die Unruhe, obschon sie ein Übel bleibt, zugleich ein Lehrstück – ein Lehrstück, das das Bedürfnis nach Ruhe wachrief und den Menschen eine realistische Aussicht auf ihre Verwirklichung erschloss.

Trotz der Umsicht dieser konzeptionellen Vorleistungen und trotz der gesamteuropäischen Traditionslinien des Stoizismus geriet das Kulturideal der *tranquillitas animi* ins Hintertreffen. Als das sprichwörtlich romantische Sehnsuchtsmotiv ist die Ruhe zur Idylle geronnen, deren Weltferne schon keines Beweises mehr bedurfte. Es verwundert deshalb nicht, dass die Theorieentwicklung nicht Schritt hielt und Konzepte der Ruhe auf dem Boden der Neuzeit fast vollständig fehlen.* So teilte das Glück der Ruhe das Schicksal der Religion und wurde, wie diese, zur Privatsache: zu einer Angelegenheit für Feiertage, für Wochenenden und den Jahresurlaub. Das Bedürfnis, nach getaner Arbeit den berühmten Gang zurückzuschalten und den Feierabend zu genießen, trat an die Stelle des Seelenfriedens, der ein Entwurf für das Ganze des Lebens und ein Gegenstand fortwährender Zuwendung gewesen war.

So konnte es geschehen, dass das thematische Feld der Ruhe von Gesundheitsbranche und Freizeitindustrie besetzt wurde, im übrigen aber den überkommenen Diskriminierungsstrategien weiterhin ausgesetzt blieb:

- der Diskriminierung als *Langeweile*, die nach klassischer Lesart beweist, dass der Mensch die Ruhe nicht erträgt und schon von Natur aus nicht für sie gemacht ist;
- der Diskriminierung als *Behagen*, das, ohnehin als spießbürgerlich verdächtig, die humanen Antriebe lähmt und die Menschen davon abhält, es mit den Missständen dieser Welt aufzunehmen;
- der Diskriminierung als *Trägheit*, die sich ihre Ohnmacht als Weisheit zurechtlegt und vor den Herausforderungen des Daseins kapituliert;
- der Diskriminierung als *Stillstand*, der die einstweilen noch gar nicht absehbaren Möglichkeiten blockiert, die wir vom Weltveränderungspotential der Unruhe erwarten dürfen.

Ruhe zu halten, haben wir gelernt, ist etwas für Müde und Kranke, und lange Zeit war das stumme Eckenstehen eine verbreitete Schulstrafe für allzu lebhafte Kinder. Angesichts solcher Erfahrungen war an die Entwicklung eines zeitgemäßen Ruhekonzepts nicht zu denken. Für das, was einmal die *tranquillitas animi* gewesen ist, haben wir keinen Begriff. Und doch sind uns Einsichten und Erfahrungen vertraut, bei denen wir uns punktuell beruhigen können. *Wörterbücher* zum Beispiel und Lexika, die nichts anderes sind als Soliditätsversprechen in Buchform. Was im Wörterbuch steht, darf als gesichert gelten, als etwas, an dem man festhalten und mit dem man zur Tagesordnung übergehen kann.*

Ähnliches gilt für *Tatsachen:* Eine Tatsache ist etwas, das ist, wie es ist, und genau deshalb das Wuchern der Mutmaßungen und Phantasien zu begrenzen vermag. Die Welt der Tatsachen ist eine Welt der Feststellbarkeiten, die durch ihre Ernennung zu Tatsachen als objektiv bestätigt sind und somit außer Frage stehen. In einer Kultur, die der Ruhe gewohnheitsmäßig misstraut, ist der durch die Konvention des Tatsächlichen gesicherte Nachfrageverzicht bemerkenswert und ein kulturelles Signal. Sachverhalte als Tatsachen, als Informationen und Daten anzuerkennen bedeutet, den Konsens zu teilen und die eigene Zugehörigkeit zu bestätigen. Umgekehrt schließt sich, wer die kulturelle Relevanz solcher Markierungen verkennt, von der Gemeinschaft derer aus, die verstanden und längst schon eingewilligt haben. Nirgends wird unsere kulturelle Zugehörigkeit so deutlich fühlbar wie in der einenden Wirkung gemeinsam geteilter Überzeugungen und des umstandslos Geglaubten.

Auch die Unruhekultur kennt Zonen des Beruhigtseins, auch sie kennt Normen und Sätze, bei denen die Fragen verstummen und der Zustimmung das Feld überlassen wird. Um sich stabil zu halten und die Unsicherheit des immer bloß Vorläufigen zu begrenzen, muss auch sie so etwas wie *Endgültigkeit auf Zeit* statuieren. Es muss Beglaubigungsstrategien geben, die es erlauben, Gewissheiten auszuweisen und den Mahlwerken der Ironie und des Zweifels mit der Vertrauenswürdigkeit unerschütterlicher Positivität zu begegnen: mit dem Vertrauen in die Solidität der Unruhe.

Das Beispiel der Tatsache lenkt den Blick auf die Selbstberuhigungsstrategien einer Kultur, die sich vorgenommen hat, nichts auf sich beruhen zu lassen. Der wichtigste und wirkungsmächtigste Dauergast dieser Zone dürfte allerdings, so paradox es klingt, die Unruhe selbst sein: ihre Nähe und über Jahrhunderte gewachsene Vertrautheit. Als Angehörige der westlichen Kultur sind wir diejenigen, die sich bei dem Gedanken beruhigen können, dass im Taumel der Dinge wenigstens dieser Taumel selbst, dass also die Unruhe uns über den Tag hinaus erhalten bleibt. Anders als die ursprüngliche Ruhe, die Ruhe des Paradieses, die durch einen bloßen Apfelbiss gestört und durch dieses bloße Bisschen auch schon dahin war, ist die Unruhe robust und gewährt uns die tröstliche Gewissheit, dass sie uns, nachdem wir nun in sie hineingeraten sind, so schnell nicht verlässt.

Schicksal

oder wie die Unruhe zur Daseinsmacht wurde

Schicksal ist, was sich nicht ändern lässt. Das Schicksal legt uns fest und kommt, ob nun in Gestalt des Unheils oder des Glücks, wie jedermann weiß aus heiterem Himmel. Und genau hier, in diesen allfälligen Erschütterungen unserer Arglosigkeit, liegt das Problem. Es gibt Dinge, so gibt uns das Schicksal zu verstehen, die nicht von uns abhängen … sondern wir von ihnen.

Das Schicksal ist ein Unruhestifter ersten Ranges, der von innen und von außen zugleich zupackt: einmal, wenn das Unabwendbare über uns hereinbricht und plötzlich geschieht; und dann in Gestalt der Sorge, dass ein Vorfall wie dieser sich jederzeit wiederholen kann: dass wir, was immer wir auch tun, nirgends und niemals sicher sind. Um sich dieser doppelten Bedrängnis zu erwehren, hat der spätantike Philosoph Epiktet, der als Sklave ein Gespür für die Situation des Ausgeliefertseins besaß, die Dinge des Lebens aufgeteilt in solche, die wir beeinflussen können, und solche, die sich uns entziehen. »Über das eine gebieten wir, über das andere nicht«* – so lautet der lapidare Eröffnungssatz seines Handbüchleins der Moral. Die eine Seite – das, worüber wir gebieten – definiert unseren Wirkungskreis. Wir selbst sind demnach aufgerufen, uns auf unsere Freiheit zu besinnen und die Situation zu erfassen, in die wir hineingestellt sind. Mit diesem Akt des Innewerdens zerfällt die Wirklichkeit in Erreichbares und Unerreichbares, in Eigenes und Fremdes, und wer klug ist, weiß zu unterscheiden. Epiktet bringt das Schicksal als die Erfahrung ins Spiel, dass Handlungsraum und Erlebnisraum, dass bewusste Absichten und tatsächliche Folgen des Handelns immer wieder und bisweilen auch dramatisch auseinandertreiben. Angesichts dieser Erfahrung sind wir aufgerufen, uns auf das Erreichbare zu besinnen, es fest in den Blick zu nehmen und gegen die Drohungen des Schicksals zu verteidigen, das wir, so die Wortwahl Epiktets, im übrigen »verachten«.

Beiläufig gibt sich in diesem stolzen Aufbegehren die Pointe der stoischen Verzichtslehre zu erkennen. Die Beschränkung auf das Nötigste ist das Mittel, um den Kräften, die sich zu Schicksalsmächten aufgeworfen haben, keine Angriffsflächen zu bieten und sich des Andrangs der Unruhe zu erwehren. Die stoische Schicksalslehre ruft die Menschen dazu auf, sich nicht derart tyrannisieren zu lassen. Ganz in diesem Sinn sieht auch Seneca, wie Epiktet ein Stoiker, die Menschen im Krieg mit dem Schicksal *(fortuna)*,* das ihnen zusetzt und sie unter sein Joch zwingt. Mit dieser Lagebeschreibung, die den Menschen als Opfer zeigt, gibt sich Seneca jedoch nicht zufrieden. Die Pointe seiner Schicksalsphilosophie besteht darin, die Wahrnehmung der Situation zu verändern und die Menschen aus ihrer Bedrängnis herauszuführen. Wir können, das ist die Arbeitshypothese Senecas, den Verlauf des Schicksals nicht ändern, wohl aber unsere Einstellung dazu. Auf dieser Möglichkeit der Blickpunktverschiebung und dem Vermögen der *Interpretation*, das uns als phantasiebegabten Wesen gegeben ist, gründet die philosophische Kritik des Schicksals.

Das Schicksal, bestätigt Seneca, ist hart; es »schleudert uns kopfüber in die Tiefe und zerschmettert uns«. Vor allem aber, und erst dadurch gewinnt es Macht über uns, ist es eine tückische Falle. Arglos tappen wir in sie hinein, wenn uns das Schicksal einmal gewogen scheint und wir uns, hingerissen von Augenblicken der Glückseligkeit, dazu verführen lassen, ihm zu trauen. In diesen Momenten der Einwilligung und der Hingabe an die Geschicke des Daseins sind wir verloren. Aus der Sicht des Stoikers ist der Gunsterweis des Schicksals ein Schwindel und trügerischer Wahn, und nie wäre er versucht, sagen wir, sein Glück mit einem Lotterieschein zu machen. Die Abwehr solchen Selbstbetrugs ist keine Frage des Kalküls und der Wahrscheinlichkeit, sondern ein Gebot der praktischen Vernunft. Der rechte Umgang mit dem Schicksal verlangt einen klaren Schnitt, den die Betroffenen selbst ziehen müssen und der schon rein als solcher ein Akt der Selbstbefreiung ist. Da die Menschen den Krieg, den das Schicksal gegen sie führt, nicht gewinnen können, müssen sie seinen Einfluss auf ihr Leben zurückdrängen. Sie müssen ihm die Waffen rauben, mit denen es, wie Seneca warnt, ihre Seele jederzeit angreifen und zerschlagen kann.

Das Unverfügbare, auf dieser Erfahrung beruht die Macht des Schicksals, ist ein Anlass ständiger Beunruhigung. Während jedoch die Moderne auf diese Ausgangslage mit dem entschiedenen Ausschluss des Schicksals reagiert, weil gerade dieses Unverfügbare und nach menschlichem Ermessen Unabänderliche für sie keine Option ist, anerkennt die Stoa die Unentrinnbarkeit schicksalhafter Erfahrung. Allerdings lässt sich das Schicksal überlisten, und so sind die Stoiker bereit, ihm eine Funktion zuzubilligen. Demnach bietet das Schicksal den Tugenden die Gelegenheit, heranzureifen und sich zu beweisen. Überdies ist es der Ort, an dem der philosophische Weltbeobachter den äußeren Anschein der Dinge durchdringt und in ihre wahre Ordnung Einblick gewinnt. Aus den Wendungen des Schicksals, so das naturphilosophische Kalkül, lassen sich die Gesetze der Welt ableiten. Um das Schicksal in dieser Weise zu funktionalisieren, unterscheidet Seneca zwei Begriffe: *fortuna* und *fatum*. Während *fortuna* die reine Willkür ist, mit der das Schicksal den Menschen zu Leibe rückt, gewinnt im *fatum* die Regelförmigkeit eines Weltzusammenhangs Gestalt, der in den Begegnungen mit dem Schicksal unvermittelt aufscheint: in dem nämlich, was am Schicksal Fügung ist. Die zeitlose Ordnung der Welt, die mit dem altgriechischen Begriff des Kosmos geltend gemacht ist, wird sinnfällig gerade in der durch Vernunft und Erfahrung auflösbaren Rätselgestalt des *fatum*.

Seneca spricht von *causae*, von Gründen. Was zunächst zufällig und vollkommen beliebig daherkommen mag, verwandelt sich unter den begrifflichen Voraussetzungen des *fatum* in eine Erklärungslücke, die durch philosophische Erkenntnis nach und nach geschlossen wird. Stoisches Erkennen, daraus ergeben sich sein Praxisbezug und seine »Relevanz«, ist eine Entwirrung von Schicksalsfäden. Die damit angebahnte, durch die Bändigung des Schicksals gerechtfertigte Mehrung des Wissens ist rein pragmatisch. Es gilt, die Gesetzmäßigkeiten zu entdecken, denen die Wendungen des Schicksals folgen, um seinen Auftritten den Schrecken der Willkür zu nehmen. Das so gewonnene Wissen dient, wie in vorneuzeitlichen Epochen häufig, zunächst und vor allem therapeutischen Zwecken. In dem Maße, wie sie dem Schicksal den Stachel nimmt, wirkt die theoretische Praxis unmittelbar beruhigend.

Die Überlegungen der Stoiker haben den klassischen Formen des Umgangs mit dem Schicksal die Stichworte geliefert: den *Theologen*, die das Schicksal auf die Vorsehung zurückführen und seine Manifestationen als Hinweise auf den verborgenen Autor des Welttheaters verstehen wollen; den *Ethikern*, die den stoischen Gedanken vielfältig variieren, wonach das Schicksal die Moral stärkt und den Einzelnen dazu anhält, den Weg der Tugend zu beschreiten; den *Ökonomen*, die in die Sprache des Risikos wechseln und, mit Wirkung bis zur Versicherungsmathematik von heute, der Vorstellung anhängen, dass das Schicksal im wahrsten Sinn dieses Wortes berechenbar sei; den *Historikern* schließlich, die das Schicksal kurzerhand eliminieren, indem sie, was einmal die *fortuna* war, als eine Folge von Ursachen rekonstruieren, die sich benennen und, anders als Epiktets Bezirke des Unverfügbaren, durch die Ermittlung von Ereignisreihen verstehen und zur Grundlage künftigen Handelns machen lassen. Die Geschichtsphilosophen, und allen voran Hegel,* unterscheiden strikt zwischen der Unruhe des Schicksals und dem Gang einer Geschichte, deren eigentlicher Zweck es ist, das Gewühl der Dinge mit der Vernunft abzugleichen und dasjenige zurückzubehalten, was an diesem Geschehen substantiell ist. Will sie dem Schicksal entkommen, muss deshalb die Geschichte mehr sein als eine Chronologie oder ein Tatsachenbericht; sie muss zeigen können, welches die tieferen Gründe und welches die Verlaufsformen sind, denen die historischen Tatsachen in ihrem zeitlichen Nacheinander folgen.

So endet der späthellenistische Versuch, dem Schicksal durch den Nachweis von Regelmäßigkeiten beizukommen, mit der Radikallösung: mit seiner Abschaffung. Den förmlichen Schlusspunkt setzt Kant, für den bereits feststeht, dass mit dem Schicksal philosophisch kein Staat zu machen sei. Begriffe wie Glück oder Schicksal, ist 1787 in der zweiten Auflage der *Kritik der reinen Vernunft* zu lesen, seien, obwohl in aller Munde, als allgemeine Erklärungsgründe nicht tragfähig und daher in der Philosophie entbehrlich: »da man alsdann wegen der Deduction derselben in nicht geringe Verlegenheit geräth, indem man keinen deutlichen Rechtsgrund weder aus der Erfahrung, noch der Vernunft anführen kann, dadurch die Befugniß ihres Gebrauchs deutlich würde«.*

Das ungeheure Wort: Die Politik ist das Schicksal, mit dem Napoleon nach der Überlieferung Goethes* den klassischen Tragödienstoffen die Aktualität absprach, bestätigt die Tendenz. Eine Politik, die sich selbst als Schicksalsmacht einsetzt, will die alten Mächte ablösen und mit ihnen auch das, was einmal das Schicksal gewesen ist. Sie will, mit einem Wort, Schicksalserübrigung und Schicksalserbin zugleich sein. Dass der Verkünder dieser Wendung der Dinge als derjenige aufgetreten ist, der die neue Hierarchie der Daseinsmächte in seiner Person verkörperte, hat den Eindruck eines Machtworts nur verstärkt. Auf dem Höhepunkt seiner Macht brachte der Kaiser politisch zu Ende, was der Philosoph Kant hatte kommen sehen, und präsentierte sich auch in Fragen der Metaphysik, mit dem Wort Goethes, als *Weltüberwinder*. Der Berichterstatter aus Weimar, noch Jahre später beeindruckt von der Großartigkeit solcher Anmaßung, lässt die Apotheose des Politischen so stehen. Politik, das hieß von nun an, den Launen des Schicksals entgegenzutreten, ja mehr noch: sie schlicht und einfach nicht gelten zu lassen.

Wie hier, an diesem denkwürdigen Herbsttag des Jahres 1808, hat die westliche Kultur das Schicksal aus ihrem Einflussbereich hinauskomplimentiert. Aber kann diese Verabschiedungsstrategie überzeugen? Bestand nicht die Härte des Schicksals und seine eigentliche Herausforderung von jeher darin, im Sinn des Wortes *unerklärlich* und dem Zugriff menschlichen Handelns, um wie viel auch immer es seinen Radius erweitern mag, entzogen zu sein? Gewiss, auch und gerade die Stoa führt Gründe an, um die Macht des Schicksals zu brechen. Anders jedoch als Kant und Napoleon will sie aus der Ordnung des Schicksals nicht ausbrechen, sondern seine Unruhe kontrollieren und deren Einfluss zurückdrängen. Der Stoiker versteht sich als Kenner, nicht als Leugner des Schicksals. Aus dieser speziellen Form des Respekts hat Georg Simmel die Grundzüge eines modernen Schicksalsverständnisses herauslesen wollen, das die neuzeitliche Praxis der Ausgrenzung noch einmal unterläuft. Simmels Schicksalsbegriff reagiert auf die Beobachtung, dass wir keineswegs alles, was vorfällt, als schicksalhaft erleben, sondern nur Bestimmtes. Aber was? »Wie die Welt zwar bestimmt, was unser Erkenntnisinhalt sein soll, aber nur weil das Erkennen zuvor bestimmt hat, was uns Welt sein kann – so bestimmt zwar das Schicksal das Leben des Individuums, aber nur weil dieses letztere durch eine gewisse Affinität diejenigen Ereignisse ausgewählt hat, denen es den Sinn, durch den sie sein ›Schicksal‹ werden, kann zuteil werden lassen.«* Schicksalhaft ist demnach, was unmittelbar an dasjenige rührt, was wir im Angesicht ebendieser Erfahrung für uns selbst als unser Eigenes erkannt und angenommen haben. Die Erfahrung des Schicksals, wie sie etwa vom Abenteurer oder vom Spieler auf dem Boden der Moderne noch einmal gesucht wird, bietet Anhaltspunkte für die Einsicht in die Eigenart unserer Situation. Der spezielle Kulturbeitrag dieser Versucher des Schicksals besteht darin, uns die Grenzen unserer Erklärungsroutinen fühlen zu lassen.

Ablesbar an der Geschichte des Begriffs, ist der ideengeschichtliche Mainstream einen anderen Weg gegangen. Bestand die stoische Lösung darin, der *fortuna* zu trotzen und sich vom *fatum* über die Zusammenhänge der Natur ins Bild setzen zu lassen, so ist die Moderne mit sich selbst übereingekommen, der Unruhe des Schicksals den Boden zu entziehen – es, wie das Unerwartete überhaupt, aus ihren Gleichungen zu streichen. Vom Schicksal, das einmal den Anlass bot, sich zu erproben und sich seiner selbst zu vergewissern, bleibt nur das Ärgernis, sich mit den Grenzen seiner Möglichkeiten konfrontiert zu sehen: mit dem Ärgernis der Endgültigkeiten, des Unverfügbaren und des hartnäckig Widerstehenden. Genau damit aber wollen wir uns nicht abfinden. Wir wollen nicht Grenzen aufgezeigt bekommen, sondern Grenzen überwinden und den Raum des Verfügbaren erweitern. Wir wollen, wenn wir uns schon in ihrer Normalität eingelebt haben, die Unruhe auf unserer Seite wissen. Deshalb ziehen wir ein Bild der Wirklichkeit vor, der wir den Eigensinn der Schicksalhaftigkeit ausgetrieben haben, das Bild einer Wirklichkeit, die schon ihrer Beschaffenheit nach den Änderungswünschen, wie immer diese auch aussehen mögen, entgegenkommt. Wie wir selbst, so sollen auch die Dinge grenzenlos formbar und geschmeidig sein.

Während die Stoiker das Schicksal als das Widrige und Widerstehende anerkannten, ihm jedoch zu nehmen versuchten, was beunruhigend an ihm ist, setzt die Moderne alles daran, schicksalslos zu werden und stattdessen der Unruhe zu folgen: dem Versprechen einer Welt, die uns schon durch ihre Bewegtheit zu verstehen gibt, dass sie auf immer neue Weise und nach Gutdünken von uns gestaltet sein will. In der langen Anerkennungsgeschichte der Unruhe ist dieser Vorgang der Aussortierung des Schicksalsbegriffs ein Schlüsselereignis, das, wie mir scheint, die These Freuds von der Wiederkehr des Verdrängten eindrucksvoll bestätigt: die Wiederkehr dessen, was wir einst leidenschaftlich fortwünschten und dennoch, oder genauer: gerade wegen dieser negativen Fixierung nicht losgeworden sind. Wenn ich richtig sehe, haben wir die *Unruhe des Schicksals,* nachdem wir nichts mehr davon wissen wollten, eingetauscht gegen das *Schicksal der Unruhe.*

Sitzen

oder wie es gelang, eine Körperhaltung zu dämonisieren

Dass Philosophen ihre akademische Schwerfälligkeit überwinden, dass sie die Ideen vom Himmel herabholen, den Elfenbeinturm verlassen und mutig auf die Dinge des Lebens zustreben, ist eine populäre Forderung, die auch in den eigenen Reihen ihre Anhänger gefunden hat. Möchte nicht alle Philosophie, eingestanden oder nicht, im populären Sinn dieses Wortes Philosophie des Lebens sein? Möchten nicht auch die Philosophen sich einmischen, möchten nicht auch sie endlich aufstehen, dabei sein, marschieren und für das, was sie zu sagen haben, Relevanz beanspruchen dürfen?

Wie allerdings das Beispiel Georg Simmels zeigt, kann die Forderung, sobald ihr einmal entsprochen wird, Erstaunen und sogar Befremden hervorrufen. Als Simmel im Sommer 1914, dem späten Ruf nach Straßburg folgend, den Historiker Friedrich Meinecke in Freiburg aufsuchte, bot dieser dem Gast einen Stuhl. Spontan herausgefordert durch die kulturhistorische Tragweite dieser Geste, lehnte Simmel überraschend ab. Er blieb stehen, berichtet Meinecke in seinen Lebenserinnerungen, »und fing an, eine Philosophie des Stuhles und des Stuhlanbietens aus dem Ärmel zu zupfen.«*

Unschwer ist herauszuhören, dass der Freiburger Ordinarius noch nach Jahrzehnten der Gelegenheit zur Häme nicht widerstehen kann: dem Soziologen, der doch so klug war, fehlte der Blick für die soziale Situation. Das mag erklären, weshalb von dem, was an jenem Julitag über das Sitzen auf Stühlen gesagt wurde, kein Wort überliefert ist. Was könnte, was müsste es gewesen sein? Zunächst vielleicht die Beobachtung, dass es sich im Stehen anders spricht als im Sitzen. Oder: dass Stehen und Sitzen verschiedenen Erlebniszeiten zugehören. Oder: wie Sitzordnungen soziale Beziehungen entstehen lassen – im Büro, bei Tisch, im Theater, im Hörsaal, vor Gericht. Oder: was es heißt, einander wie in modernen Verkehrsmitteln gegenübersitzen und im Blickfeld des Anderen ausharren zu müssen. Oder was die Sitzgelegenheiten selbst besagen: Hocker, Sessel, Schaukeln, Kissen, Matten, zu schweigen vom blanken Erdboden und dem einsamsten aller Sitzplätze, dem 1889 in den USA eingeführten elektrischen Stuhl. All dies sind Simmelthemen, und auch die Normalisierung sogenannter sitzender Tätigkeiten in den Betriebsbüros und Verwaltungen dürfte dieser Beobachter des modernen Lebens registriert und seinem Stegreifvortrag eingewoben haben.

Abstrakt gesehen, ist das Sitzen eine raumzeitliche Fixierung und markiert den Ort, an dem jemand oder etwas – eine Firma, ein Schmerz – sitzt oder seinen Sitz hat. Im engeren Sinn verstanden als Körperhaltung, friert das Sitzen die Situation ein, es stellt sie still. *Setz dich doch* – wer dieser Aufforderung nachkommt, verlangsamt, hält inne, dehnt den Augenblick, drosselt den Zeitstrom. Doch auch hier gilt es zu unterscheiden. Wir können hocken und kauern, den Rücken straffen oder uns hängenlassen, aufmerken oder wegdösen. Wer die Füße unter den Körper zieht und es sich an Ort und Stelle bequem macht, definiert die Lage anders als, sagen wir, der Herrscher auf seinem Thron, der mit seiner Übergröße und Pracht den Sitz der Götter zitiert. Indem sie öffentlich dasitzt und sich mit dem Dasitzen begnügt, gibt die thronende Majestät der Mitwelt zu verstehen, dass sie als sie selbst etwas gilt und es nicht nötig hat, sich durch Taten zu beweisen. So halten beide Weisen des Sitzens, die private wie die öffentliche, Verbindung zur Ruhe, doch der Bedeutungsunterschied könnte größer nicht sein. Hier die repräsentative Ruhe, die der Macht das Ansehen der Unangreifbarkeit verleiht, und dort die unbeschwerte Ruhe, die sich selbst genug ist.

Dass das Sitzen etwas Natürliches sei, ist ein populärer Irrtum. In Wirklichkeit ist die Geschichte dieser Körperhaltung die Geschichte ihrer Kritik. »Sitzen tötet«, war kürzlich in der *Süddeutschen Zeitung* zu lesen; »Sitzen ist das neue Rauchen«.* Das Grundmuster solcher Dämonisierungen folgt dem Dualismus von Ruhe und Unruhe. Das Sitzen hemmt das Bewegungsbedürfnis, so lautet der Standardvorbehalt, und lässt es, einmal zur Gewohnheit geworden, verkümmern. Demnach beginnt der Stuhl seine europäische Karriere als kleine Burg, in deren imaginärer Ummauerung das bürgerliche Individuum heranwächst und schließlich darauf verfällt, sein bodenständiges, an Ort und Stelle fixiertes Ich für den Mittelpunkt der Welt zu halten. Indem es die bürgerliche Existenz isoliert, arretiert, diszipliniert und ihr eben dadurch überhaupt erst Gestalt gibt, wird das Sitzen zum metonymischen, in zahllosen Alltagsmomenten gespiegelten Ausdruck einer Kultur der Sesshaften. Diese aber stehen notorisch im Verdacht, auch im Kopf zur Schwerfälligkeit zu neigen und es sich auf dem technisch hochgerüsteten Ruhesitz des rasenden Stillstandes bequem zu machen. Schon die antiken Republiken Griechenlands, versichert Jean-Jacques Rousseau in seinem *Ersten Diskurs* von 1750, hätten ihren Bürgern die »ruhigen und sitzenden Berufe – *[ces métiers tranquilles et sédantaires]*«* wohlweislich untersagt. Warnungen wie diese sind längst Gemeingut und in jeder Gesundheitsbroschüre nachzulesen. Sie gelten der habituell gewordenen Unbeweglichkeit und damit einer Ruhe, die – anders als die Unruhe – nicht mehr zu versprechen hat als sich selbst.

Die Unruhe ist ein Mittel, die Ruhe ein Zweck. Dennoch – oder gerade deshalb – ruft der Anblick der Sitzenden all die Ängste und alarmistischen Stimmungen wach, mit denen die Kultur der Unruhe auf das Gespenst der Stagnation und des Nicht-von-der-Stelle-Kommens zu reagieren pflegt. Offenbar hat sich im Horizont der veränderten Selbstverständlichkeiten, die mit der Etablierung der Unruhe heraufzogen, der Assoziationsraum des Sitzens auf das *Festsitzen* verengt. Die Unruherhetorik hat denn auch nicht gezögert, das Sitzen als Realsymbol der Mobilitätsverweigerung zu installieren und gegen Lehnstuhlphilosophen, Stubenhocker und Couchpotatoes ebenso leidenschaftlich wie ausdauernd polemisiert. Die propagandistische Ausbeutung dieser Karikaturen ließ nicht lange auf sich warten. »Das macht«, mit diesen Worten mokiert sich Ferdinand Freiligrath im Jahr 1844 über den deutschen Bourgeois, »er hat zuviel gehockt; / Er lag und las zuviel im Bett. / Er wurde, weil das Blut ihm stockt, / zu kurz von Athem und zu fett.« Unbekümmert zehrt die politische Orthopädie des Dichters vom weltbildkonstituierenden Potential der Unruhe. Die beim Wort genommene und strikt antithetisch eingesetzte Metaphorik des Aufstehens – die Beschwörung der *Aufstände*, der *Auflehnungen*, des *Aufruhrs*, der *Erhebungen* und schlicht der *Unruhen* – steigert die antisedentäre Propaganda zur Bourgeoisophobie. »Oh raff dich auf«, ruft Freiligrath dem Volk der tatenlos Dasitzenden zu, »und komm zu Streiche.«* Die Wortwahl dieser Verse ist längst aus der Zeit gefallen, doch der antisedentäre Konsens ist, wie das Schmähpotential des Stammtischs zeigt, derselbe geblieben. Am Stammtisch sehen wir diejenigen versammelt, deren *sitting disease* über Wirbelsäule und Nackenmuskulatur hinaus das Urteilsvermögen angegriffen hat.

In der Symbolsprache der Unruhe ist das Sitzen der Ort, an dem körperliche und geistige Schwäche einander ergänzen.

Das Sitzen ist der sichtbare Ausdruck einer beim Wort genommenen Zurückgebliebenheit. Umso bemerkenswerter ist das Bekenntnis, das der junge, von Geldsorgen und Zukunftsängsten geplagte Auslandskorrespondent Theodor Fontane am 12. Dezember 1856 seiner Frau übermittelt hat. »An Zerstreuungen die Geld kosten, ist gar nicht zu denken«, schreibt er aus London an Emilie, die mit den Kindern und der Amme im bitterkalten Berlin zurückgeblieben war. »Aber *das* Leben, was mir mitunter als Ideal einer Existenz vorgeschwebt hat, hab ich eigentlich hier: still sitzen, wenig Störung, schreiben, lesen und Kaffe trinken.«* Eingebettet in das eheliche Zwiegespräch, übermittelt die briefliche Momentaufnahme den Eindruck unproblematischer Genügsamkeit. Das kann gelingen, weil die Verschiebung von der alltäglichen Erfahrung zur szenischen Darstellung, von der *Ruhe* zum *Bild der Ruhe,* die Situation des sorgenfrei Dasitzenden in der Rahmenschau zeigt. Die behutsame Ästhetisierung lässt die akuten Bedrängnisse zurücktreten, so dass sich nun die Ruhe ungestört entfalten kann. Einmal in dieser Weise vergegenwärtigt, ist die Ruhe sogar übertragbar, und so gelingt es dem Londoner Briefeschreiber, die Sorgen der Daheimgebliebenen zu zerstreuen.

Stillstand

oder vom Schrecken des Medusenblicks

Die Wahrnehmung der Unruhe folgt bestimmten Konventionen und verfügt über ein eigenes, bevorzugt mit Gegenbegriffen operierendes Vokabular: Beschleunigung oder Verlangsamung, Hektik oder Geruhsamkeit, Arbeit oder Freizeit, Fleiß oder Müßiggang. Quer zu diesen Gegensatzreihen steht die Diagnose des *rasenden Stillstandes.* Zumeist mit besorgtem Unterton vorgetragen, ist diese Situationsbeschreibung zum Synonym für die Unruhe überhaupt geworden, zu einem Sammelbegriff für den hochtourigen Leerlauf und die notorischen Erschöpfungszustände vieler Zeitgenossen vor allem in der westlichen Welt.

Trotz seiner Verbreitung ist dieses Begriffsverständnis erstaunlich, denn bei seiner Entstehung sollte damit etwas anderes gesagt sein. Das Buch Paul Virilios, dessen deutsche Übersetzung vor einem Vierteljahrhundert unter dem Titel *Rasender Stillstand* erschienen ist, handelt von einer neuen, einer spezifisch modernen Bewegungslosigkeit, in der – so die These – eine zunehmend technisch bestimmte Lebenswirklichkeit die Menschen festhalte. Als aufmerksamem Leser Pascals ist Virilio nicht entgangen, dass der Dualismus von Ruhe und Unruhe zu kurz greift und dass selbst die Unruhe ein Beruhigungsmittel sein kann – dann nämlich, wenn sie erwartet wird und ihr allgegenwärtiges Geflacker die Menschen einlullt, ablenkt und zerstreut. Am Ende dieser Gewöhnung an die gleißnerischen Effekte der Unruhe steht eine Art stationärer Nomadismus. In diesem Stadium macht sich niemand mehr selbst auf den Weg, um die große Reise anzutreten, sondern bedient sich der Medien, deren Auskunftsfreude, Buntheit und Bequemlichkeit das Erleben ersetzen. Die Faszination des Sichtbaren macht es möglich: Statt der Menschen bewegen sich die Bilder. Selbst die verbliebenen Nostalgiker, die noch immer das Flugzeug besteigen und auf die Ortsbewegung nicht verzichten wollen, sind von diesem Austauschgeschehen beeindruckt. Auf ihren Reisewegen haken sie gewissenhaft ab, was sie im Voraus gecheckt haben, und dokumentieren ihr Dortgewesensein durch ein Selfie. Das Selfie ist weniger ein Bild als eine Paraphe, die ersetzt, was einmal sinnliche Wahrnehmung und persönliches Erleben gewesen sind. Dass etwas so oder so gewesen ist, wird nicht mehr durch die persönliche Erzählung beglaubigt, sondern durch den Auslöser am Gerät.

Die Überwältigung durch vorgefertigte Eindrücke lässt die Menschen nirgendwo mehr ankommen, weil sie, wie Virilio erklärt, niemals aufgebrochen sind. »Es besteht kein Zweifel daran«, schreibt er, »daß der Untergang der *speziellen Ankunft,* die im Akt des Aufstehens oder Abreisens noch eine physische Fortbewegung von oben nach unten, im Akt der Reise eine Bewegung von der Nähe in die Ferne erforderte, daß dieser Untergang für die Menschheit eine genauso grundlegende Veränderung bedeutet wie das Erscheinen des *Aufrechtstehens.* Nur, daß es sich nicht mehr um eine ›positive Evolution‹ hin zu einer neuen Art von Beweglichkeit handelt, sondern gerade um eine ›negative verhaltensbezogene Involution‹, die die Gattung zu einer pathologischen Unbeweglichkeit führt: das Aufkommen eines *sitzenden Menschen,* oder schlimmer noch, eines *liegenden Menschen.*«* Virtueller Trubel: dies ist das zeitgemäße Ruhekissen derer, die, wie einst die Gefangenen in der platonischen Höhle, um keinen Preis aus ihrem Dämmer erwachen wollen.

An der geläufigen Skandalisierung des Stillstandes und der Stagnation hält Virilios Höhlengleichnis also ganz entschieden fest. Was den Kritiker stört, ist nicht die Rastlosigkeit des modernen Lebens, sondern die Selbstverkennung der Unruhe in der Simulation, ihre medienstrategische Verschiebung in die Virtualität. Und genau so, als polemischer Gegenentwurf zum wahren Fortschritt und zur wirklichen Veränderung, ist der Stillstand seit Beginn der Neuzeit in Stellung gebracht worden: als Warnung vor dem, was schlimmer ist, als die Unruhe es jemals sein könnte.

Der Durchsetzungserfolg der Unruhe verdankt sich weniger der Werbung für eine Idee als der Schmähung dessen, was ohne die Unruhe zweifellos geschehen und den Menschen bevorstehen würde. An dieser Stelle kommt der Stillstand ins Spiel. Um für das Ungemach des soeben überstandenen »Mittelalters« einen Ausdruck zu finden, bemüht bereits Galileo Galilei das Bild der Erstarrung, die nun, mit Beginn der neuen Zeit, endgültig zu überwinden sei. Galilei schafft die Ruhe physikalisch ab, indem er sie intuitionswidrig als eine Bewegung definiert, die gegen null geht. Der Schritt ist mehr als ein mutwilliger Eingriff, er revolutioniert die Vorstellungswelt. Nicht mehr, wie in der aristotelischen Tradition, die stehende Ewigkeit setzt die Norm, nicht mehr die unerschütterliche Beständigkeit und Ruhe des Kosmos, sondern die Unruhe der bewegten Welt. War die aristotelische Physik an der Paradigmatik der Ruhe orientiert gewesen, so fußt nun die galileische Physik auf der Paradigmatik der Bewegung. Hatte Aristoteles die Bewegung als einen vorübergehenden Zustand begriffen, der wiederum an den Körper gebunden war, der sich bewegt, und eine Ursache hat, die sich benennen lässt, so begreift nun Galilei die Bewegung als einen konstanten »Veränderungsprozeß«*, der, wie exemplarisch die Bewegung der Sterne, zeitlos andauert. Die Ruhe, so zeigt sich damit, ist nicht nur unerträglich langweilig; sie ist auch eine Abweichung vom Normalzustand der Natur, sie ist der Ausfall und, theoretisch gesprochen, das Nichtwahrhabenwollen der Bewegung. Das stilsicher erfundene, von einer zeitlosen Heldenfabel untermalte *Eppur si muove!* wird zur Losung der neuen Zeit und ebenso einer Theorie, die nun, statt bloß zu »schauen«, ihrerseits aktiv werden und sich im Umfeld der von ihr selbst konstatierten Bewegtheit beweglich zeigen muss. So baut sich die Unruhe ihre Spiegelwelt. Wirklichkeit, das ist die im vorliegenden Zusammenhang entscheidende Neuerung, ist und kann nur sein, was in Bewegung ist, und umgekehrt: Bewegung wird zum Wirklichkeits- und Wahrheitsbeweis.

Deutlicher als er selbst haben die zeitgenössischen Gegner Galileis bemerkt, wie leicht in diesem Augenblick Wissenschaft und Weltanschauung verschmolzen und sich das Selbstbewusstsein der neuen Zeit als Kampf gegen die Unveränderlichkeit des Kosmos und der Schöpfung formierte. Doch auch Galilei selbst war um klare Worte nicht verlegen. Wer sich weigere, sich im Einklang mit der bewegten Weltordnung zu verändern, heißt es in Galileis drittem Brief über die Sonnenflecken, werde das Schicksal des Medusenblicks erleiden und zu Stein erstarren. Galilei mobilisiert den heidnischen Mythos der Medusa, um den eben noch übermächtigen Mythos der christlichen Heilsbotschaft, der die Wahrheit an die Bedingung einer überweltlichen Zeitlosigkeit gebunden sah, nun seinerseits ins Unrecht zu setzen. Neben diese mythische trat bald eine psychologische Begründung, die bis heute abrufbar geblieben ist. Der Stillstand, so die stereotype Auskunft, sei langweilig, stumpf und öde, und das heißt: Wir würden ihn, selbst wenn wir ihn herbeiführen könnten, auf die Dauer nicht ertragen. Die Unzulänglichkeit dieser Argumentation ist mit Virilio und Pascal leicht zu durchschauen. Wer bloß Unterhaltung will, wird dem ernsthaften Veränderungswillen der Neuzeit nicht gerecht. Er unterschätzt die Drift von der produktiven in die träge Unruhe und landet im rasenden, in einem tieferen Verständnis *ereignislosen* Stillstand des Posthistoire. Wo Galilei die wahre Unruhe einer universalen Bewegtheit erkannt zu haben glaubte, droht unter den Voraussetzungen der Virtualität das Geflimmer des rasenden Stillstandes.

Als habe er die Gefahr des Rückfalls in eine reichbebilderte, durch Amüsement und Zerstreuung kaschierte Bewegungslosigkeit so früh schon kommen sehen, wirbt bereits Friedrich Schiller für die substantielle Veränderung, die mit dem historischen Geschehen heraufziehe. In seinem 1790 in der Zeitschrift *Thalia* erschienenen Aufsatz »Über die erste Menschengesellschaft« setzt der Dichter und Philosoph die Paradieswelt, von der im Genesis-Bericht die Rede ist, dem Verdacht aus, um ein Haar die Menschheitsziele vereitelt zu haben, die, wie sich inzwischen gezeigt habe, allein durch den Fortschritt in der Zeit erreichbar gewesen seien. Schiller anerkennt die paradiesische Ruhe schon nicht mehr als Sinnbild vollendeter und darum veränderungsunbedürftiger Harmonie, sondern als Startphase des realhistorischen Geschehens, das durch den Verstoß gegen das göttliche Gebot überhaupt erst möglich wurde. Das Anrollen der Geschichte, heißt das, hat die Menschheit vom Stillstand der Paradieswelt erlöst. Man könne, schreibt Schiller, dem ersten Menschenpaar nur dankbar dafür sein, dass es ungehorsam war und die unerträgliche Stagnation der Ursprungswelt auf welche Weise auch immer überwand. In diesem, von Schiller mustergültig vorgeführten Umdeutungsverfahren, das die Normativität der Unruhe bereits als fraglos voraussetzt, wurzelt der Horror, den der Stillstand in der Empfindungswelt der westlichen Kulturen bis heute hervorruft. Der Stillstand erinnert an das

Trauma der einst arglos gelebten Ignoranz, die, wäre sie nicht überwunden worden, die Selbstvervollkommnung der Gattung für alle Zeit blockiert hätte.

Die kulturtypische Abwehr des Stillstandes spricht von der Versumpfung und der Fäulnis stehender Gewässer, vom Schlamm und Morast unwirtlicher, gesundheitsgefährdender Umgebungen.* Stillstand heißt, dass alles bleibt, wie es ist, ja dass es, weil sich nichts rührt, verdirbt, verkommt, verfault. Die Rhetorik der Unruhe ist überaus erfinderisch, wenn es gilt, den Stillstand zu dämonisieren. Aus dem Innehalten macht sie den Stau, aus der Ruhe die Langeweile, aus der Stille die Eintönigkeit, aus der theoretischen Einstellung die Verkopftheit und den von selbstzufriedenen Eliten besetzten Elfenbeinturm. Aber hätte nicht, gerade weil diese Bilder so plakativ und einseitig sind, längst zurückgefragt werden müssen? Könnte Stillstand nicht auch heißen, dass uns erspart bleibt, was die Turbulenzen der Unruhe an Unwägbarkeiten bereithalten? Wäre es nicht an der Zeit, etwa aus Gründen der Ökologie oder der Sicherung des Friedens den Stillstand neu zu gewichten?

Walter Benjamin hat eine solche Umwertung vorbereitet, als er angesichts der Ausbrüche totalitärer Herrschaft in Europa den Routinen des Fortschrittsdenkens mit einer Strategie der Stillstellung begegnete. Benjamins Stillstellung ist nicht Ruhigstellung, sondern markiert einen plötzlichen, fortschrittstheoretisch nicht weiter ableitbaren Interventionspunkt. Die Gegenwart, schrieb Benjamin Ende der dreißiger Jahre, sei nicht länger als Übergang zu konzipieren, nicht als flüchtiger Moment im Strom der Geschichte, sondern als Augenblick, in dem »die Zeit einsteht und zum Stillstand gekommen ist«.* Durchaus mit Blick auf die politischen Irrungen seiner Zeit entwarf Benjamin ein grundstürzendes, offenkundig von Motiven des Messianismus getragenes Programm. Er erinnerte an die Gewehrschüsse, mit denen die Revolutionäre von 1789 den Gang der Pariser Uhren unterbrachen, um die alte Zeitrechnung symbolisch auszulöschen, und auch daran, dass diese Tat das Alte Testament zitierte: den Auftritt Josuas, dem es der Überlieferung zufolge gelungen war, Sonne und Mond zum Stillstand zu bringen (Jes 10,13 u. 14). Auch das Kampfmittel des Generalstreiks ist in assoziativer Reichweite. Die historischen Akte der Stillstellung illustrierten nicht nur, sie *vollzogen* die rechtzeitige Unterbrechung des ziellos dahintreibenden Laufs der Dinge.

Benjamins Anleihen bei der Theologie sind deutlich. Mehr als alles andere ist der Stillstand *Widerstand* gegen die ganz normale und eben gerade jetzt, in der Entstehungszeit dieser Texte, der Katastrophe entgegenstürzende Inquietät. Der Zumutung seines Bruchs mit der Vorstellungswelt der politischen Weggefährten war sich Benjamin bewusst. Das Konzept der »erstarrten Unruhe«, das er den Überzeugungen der Fortschrittsparteien gegenüberstellte, kündigte den Konsens auf. »Zum Denken«, heißt es in den Thesen über die Geschichte, »gehört nicht nur die Bewegung der Gedanken, sondern ebenso ihre Stillstellung.«

Zweifellos beanspruchte Benjamin, ein über den Augenblick der äußersten Bedrängnis hinaus tragfähiges Konzept der Geschichte zu skizzieren. Die Unvorgreiflichkeit der Ereignisse, ihre *Kontingenz*, sollte mit der plötzlichen, als Stillstand imaginierten Entstehung sinnhafter Formationen einen zwingenden Zusammenhang bilden, der als Chance verstanden und genutzt werden sollte. Mit dieser Motivierung des rettenden Stillstandes näherte sich Benjamin den frühen geschichtsphilosophischen Konzepten des 18. Jahrhunderts, denen gleichfalls an einer scharf konturierten Verlaufsfigur des Geschehens gelegen gewesen war. Zu den verschütteten Hinterlassenschaften des Aufklärungsdenkens gehört die Erwartung, dass die Geschichte, statt in einem leeren Immer-so-weiter voranzueilen, ihrem eigenen Gesetz folgt und der Zeit der Reife entgegenstrebt oder, wie Rousseau sagt, dem Punkt ihrer Vollkommenheit. Für die Aufklärer erwies sich der rationale Kern der Geschichte in der Gestaltförmigkeit ihres Verlaufs, und Kant erwog so etwas wie einen geschichtlichen Plan. Exemplarisch für diese Erwartung ist ein Gedanke Rousseaus: Wie der einzelne Mensch ein Alter kenne, bei dem er »gerne stehengeblieben wäre – *[un âge auquel l'homme individuel voudroit s'arrester]*«, so sei auch für die Menschheit insgesamt ein Alter anzunehmen, von dem man wünschen müsste, »die Art wäre bei ihm stehen geblieben – *[Espece se fut arrêtée]*«.* Die gestalthafte, einer Ideallinie folgende Geschichte schließt demnach den Stillstand ein: als den Gipfelpunkt der Austerität, auf den alles Geschehen über die Geschlechter und Zeiten hinweg zuläuft. Dieser Stillstand ist weder Hindernis noch Blockade; er ist der Inbegriff der endlich erreichten Vollendung.

Aus der Sicht Rousseaus ist allerdings die Situation der Menschheit tragisch, weil sie den Augenblick der Reife, an dem sie hätte innehalten müssen, nicht als solchen erkannte und nun damit zurechtkommen muss, die eine und einzige Chance verpasst zu haben. Die Menschheit hat ihr Kairos verfehlt, und so kann – mit dieser Einsicht widerspricht Rousseau den Philosophengenerationen von Voltaire bis Marx – die Geschichte der Ort ihres Glücks nicht sein. Wie zum Ausgleich hat sich Rousseau anderen Räumen der Stille zugewandt, und so kommt er gut zwanzig Jahre nach dem Erscheinen des *Zweiten Diskurs* in den *Träumereien eines einsamen Spaziergängers* noch einmal auf das Thema zurück. In Form eines Erinnerungsbildes breitet Rousseau Beobachtungen und Eindrücke seiner Wanderungen durch die Schweizer Berge aus, darunter die Wellenbewegungen des Wassers im Bielersee. Auf einsamen Bootsfahrten habe er erlebt, erinnert sich Rousseau, wie der Rhythmus der Wellen seine Seele erfasst und die

Dinge in die »Gleichförmigkeit seiner Bewegung« hineingezogen habe. »Dann und wann dachte ich flüchtig an die Unbeständigkeit der Dinge dieser Welt *[instabilité des choses de ce monde]*, deren Abbild mir die Oberfläche des Wassers darbot; aber diese leichten Eindrücke wurden bald ausgelöscht durch die fortdauernde Gleichförmigkeit der Bewegung *[l'uniformité du mouvement continu]*, die mich wiegte, die mich ohne eine tätige Mitwirkung meiner Seele festhielt.« Der neuzeitliche, bereits bei den Zeitgenossen Rousseaus verbreitete Schrecken des Stillstandes und der Unruhelosigkeit ist verflogen. An seine Stelle tritt ein kostbarer, aus Raum und Zeit gefallener Augenblick der Seligkeit, ein sanftes Wiegen von der Hand einer an dieser Stelle noch einmal, mit dem Wort Goethes, als »gute Mutter«* angesprochenen Natur.

Mit dem Umweg über das Naturerleben werden die Augenblicke ästhetischer und religiöser Erfahrung bedeutsam als Reservate der Stille, die von der Betriebsamkeit der rastlos Tätigen einstweilen verschont geblieben sind. Die Ruhe, die hier gemeint ist, realisiert sich als Einklang von innerer und äußerer Natur. Das halb erlebte, halb erinnerte Verweilen ist eine Besänftigung, ist Bewegung und Gegenbewegung zugleich: die Vergegenwärtigung eines sanften Rhythmus, der den Erlebenden trägt und es ihm erlaubt, die tosende Unruhewelt beiseitezulassen. Die Zeit steht still, und die Gemächlichkeit des Wiegens hält den Augenblick dazu an, für diesmal nicht, wie an anderen Tagen, sogleich wieder zu vergehen.

Ohne Zweifel sein zu dürfen, wer man ist – das ist das Recht des Stillstandes. Noch der Nachkriegsphilosoph Theodor W. Adorno ist dem Reiz dieses literarischen Wellenwiegens erlegen und hat es, seiner Zartheit und wohl auch seiner Angreifbarkeit wegen, schlicht und einfach gelten lassen. Adornos *Minima moralia*, die 1951 erstmals erschienen sind, stellen den Obsessionen des Machens das Erleben der Stille und des Stillstandes gegenüber. »Auf dem Wasser liegen«, so das naturästhetische Nachbild Adornos, »und friedlich in den Himmel schauen«.* Der Klang zweier Silben genügt, um inmitten der tumultuarischen Wirklichkeit einen Ort der Stille aufzutun: *Sur l'eau* – auf dem Wasser.

Trägheit

oder warum die Vernunft nicht schlafen darf

Zu den Höhepunkten der Denkgeschichte gehören Pascals Kommentare zu Montaigne. Hier der scharfblickende Verteidiger des Glaubens, der das Ausmaß der Veränderungen ermisst, die der gerade eben getane Schritt über die Schwelle zur Neuzeit für die Zeitgenossen mit sich bringt. Und dort der Vertreter einer selbstbewussten Weltlichkeit, der nach dem Ausklang des »Mittelalters« die großen Themen des antiken Denkens aufgreift und ihnen eine zeitgemäße, mit dem Erleben in der ersten Person abgestimmte Gestalt gibt. Das Thema, das Pascals Kommentare entwickeln, ist auf diese Konstellierung der philosophischen Momentaufnahmen zugeschnitten: auf den Vergleich zwischen den Leistungen, wie sie einerseits das philosophische Wissen und andererseits der religiöse Glaube den Menschen zu bieten vermag.

In dem von dritter Seite überlieferten Gespräch mit de Sacy, das um das Jahr 1655 stattgefunden haben dürfte*, macht sich Pascal zunächst die Position des ein halbes Jahrhundert zuvor verstorbenen Michel de Montaigne spielerisch zu eigen. Die herausfordernd formulierte These ist, dass die philosophische Vernunft von sich aus in der Lage sei, dem christlichen Glauben ebenbürtige Orientierungen anzubieten. Sollte dies aber so sein, dann werde der Einsatz der Vernunft – mit dieser Konsequenz kündigt sich für den nachgeborenen Leser die zentrale Intuition der Aufklärung bereits an – den religiösen

Glauben über kurz oder lang erübrigen und durch ein positives Wissen ersetzen, das dann auch die Moral auf rationale Grundlagen stellt.

In der Maske Montaignes nimmt Blaise Pascal den Traum der Neuzeit vorweg, und als einer der Ersten erkennt er, was viele seiner Zeitgenossen und allen voran Descartes noch von sich gewiesen hätten: dass die europäische Menschheit mit diesem Anspruch des positiven Wissens eben gerade jetzt, in der Mitte des 17. Jahrhunderts, eine Epochengrenze überschreitet. In der Wahrnehmung Pascals erscheint die soeben einsetzende Neuzeit als der großangelegte, in menschheitsgeschichtliche Dimensionen vorstoßende Versuch, die metaphysischen Obdachgewährungen der jüdisch-christlichen Vergangenheit abzustoßen und die menschliche Selbsttätigkeit, ihre Gefühlswelt und ihr Welterleben, mit allen Konsequenzen, die dieser Austausch der Weltbilder mit sich bringt, rein auf sich selbst zu stellen.

Das Vorgehen Pascals ist bemerkenswert. Statt den selbstgewählten Gegner in der üblichen Weise als Popanz hinzustellen, der sich dann unter dem beifälligen Gelächter des Publikums mühelos umstoßen lässt, redet er ihn erst einmal stark. Montaigne habe es gewagt, die Menschen zu befreien und zu jener »unabhängigen Geisteshaltung« zu ermuntern, die in den *Essais* so beredt Ausdruck finde. Mit offener Sympathie erinnert Pascal an den Spott, mit dem Montaigne den geistlich und weltlich Verbohrten, den Eiferern und Rechthabern begegnet sei, die sich angemaßt hätten, die Botschaft der Heiligen Schrift entschlüsselt und das Recht der Verkündung sich selbst vorbehalten zu haben. Solchem Dogmatismus gegenüber habe Montaigne auf die Gleichrangigkeit der Wahrheitsansprüche verwiesen und zum Frieden unter den am Ende doch allesamt Nichtwissenden aufgerufen, zu denen er auch sich selbst gezählt habe.

Genau an dieser Stelle interveniert Pascal, und das eben noch wohlmeinende Porträt schlägt um in eine rasch an Schärfe gewinnende Abrechnung. Das skeptische Wissen des Nichtwissens, dem Montaigne gefolgt sei, bleibe zuletzt Unwissenheit, und so sei Montaigne der Seelenruhe, die er sich von der Niederschrift der autobiographischen *Essais* erhofft habe, am Ende keinen Schritt näher gekommen. Tatsächlich sei die demonstrative Unaufgeregtheit des Pyrrhonikers, der um des lieben Friedens willen vor der Wahrheitsfrage kapituliere, bloß Pose: »Bequemlichkeit – *commodité*« und »Willenlosigkeit – *lâcheté*«, bloß »Ohnmacht – *impuissance*«, »Schwäche – *infirmité*« und »Verzweiflung – *désespoire*«. Die Liste der Deformationen umkreist immer dasselbe Syndrom: die falsche Ruhe der Trägheit, die bei Pascal *paresse* heißt. Die Trennlinie, die Pascal zwischen sich selbst und Montaigne zieht, ist durch diese Symptomatik der falschen Ruhe markiert. Nach der gelungenen Abwehr der Dogmatiker, die zu ihrem eigenen Schaden und zum Schaden aller wahrhaft Gläubigen die unsichtbare Grenze zwischen Glauben und Wissen, zwischen Wissen und Macht überschritten hätten, und nach der Entwicklung seines vielbewunderten Schreibstils habe Montaigne schließlich der Mut gefehlt, auch noch den nächsten Schritt zu tun und auf diejenige Wahrheit zuzugehen, die allein ihm die wahre Ruhe hätte verschaffen können: auf die »Wahrheit des Evangeliums«.

Pascals Thema ist nicht die Wahrheit ganz unmittelbar, ihr Inhalt oder ihre Gestalt, sondern die Frage, auf welche Weise man sie erlangt oder was im Gegenteil dazu führt, dass man sie verfehlt. Ein solcher Grund ist die Trägheit: eine habituelle Art der Wahrheitsverfehlung, die sich ihre eigene Unfähigkeit nicht eingesteht und stattdessen als Theorie auftrumpft, im Fall Montaignes: als die pyrrhonische Form der Skepsis. Die Trägheit, die Pascal bei Montaigne entdeckt zu haben glaubt, ist eine falsche, weil um den Preis der intellektuellen Nachlässigkeit erkaufte Ruhe, die Schwäche in Stärke umlügt und Verzagtheit in Weitsicht, mit einem Wort: Sie ist die salonfähig gewordene Bereitschaft, sich mit den Halbheiten des *Que sais-je* zufriedenzugeben. Ist diese Nachlässigkeit schon an sich bedenklich, so wird Montaigne in den Augen Pascals dadurch vollends schuldig, dass er um seinen Mangel an Entschlusskraft nur zu gut gewusst habe. An dieser Stelle verschärft Pascal nochmals den Ton. Da die Haltung Montaignes nicht einfach nur falsch ist, sondern wissentlich falsch, ist sie Ausdruck einer tiefen Verdorbenheit *(corruption)*.

Der Leser von heute beginnt zu ahnen, was Pascal als sogenannter *solitaire*, als Dauergast des Klosters von Port Royal, bei der Niederschrift dieser Vorhaltungen klar vor Augen gestanden haben muss: dass die Trägheit herkömmlich als Todsünde galt. Die Trägheit ist ein Laster nicht lediglich aus Schwäche, sondern aus falscher Nachgiebigkeit und Koketterie, die sich der besseren Einsicht vorsätzlich verschließt. All dies findet Pascal bei Montaigne, und, wie dann die kritischen Bemerkungen in den *Pensées* weiter ausführen, in der Philosophie überhaupt. Statt den Weg durch die Erfahrungswelt der Unruhe, die ihn doch nach eigenem Bekunden zur Niederschrift der *Essais* bewogen hatte, konsequent auszuschreiten und es mit der Unruhe aufzunehmen, habe Montaigne den Leser zum Zeugen seiner literarischen Ausschweifung und seiner bloß scheinbar erlangten Zufriedenheit gemacht. Er habe gefragt, ohne Antworten zu geben, und statt Grundsätze zu formulieren, habe er sich mit dem Sosein der Dinge abgefunden. Und genau darin, in dieser mit einer unverhohlenen Willenlosigkeit gepaarten Bereitschaft, die Ruhe statt in seiner Seele »bei den äußerlichen Dingen zu suchen«, erkennt Pascal die Zeichen der Trägheit.

Das Wort *acedia* ist alt.* Von den Stoikern bis zu den Kirchenvätern haben die klassischen Autoren die für die Trägheit charakteristische Ergebung in die eigene Ohnmacht, die Verzagtheit und, in ihrem Gefolge, die Haltung der Resignation verworfen. In seiner Auseinandersetzung mit Montaigne, die er als Auseinandersetzung mit dem philosophischen Skeptizismus anlegt, gewinnt Pascal dem Thema eine weitere Dimension hinzu, indem er die Trägheit als Signatur der sich soeben ankündigenden Neuzeit enthüllt. Die Position Montaignes, der demnach das Laster vorgreifend ausgelebt und, wenngleich arglos, dem kommenden Allgemeinbefinden bereits vorgegriffen hat, erscheint als inakzeptabel, weil sie sich der Neuheit der neuen Zeit verweigert und sich gegen deren Wahrnehmung verschließt. Statt die Situation zu erkennen und in dieser Zeit der Glaubenskriege der Unruhe Schranken zu setzen, habe sich Montaigne in das private Glück der Unbetroffenheit und der permanenten und sogar ausschließlichen Beschäftigung mit sich selbst zurückgezogen.* Doch die wahre Ruhe, das ist der zentrale Einwand Pascals, verlangt mehr als das. Montaigne, urteilt Pascal, habe die Gegenwart ignorieren wollen und habe die Tragweite dieser alles entscheidenden Tatsache verkannt, »dass der gegenwärtige Zustand des Menschen sich von jenem seiner Schöpfung unterscheidet«. Montaigne war sich, mit einem Wort, der Tragweite der Neuzeit, ihrer strukturellen Veränderungen und moralischen Herausforderungen, in keiner Weise bewusst und habe sorglos Dinge vermengt, die seit dem Eintritt in die Neuzeit getrennt zu behandeln sind. Glauben und Wissen sind nun geschieden, und die Vernunft verkennt sich selbst, wenn sie meint, in dieser Situation das Pensum des Glaubens mit übernehmen zu können. Die Vernunft ist keine Leidenschaft, der Glaube keine Theorie.

Die Trägheit, das ist die Pointe dieses Vorstoßes, ist nun nicht mehr nur ethisch und theologisch, sie ist auch historisch und politisch suspekt. Sie ist neuzeituntauglich, weil sie vor den Anforderungen der kommenden Zeit, statt sich ihnen zu stellen, aus Unverständnis, Furchtsamkeit oder Bequemlichkeit kapituliert. Vor allem verkennt sie, dass der Mensch nun nicht mehr nur Mitspieler der Schöpfung ist, nicht mehr nur aufgerufen, im begrenzten Rahmen der ihm bereits im Genesis-Bericht zugewiesenen Verantwortlichkeiten seinen Beitrag zu leisten; von nun an ist er – und er allein – für alles verantwortlich, was ihn umgibt: für seine *Welt* und *Umwelt.* Die schützende Hand des Schöpfers entfällt, denn Gott, darin besteht die eigentliche Verschärfung der neuzeitlichen Situation, hat sich zurückgezogen. Pascal denkt diesen Gedanken zu Ende. Seiner neuen Position in der Schöpfung und der ihm zugewachsenen Pflichten wegen, und das heißt konkret: um seiner selbst willen, muss sich der Mensch von nun an den Luxus der Trägheit versagen.

Auch ohne den Aufruf zur Besinnung auf das Evangelium hat die Neuzeitanalyse Pascals Bestand. Sie erfasst und benennt den entscheidenden Punkt der veränderten Situation: dass die Sorge um die Belange des Menschseins nun nicht länger an ein höchstes Wesen abgetreten werden kann. Mehr denn je sind deshalb die Menschen der Neuzeit, die im emphatischen Sinn dieses Pronomens *ihre* Zeit ist, aufgerufen, dem Sog der Trägheit zu widerstehen. Mit der Neuzeit ist eine Wirklichkeit entstanden, die nicht bloß ein für alle Mal, sondern permanent und unter ständig sich wandelnden Voraussetzungen gestaltet sein will: die von den Schranken der Tradition befreite Wirklichkeit der Kultur, die Welt der grenzenlosen Verantwortlichkeiten, der exklusiven Zuständigkeiten, der aufwendigen Vorsorglichkeiten, mit einem Wort: die *Kultur der Unruhe.* Die Neuzeit, deren ideellen Einsatz Pascal durch Trägheit und Zerstreuung schon im Augenblick ihrer Entstehung gefährdet sieht, zwingt den Menschen in die Rolle des Akteurs. Die damit vollzogene Verschiebung im System der kulturellen Orientierungen, die unumkehrbare Verschiebung von der *vita contemplativa* zur *vita activa,* kündigt die aktivistischen Anthropologien der Aufklärung, die den Menschen vor allem als Akteur sehen, bereits an. Das Zeitalter der Revolutionen gibt dem Verfügungsanspruch freier Bürger nach und entfesselt schließlich mit der *terreur* die Rücksichtslosigkeit eines zu allem fähigen, allein durch sich selbst ins Recht gesetzten Veränderungswillens.

In dieser Situation hat mit Benjamin Constant ein früher Vertreter des politischen Liberalismus dafür plädiert, dass beide Seiten, dass also sowohl die Sieger als auch die Besiegten der Revolution die Leidenschaften von 1789 unter Kontrolle bringen und unverzüglich zu einem auskömmlichen Miteinander finden sollten.* Constants Aufruf zur Mäßigung klingt harmlos und biedersinnig, ist aber, wie sich bei näherem Hinsehen herausstellt, auch selbst revolutionär. So wie der Sturm auf die Bastille den Zeitstrom unterbrach und die Vergangenheit dem Vergessen anheimgab, um einzig und allein den Augenblick zu feiern, so beendet nun ein Vertreter der nachrevolutionären Epoche, indem er ebenfalls auf die Ansprüche der Zeitgenossenschaft pocht, den Furor der Revolution. Die politische Herausforderung besteht darin, die Revolution, ohne sie zu verraten oder ungeschehen machen zu wollen, zu Ende zu bringen und ihr ideelles Potential in eine postrevolutionäre Gesellschaft überzuleiten. Vor diesem Hintergrund wirbt Constant für eine Form des Zusammenlebens, in dem die von den Aufklärern angebahnte Konvergenz von Modernität und Inquietät politisch neutralisiert und in den Bereich der Nebendinge abgedrängt wird: in den Bereich der Unterhaltung und des Amüsements. Aus der politischen Unruhe der Revolution soll die Unruhe einer autonomisierten, in ihre Schranken verwiesenen Kultur werden: belangloser Tumult.

Abb. 8: Paul Colin, *Le Tumulte noir* (1929, Josephine Baker).

Die Unruhe und kalkulierten Tabubrüche des popkulturellen Amüsierbetriebs, wie sie dann das 20. Jahrhundert erleben wird, sind hier schon vorausgedacht. Die Spektakelwelt des Pop ist die Erbin der Trägheit: ständige Aufgeregtheit, die zu nichts führt und auch nicht führen soll. Aus Kultur wird Show – die Show, von der alle sagen und auch wissen, dass sie immer weitergehen muss. Einmal in den Bereich des Trivialen abgedrängt, darf die Kultur sich austoben, darf, sofern sie sich an die Bedingung der Unerheblichkeit hält, ihre Sensationen und Events ausleben und nach Herzenslust unruhig sein, damit die Politik es nicht mehr sein muss. Die ruhige Hand einer unaufgeregten, pragmatisch ernüchterten Realpolitik soll die revolutionäre Spaltung der Gesellschaft in Freunde und Feinde überwinden. Wie Constant betont, ist die politische Freiheit der Moderne in jedem Sinn dieses Wortes postrevolutionär; sie verwirklicht sich nicht, wie die der Vorväter, als *plaisir d'action,* sondern als *plaisir de réflexion* und damit auf eine Weise, die den Fanatismus von ehedem überwunden hat. Für Constant kommt diese Lehre der Revolution einer Umwertung der Werte gleich. Ausdrücklich bekennt er sich zu einer friedfertigen und spezifisch modernen Variante der Trägheit – der *paresse.*

Constant argumentiert auf der Linie Pascals, kehrt aber die Prämissen um. Die radikalliberale, aus den Erfahrungen der Revolutionszeit gewonnene Position der Trägheit versteht sich als Konsequenz der wohlweislichen Zurückhaltung, die eine maßgebliche Bedingung zivilgesellschaftlicher Vielstimmigkeit ist und die, weil sie den Kult eines Être suprême nicht mehr kennt, auch Zurückhaltung *bleiben* muss.

Weil aber, wie die Totalitarismen des 20. Jahrhunderts zeigen, das politische Spiel anderen Regeln folgt als etwa die Wissenschaft oder die Kunst, konnte Constants liberale Neubewertung der als Vorbehalt gegen die politischen Extreme verstandenen Trägheit in dieser Geschichte nicht das letzte Wort haben. Mit Verweis auf die weltgeschichtlichen Katastrophen des vergangenen Jahrhunderts hat Hannah Arendt die Unangemessenheit, ja Unerträglichkeit einer Einstellung hervorgehoben, die sich abwendet und die Teilnahme am öffentlichen Leben verweigert.* Die Lagebeschreibung geht an Constants postrevolutionär gemäßigtem Politikverständnis vorbei, trifft aber dessen Konsequenz: die Leidenschaftslosigkeit einer bloß noch technokratischen und im wesentlichen als Verwaltung agierenden politischen Vernunft. Arendt setzt dem die warme Unruhe der Citoyenneté entgegen, auf die gerade die republikanische Gesellschaft, die Gesellschaft der Bürger, nicht verzichten könne. Wie Pascal im Blick auf Montaigne, so argumentiert nun auch Arendt gegen den politischen Pakt zwischen der kühl berechnender Exekution von Sachzwängen und dem achselzuckenden Geschehenlassen. Nicht spektakuläre Einzelereignisse und Ausnahmezustände, wie sie die Nachrichtenwelt beherrschen, gefährden demnach das Gemeinwesen. Weit bedrohlicher für seinen Bestand ist die aktuelle Version der im stillen anwachsenden Trägheit: die Teilnahmslosigkeit der vielen, ihre *Indifferenz*.

Umherirren

oder Willkommen in der Unruhekultur

Zu den Paradoxien der Unruhe gehört, dass sie zu beruhigen vermag – dann nämlich, wenn sie erst einmal als selbstverständlich angenommen ist und geläufige Erwartungen bestätigt. Begriffe wie *Migration* machen sich dieses Arrangement mit der Unruhe zunutze. Laut bundesamtlicher Definition liegt Migration vor, »wenn eine Person ihren Lebensmittelpunkt räumlich verlegt«.* Offenbar ist die einmal akzeptierte Unruhe in der Lage, eine ganz eigene Form der Sachlichkeit zu begründen, die wiederum auf das Bild der Unruhe zurückwirkt und ihren Anspruch auf Normalität bestätigt. Ein schmuckloses Stück Verwaltungsprosa genügt, um den archaischen Schrecken des Umherirrens zu bannen und den Fall an die zuständigen Stellen zu verweisen.

Der förmliche Migrationsbegriff, der sich in Wissenschaft und politischer Verwaltung durchgesetzt hat, ist eine Entlastungsphantasie. Der Mensch, gibt er zu verstehen, ist seit eh und je ein vagabundierendes Wesen, das in der Unruhe des Umherziehens und des Wanderns von Ort zu Ort seine wahre Bestimmung findet. Demgegenüber erscheint die Vorstellung lokaler Gebundenheit als eine überholte, vormodernen Zeiten entstammende soziale Konstruktion, die sich spätestens mit den Migrationsbewegungen der globalisierten Moderne erledigt hat.

Das lateinische Wort *migratio* spricht eine andere Sprache.

Migrare bezeichnet den Ortswechsel mitsamt der beweglichen Habe, auch das Wegbringen und Fortschaffen, das Auswandern und Überschreiten von Grenzen. Basis des Gedankenbildes ist, was das aktuelle Migrationskonzept in einer Art Blackbox verschwinden lässt: die Emphase der Orte und ihrer Bindekraft. Der ursprüngliche Begriff macht aus der Schmerzlichkeit dieser Erfahrung kein Hehl. Das Wort *migratio* hält sich an das, was den Beteiligten widerfährt. Es werde gesagt, hält Cicero in den Tusculum-Gesprächen fest, dass der Tod eine Wanderung *(migratio)* sei »an die Gestade, die von jenen bewohnt werden, die das Leben verlassen haben«.* Der Abschnitt ist im Ton der Trostschriften gehalten, die das Schicksal des Sterbenmüssens bedenken und es durch meditative Einkreisung mildern wollen; genau damit aber vermittelt Cicero einen Eindruck von der Art der Schwelle, die diejenigen bereits überschritten haben, die, in der Schreibweise Hölderlins und Kleists, zu »Irrdischen« geworden sind.

Die Neuzeit hat lange mit sich gerungen, bis sie bereit war, den Gedanken der Schicksalhaftigkeit beiseitezulassen. Dass sie sich überhaupt dazu entschloss, ist offensichtlich das Ergebnis der einmal anerkannten Unruhekultur. Die Empfehlung, die Migration als »eine Form der Entfaltung menschlicher Freiheit« zu begreifen, »unabhängig davon, welche Gründe den Entschluss zur Migration veranlasst haben«*, ist überhaupt nur aus dieser Normalität heraus zu begreifen. Eine hochidealistische Intuition vermengt die Bilder der Flucht und der Pilgerschaft, der Vertreibung und des Reisens, um, vermittelt über den Euphemismus des Ortswechsels, die Abstraktion eines universalen Nomadismus hervorzubringen, zu dem sich alle Erdenbürger bekennen können. Als Wanderer zwischen den Welten sind wir alle gleich. Allerdings hat auch diese Vision ihre Härten: Der Konformismus der Unruhe verlangt die Vergleichgültigung der Orte und Heimaten, der Herkünfte und Traditionen, um sie durch die Fraglosigkeit mobiler Lebensformen zu ersetzen. Im Zuge dieser Umstellung ist das Unterwegssein inmitten ständig wechselnder Kulissen, untermalt von Szenen der Werbung und des populären Films, zur Realmetapher individueller Freiheit, ja von Freiheit und Freizügigkeit überhaupt geworden.

Vormodernen Zeiten, denen das Exil als Verlust galt und die Verbannung als grausame Strafe, wäre diese Motivierung der *migratio* durch eine Art triebhafter, in die Natur des Menschen eingesenkter Wanderlust grotesk und sogar anstößig erschienen: als Akt der Schicksalsenteignung. Noch Dante eröffnet die *Commedia* mit symbolhaften Bildern völliger Desorientierung, deren Schmerzlichkeit außer Frage steht. Die Eingangsszene schildert, wie der Erzähler in der Nacht zum Karfreitag des Jahres 1300 vom rechten Weg abgekommen, in einen dunklen Wald geraten und hilflos umhergeirrt sei. Für Beschönigungen sieht der Dichter keinen Anlass. Die Situation der Verirrung, die er schildert, ist eine Situation des Vertrautheitsverlustes, der Isolation und des Verlassenseins. Schließlich befreit sich der Erzähler aus der bedrängten Lage, indem er sich auf die natürliche Ordnung der Dinge besinnt, vor allem aber auf die dezidiert *literarische*, mutwillig anachronistische Begegnung mit dem Freund: mit Vergil.

Die ältesten Bilder schildern die Migration als Entbehrung und Ausgesetztheit, als Inbegriff prekärer Existenz. Demnach müssen die Umherirrenden jene Lebensfreude entbehren, wie sie die Ausgeglichenheit der Seele *(euthymía)* zu gewähren vermag: die Haltung dessen, der seinen Platz für sich und die Seinen in dieser Welt gefunden hat. In scharfem Kontrast zu dieser Ruhe des Bleibens illustriert das Umherirren das Ausgeliefertsein an die Unruhe. Es leuchtet deshalb ein, dass es, wo in den älteren Zeiten die Unruhe unvermeidlich scheint, außerordentlicher Anstrengungen und sogar des Beistandes höherer Mächte bedarf, um die Herausforderung zu bestehen. Den vielleicht prominentesten Fall dieser Art schildert das Alte Testament. Demnach folgt der Gott Abrahams, des Gründers dreier Weltreligionen, dem Pilger überallhin, und sämtliche Etappen seines Weges unterstehen der göttlichen Obhut. Die über die einzelnen Erfahrungen und Begebenheiten erhabene Ordnung der Welt, die Welt des Gottvertrauens, wird bei aller Beweglichkeit nie verlassen; sie wird, umgekehrt, durch den Pilgerweg überhaupt erst erschlossen. Wenn Abraham aufbricht, tut er dies auf Jahwes Geheiß (»Zieh weg aus deinem Land«; Gen 12,1), mit Jahwes Beistand (»Fürchte dich nicht, ich bin dein Schild«) und auf Jahwes Versprechen hin: »dein Lohn wird sehr groß sein« (15,1). Diese letzte Formel sticht heraus, weil sie den Heimatverlust gerade nicht als Widerfahrnis behandelt, sondern als Probe, für deren Bestehen ein Preis in Aussicht gestellt ist. Anders als der aus der Paradieswelt vertriebene Kain, der gegen den Verhaltenskodex der Urschöpfung verstoßen hatte und zur Strafe in die Unruhe vertrieben wurde, ist Abraham auf seiner hundertjährigen Irrfahrt – zum Zeitpunkt seines Todes wird er 175 Jahre alt sein – eine neue Heimat versprochen. Die Daniel-Apokalypse übernimmt diese Aussicht auf das fernere, durch die göttliche Verheißung angekündigte Gelingen, die dann als wörtliches Zitat in die Schrift findet, die das Portal zur Neuzeit aufstößt. *Multi pertransibunt*, ist 1620 auf dem Frontispiz des *Novum Organum* von Francis Bacon zu lesen, *& augebitur scientia*: »Viele werden rastlos umherirren, und die Erkenntnis wird groß sein.«

Die Anleihe bei den biblischen Wanderszenarien ist deutlich. Ebenso deutlich aber ist, dass Bacon in diesem *annus mirabilis*, in dem nicht nur sein Hauptwerk erscheint, sondern auch die *Mayflower* der Pilgrim Fathers die Küste Amerikas erreicht, das Migrationsnarrativ entscheidend umgestaltet.

Abb. 9: Frontispiz des *Novum Organum* von Francis Bacon, 1620.

Während der Aufbruch Abrahams eine Probe seines Gehorsams ist, in der die kulturelle Präferenz des *Raumes* gewahrt bleibt, erscheint der Aufbruch jetzt, an der Schwelle zur Neuzeit, als ein Wagnis in der *Zeit*, das sich gegen die Tradition der Ortsfestigkeit ausspielen lässt. Und genauso verfährt Bacon. Das Umherirren ist das Risiko, das derjenige, der die Welt gewinnen will, auf sich nehmen muss.

Bacons Hauptschrift treibt die Verschiebung des Themas zügig voran. Das Frontispiz des *Novum Organum* bietet, wie seinerzeit üblich, die zentrale Aussage des Werks in nuce. Im Vordergrund erkennt der Betrachter ein Segelschiff, das eben dabei ist, mit der Straße von Gibraltar die äußerste Grenze der antiken Welt zu passieren und von Westen aus ins Mittelmeer einzufahren. Man muss dieses Bild betrachten wie ein Filmstill, wie die Momentaufnahme aus einer weitreichenden, den zeitgenössischen Betrachtern aus tausend Reiseberichten geläufigen Erzählung: als Schlüsselszene aus der großen, unbekümmert eurozentrischen Geschichte von der Entdeckung der Welt. Im Hintergrund und knapp unter der Horizontlinie ist ein weiteres Schiff auszumachen, das die riskante Ausfahrt ebenfalls bereits überstanden hat. Die Doppelung der Heimkehrsituation unterstreicht die Tragweite der Botschaft. Wir haben es nicht mit dem Übermut versprengter Hasardeure zu tun, versichert Bacon seinen Lesern, sondern – und hier bietet sich eine Anschlussstelle für den Migrationsdiskurs der Gegenwart – mit dem Abenteuer der Menschheit. Wie die Meeresungeheuer beweisen, die in den Wogen lauern, ist die große Fahrt ein Wagnis gewesen. Und dennoch hat sie sich, wie einst in den Versen der Daniel-Apokalypse geweissagt, gelohnt. Das Risiko des Umherirrens, sagt die Zeitlogik des Bildes, wird gerechtfertigt gewesen sein.

Aber auch für Bacon ist es nicht die Aussicht auf den Lohn allein, die dem Aufbruch ins Ungewisse den Schrecken nimmt. Die Unruhe des Umherirrens ist eine Unruhe *in der Zeit* und ebenso *auf Zeit*, denn sie hat ein wohlbestimmtes Ziel. Bacon beschränkt die Ungewissheit der großen Fahrt, indem er Aufbruch und Heimkehr zusammenzieht. Selbst nach vielfältigen mühsamen Versuchen, schreibt er in der Vorrede, »ruht man nicht, sondern stellt fest, daß man weiter suchen muß – *[sed invenit quod ulterius quaerat]*«*. Erstmals behauptet damit die Unruhe eine eigene Autonomie, die jedoch streng begrenzt bleibt. Für den Autor des *Novum Organum* verlangt das Abenteuer der *migratio* nicht die Preisgabe der Heimat, sondern ermöglicht im Gegenteil die Wiederherstellung der paradiesischen Urheimat, die am Beginn der Zeiten durch die Leichtfertigkeit des ersten Menschenpaares verlorenging. Die Durchwanderung der Welt beschreibt eine Kreisfigur. Sie endet mit der von Beginn an verheißenen und nun durch die Eroberung des Raumes, die Nutzung der Zeit und die Mehrung des Wissens endlich in Reichweite gerückten Wiedergewinnung des Paradieses.

Die Heimat ist also weder verloren noch vergangen, sondern will vollkommen neu entdeckt, will von Menschenhand gestaltet und zurückgewonnen sein – so lautet, auf eine knappe Formel gebracht, die Botschaft des frühneuzeitlichen Mythos der Migration. Das geschickte Arrangement des biblischen Hintergrundes, das zwischen dem Blick nach vorn und dem Blick zurück, zwischen Herkunft und Zukunft vermittelt, bestätigt die Zumutung des Vertrautheitsverlustes, um sie doch zugleich zu mildern und als den Preis darzustellen, dessen Entrichtung mit ein wenig Vertrauen in die Überzeitlichkeit der göttlichen Ordnung vertretbar erscheint. Das Wagnis der Überschreitung lässt sich vertreten, weil es, wie Bacon versichert, altbekannten, aber eben erst jetzt verstandenen Weisungen folgt. So wird die Unruhe, die lange Zeit ein Fluch gewesen war, zum Zeichen der Hoffnung. Sie ist der aus den bekannten Gründen unvermeidlich gewordene Umweg, um alsbald zu der eigentlich menschengemäßen, keineswegs verlorenen und stets in Erinnerung behaltenen Lebensform der Ruhe zurückzufinden.

Ganz anders René Descartes, dessen *Discours de la méthode pour bien conduire sa raison* im Jahr 1637 erscheint, nur anderthalb Jahrzehnte nach dem *Novum Organum*. Der *Discours* zieht eine Scheidelinie, deren Verlauf im Blick auf die Herausforderung des Umherirrens konturscharf hervortritt. Augenfällig ist zunächst der Gegensatz zu Dante. Während dieser sich behalf, indem er sich aus der verzweifelten Lage der Verirrung herausimaginierte, rät nun der Autor des *Discours* den Reisenden, die sich im Wald verlaufen haben, zu einer streng kontrollierten Aktion. Sie dürften nicht »umherlaufen – *[ne doivent pas errer en tournoyant]*«, heißt es da, und ebenso wenig »an einer Stelle stehen bleiben – *[ni encore moins s'arrêter en une place]*«, sondern »so geradewegs wie möglich immer in derselben Richtung marschieren«*. Strikt der navigatorischen Anweisung folgend, werden sie am Ende vielleicht nicht das einst erhoffte Ziel erreicht haben, aber doch – und genau darauf kommt es an – der bedrohlichen Lage entronnen sein.

Zusammen mit der Richtung des Denkens haben sich in der cartesianischen Schlüsselszene auch die Begriffe verkehrt. Der Blick ist nicht länger wehmütig zurück, sondern entschlossen nach vorn gerichtet, und mit der Denkform der *Methode* ist den Betroffenen nun ein Verfahren an die Hand gegeben, dem sie sich vertrauensvoll überlassen dürfen. Das Ergebnis ist eine Art Motivationsumkehr, die systematische Ersetzung des einst mit der *migratio* assoziierten Vertrautheitsverlustes durch die Erfahrung des Unerträglichen, dem der Verirrte nun um jeden Preis entkommen will. Die Betroffenen, das ist die neue Ausgangshypothese, können und wollen nicht bleiben, sie wollen und müssen fort. Das Glück, das sie erstreben, kann nicht mehr hier, es muss anderswo sein. Die Umkehrung der Wertetafel ist total: Das Eigene und Allzuvertraute gilt als Ort der Entfremdung, das Ferne und Fremde wird, ob nun für Abenteurer oder Auswanderer, für Bildungsreisende oder Touristen, zum Sinnbild der Befreiung. Auf der Basis dieses Prämissenaustauschs, mit dem die Unruhe des Aufbruchs die Ruhe des Bleibens überflügelt, lassen sich Gewinn und Verlust ganz neu bilanzieren. Aus der Vertreibung wird Flucht, aus der Flucht ein glückliches Entronnensein, aus dem Entronnensein die unverhoffte Chance. All diese Umwertungen und im Einzelnen nur minimalen Verschiebungen verändern die Migrationssituation, profitieren aber weiterhin von der sanktionierenden Kraft der mythischen Ausgangserzählung: Nur wer sich auf den Weg macht, kann überhaupt gerettet werden.

Etwas Besseres als den Tod, heißt es wie zur Bestätigung im Märchen, findest du überall.* Anders jedoch als im Märchen, anders auch als bei Dante und Bacon, entfällt unter den Prämissen der rationalistischen Methode das Vertrauen in das wohlweisliche Wirken einer überweltlichen Macht. Stattdessen setzt Descartes ein geregeltes Verfahren ein, das die Frage nach dem Woher und Wohin erübrigt und durch ein abstraktes Kalkül ersetzt. Die cartesianische Methode legt den Betroffenen eine Einstellung nahe, die sich konsequent auf diese eine Devise beschränkt, unbeirrbar in gerader Richtung voranzuschreiten. Alle Anstrengung ist auf das Entkommen und Vorankommen gerichtet, vom Ankommen ist keine Rede mehr. Die symbolische Kulisse des dunklen Waldes, dessen Unwirtlichkeit ihn als Gegen-Ort zum Paradies ausweist, vergegenwärtigt eine Situation der Unerträglichkeit, in der allein auf diese Verlaufsfigur der Geradlinigkeit überhaupt noch Verlass ist. Verführerisch ist diese Lösung, weil sie verspricht, nicht nur für diese spezielle, sondern überhaupt für alle Situationen gemacht zu sein, in denen die Wirklichkeit durch die Möglichkeit, das Wie-es-ist durch das Wie-es-sein-könnte herausgefordert ist. Die aus diesem Kalkül gespeiste Zuversicht sowie die Strenge, zu der die Geometrie des Verlaufs die Akteure verpflichtet, rechtfertigt die Vergleichgültigung der situativen Elemente. Unter Effizienzgesichtspunkten zählen sie gar nichts, und woher jemand kommt, ist im Prinzip so gleichgültig wie seine Geschichte oder das Ziel seines Weges. Was zählt, ist die garantierte Überwindung des Stillstandes und die Gewissheit, dass es endlich vorangeht.

So überblenden die Schlagzeilen der Mobilität die Bedürfnisse des Bleibens und des Wohnens. Die Welt entleert sich zum beliebig bespielbaren Raum, in dem eigentümlich körperlose Wesen berechenbaren, geradlinigen und von den umgebenden Landschaften abgesetzten Routen folgen. Unter den Voraussetzungen der methodischen Abstraktion entfällt die Erinnerung an Herkunft und Heimat, die nun generell unter Ideologieverdacht stehen. Als funktionaler Ersatz für die diskreditierte Heimat und das *Sein am Ort* springt der Zeitgeist ein: das *Sein in der Zeit* und in permanenter Bewegung. Analog zum cartesianischen Kalkül der Methode zeigt uns der Zeitgeist, wo es langgeht, wenn wir vorankommen und auch morgen noch dabei sein wollen. Wie der Mode, seinem materialen Gegenstück, ist auch dem Zeitgeist der Wandel eingebaut, ohne dass damit der Anspruch auf Verbindlichkeit verloren wäre. Im Gegenteil: Das Vorläufige ist nun das Gültige, und so bindet der Zeitgeist das Dasein statt an die eine, ewig ortsfeste und entsprechend schwerfällige Heimat an den Pflock des Augenblicks. Der Umbau des Migrationskonzepts fügt sich harmonisch in dieses Panorama rauschhafter Veränderung. Aus den Flüchtlingen werden symbolische Akteure der globalen Unruhewirklichkeit, deren Erfahrungen sich, folgt man den Phantasien des universalisierten Nomadismus, von denen, die ebenfalls nur ganz zufällig hier oder da zu Hause sind, allenfalls graduell unterscheiden.

Das Wort Migration ist ein Euphemismus, der über die Bilder und mythischen Restbestände, von denen die Unruhekultur im Inneren bewegt ist, den Schleier einer nüchternen verwaltungsamtlichen Formulierung breitet. Im Deutungsschema der Unruhe beschreibt die Migration die Normalität des Menschen in der globalisierten Welt – schlicht und einfach das, was allen menschlichen Lebensformen gemeinsam sein soll. Die Erfahrung der Fremdheit,* seit den *Lettres persanes* Montesquieus ein probates Mittel der Selbstaufklärung, hat sich erledigt. An ihre Stelle tritt das Willkommen in der Unruhekultur, in der wir, ihrem Selbstverständnis nach, am Ende ohnehin alle landen. In Augenblicken wie diesen, in denen die Stereotypen der Unruhe das Kommando über die Weltgesellschaft übernehmen, schlägt die Stunde des Zeitgeistes. Zeitgeist und Migrationsdiskurs teilen sich die Aufgabe, den Schrecken des Umherirrens in das Mitmacherlebnis permanenter Erneuerung zu verwandeln und alle, die da kommen und gehen, in das globale Abenteuer der Mobilität zu verstricken. In einer Epoche, in der die Grenzen zwischen Migration und Mobilität gefallen sind, entsteht Verbindlichkeit durch blindes Vertrauen in die Unruhe: durch die Mal um Mal bestätigte und schließlich sogar als Trost erlebte Erfahrung, dass nichts so bleibt, wie es ist.

Unbehagen

oder der Aufstieg der Unruhe zur moralischen Instanz

Der Ende des 17. Jahrhunderts von John Locke in die Philosophie eingeführte Begriff der *uneasiness* ist ein Beispiel für den originellen Wortschatz der Kulturkritik in der Neuzeit: Überdruss, Verzweiflung, Langeweile, Weltschmerz, Ekel … und eben *Unbehagen.*

Interessant ist nun, dass Lockes *uneasiness* nicht lediglich eine weitere Vorform der später vielbemühten Entfremdung ins Gespräch bringt, sondern das Empfinden der Menschen in eine funktionale Perspektive rückt. Sein Vorgehen ist rein nominalistisch. Ohne es weiter zu bewerten, will Locke zeigen, was mit dem Unbehagen anzufangen ist, was es leistet. Während ein Verharren im selben Zustand auf Befriedigung schließen lasse, ist dazu im *Essay Concerning Human Understanding* von 1689 zu lesen, sei als *motive of change* immer ein Unbehagen vorauszusetzen: *always some uneasiness.** Der funktional ernüchterte Blick regelt das gesamte, mit der Einführung des Begriffs erschlossene Feld der menschlichen Einstellungen und Verhaltensweisen. Mit dem Unbehagen kommt eine elementare Gestimmtheit zur Sprache, die nicht Gründe *hat,* sondern Grund *ist,* genauer noch: der eine und unhintergehbare Grund aller darüber hinaus noch denkbaren Ursachen, Antriebe und Motivierungen menschlichen Verhaltens.

Lockes Begriffseinführung wirkt unscheinbar, beinahe

harmlos, doch der Bruch mit den Werthaltungen der Vergangenheit reicht tief. Nicht, wie die älteren Philosophien gelehrt hatten, um des Guten willen oder aus Liebe handeln demnach die Menschen, sondern weil die *uneasiness* sie umtreibt und nicht ruhen lässt. Wo eben noch die großen Ziele das Handeln bestimmten, die der tätigen Menschheit die Richtung wiesen, herrscht jetzt – und erst damit entsteht die Gedankenordnung der Psychologie – der Antrieb der tief aus dem Inneren der Seele hervordrängenden Kräfte. Nicht ein geistiges Ideal bestimmt das Handeln, das klassische Dreigestirn des Guten, Wahren und Schönen, sondern das unabweisliche Gefühl des Beunruhigtseins und des Unbehagens.

So beginnt diese Begriffskarriere als Konkretisierung, genauer noch: als Lokalisierung der Unruhe in dem nunmehr abgesonderten, gegenüber äußeren Zielvorgaben und aktuellen Sinnesreizen emanzipierten Triebapparat des Menschen. Wie sich zeigen wird, ist der damit hergestellte, in der Folgezeit noch verstärkte Bezug auf anthropologische Gegebenheiten ein wichtiger Schritt in der Anerkennungsgeschichte der Unruhe. Die Entscheidung, das Unbehagen als den tragenden Grund des menschlichen Bedürfnishaushalts auszuweisen, schwächt das Ansehen der traditionell geschätzten Zufriedenheit, die nun, was zuvor undenkbar gewesen wäre, ihrerseits den Verdacht der Verfehltheit auf sich zieht. Plötzlich erscheint das sprichwörtliche Glück des Behagens als fragwürdiges, weil der menschlichen Natur widersprechendes und überdies unerlaubtes Einverständnis mit der nach Veränderung schreienden Ordnung der menschlichen Dinge. Nichts verdeutlicht diese Wendung klarer als die Sprache des Aufruhrs. Die stärkste Waffe der Konterrevolution, warnt Maximilien de Robespierre in seiner Konventsrede am 5. Februar 1794, sei neben der Angst der Revolutionäre vor ihrer eigenen Courage die »Lauheit des Wohlbefindens – *[la lassitude* *du bien]*«.* Die revolutionäre Ungeduld fordert und feiert das Unbehagen, weil es die Menschen in Unruhe versetzt und auf diese Weise dazu anhält, ihre Interessen zu erkennen und endlich durchzusetzen.

Dass, wer glücklich werden will, zunächst einmal bereit sein muss, es zu sein – diese Einsicht Rousseaus* will den Revolutionären, obgleich sie sich auf ihn berufen, schon nicht mehr in den Kopf. Im Gegenteil: Das Unbehagen, an das sie appellieren, steigern sie zum Ungenügen, das Ungenügen zum Veränderungsverlangen. Als Basis dieser Gedankensequenz dient ein stillschweigender Utilitarismus. Gegenüber dem Frohsinn und der Heiterkeit hat das Unbehagen den unbestreitbaren Vorteil, bei der Durchsetzung politischer Positionen nützlich zu sein. Wer zufrieden ist, ist für den politischen Kampf verloren. Die damit erfolgte Instrumentalisierung der Unruhe ist folgenreich, sie restrukturiert das ganze moralische Feld. Den älteren Morallehren war es darauf angekommen, die Bedrängnisse der Unruhe zu neutralisieren, um die Seele zu stärken und ihren Frieden zu sichern. Im Gegensatz dazu geht nun die postrevolutionäre Moderne dazu über, die Unruhe aufzuwerten und als Emanzipationsvehikel einzusetzen. Bestand das Dilemma ursprünglich darin, dass der Mensch in Ruhe leben möchte, es aber in diesem Leben nicht vermag, so wird er die Ruhe künftig gar nicht mehr erstreben wollen, weil ein solches Ansinnen moralisch und politisch wie ein Gespräch über Bäume wäre. So erkennt das kritische Bewusstsein nun im Unbehagen seinen treuen Verbündeten, während das Behagen vorgreifend unter Verdacht gestellt und eigentlich inakzeptabel ist. Das Behagen, so die Intuition der modernen Unruhekultur, blockiert die humanen Antriebe und hält die Menschen davon ab, ihr Leben selbst in die Hand zu nehmen.

Die Welt, aus diesem Grundgefühl speisen sich all die populären Verquickungen von Unbehagen, Protest und Kritik, kann und darf mit sich selbst nicht zufrieden sein. Das Dasein, so viel immerhin ist auf dem Boden der Moderne gewiss, ist »schlechthin« nicht, »wie es sein soll«.* So ist es nur konsequent, dass die Museumsbesucher von heute, bestärkt durch Abhakvokabeln wie Romantik und Biedermeier, an einem Blatt wie Philipp Otto Runges *Tempel der Zufriedenheit* naserümpfend vorübergehen. Der Geistliche im stillen Gebet, Menschen und Tiere unter einem Dach, eine Runde fröhlicher Zecher – die von Blumengirlanden umrahmte Spießerwelt ist mit Händen zu greifen: die Hölle der Gemütlichkeit.* Doch wie viel Voreingenommenheit, wie viel gedankenlos abgespulter Modernismus steckt in solchen Urteilsroutinen! In seiner Entstehungszeit um 1800 muss Runges imaginärer Tempelbau einen Nerv getroffen haben. Wo hat, so scheinen Runges Genreszenen zu fragen, in diesen Zeiten der Unruhe und des revolutionären Aufruhrs, der soeben die Kathedrale Notre-Dame in einen *temple de la raison* umgewidmet hatte, das Glück der Stille seinen Ort, wo die Freude und das Einvernehmen mit der Welt und sich selbst?

Es leuchtet ein, dass der Glaube an Weltveränderung und Fortschritt, nachdem er einmal die Schubkraft des Unbehagens für sich entdeckt hatte, so niemals gefragt hat und sich solches Nachfragen sogar verbitten musste. Der Anblick, den das Feierabendvergnügen ehrbarer Leute bietet, besänftigt nicht nur nicht, er steigert das Unbehagen und die antibürgerlichen Affekte. Unbehagen oder Biedersinn – so lautet nun die Alternative. Nur so ist zu erklären, dass die in der Nachfolge Lockes zunächst als produktive Überwinderin des Unbehagens gepriesene *Kultur* bald selbst als das Problem in Verdacht geraten konnte, das zu lösen sie einmal angetreten war. Mit der wohlbedachten Lokalisierung des Unbehagens nicht »an«, sondern »in« der Kultur hat Sigmund Freud die entscheidende, mit der Normalisierung des Unbehagens an-

Abb. 10: Philipp Otto Runge, *Tempel der Zufriedenheit.*

gebahnte Wende der Begriffsentwicklung vollzogen und sie überhaupt in ihrer vollen Tragweite sichtbar gemacht. Seit es mit der Wirklichkeit der Kultur verschmolz, ist das Unbehagen, wie die Unruhe, jederzeit beides: Verhängnis und Verheißung zugleich.

Die sprichwörtlich gewordene Formel vom *Unbehagen in der Kultur* – der Titel der berühmten, erstmals im Jahr 1930 veröffentlichten Schrift hatte ursprünglich lauten sollen: *Unglück in der Kultur* – umreißt speziell die Lage des Individuums als zwiespältig. Dementsprechend ist auch Freuds Kulturbegriff ambivalent. Auf der einen Seite summiert er die »Leistungen und Einrichtungen«, die »dem Schutz des Menschen gegen die Natur und der Regelung der Beziehungen der Menschen untereinander« dienen,* auf der anderen Seite benennt er die dem Einzelnen auferlegten Versagungen, die ganz von selbst dafür sorgen, dass die Menschen sich losreißen und von den Zwängen kultivierter Lebensführung entlasten wollen. »Das Ich fühlt sich unbehaglich«, schreibt Freud bereits 1917, denn es begegnet »den Grenzen seiner Macht in seinem eigenen Haus, der Seele«. Den klassisch-idealistischen Ausweg der Geschichte lässt Freud nicht gelten. Weit davon entfernt, lediglich ein vorübergehendes Ärgernis zu sein, das Fortschritt und Emanzipation gewiss beseitigen werden, ist der Stachel des Unbehagens eine *condition culturelle* und als solche unausweichlich. Wo Kultur ist, so der trockene Bescheid des Jahres 1930, da ist auch Unbehagen.

Freuds Abhandlung verfährt in weiten Teilen deskriptiv und versteht sich nach eigenem Bekunden als Beitrag zur »Pathologie der kulturellen Gemeinschaften«. Dennoch kann auch Freud die stillschweigende Normativität des Begriffs, die in den Zeiten der Revolution aufgekommen war, nicht gänzlich beiseitelassen. Die Unruhe, die in der Symptomatik des Unbehagens konkret wird, ist Antrieb und Preis der Kultur zugleich, der Mensch das Unruhewesen. Als sei dies im ersten Anlauf nicht recht deutlich geworden, hat Freud selbst seine eigene Publikation im vertrauten Kreis schon kurz nach Erscheinen scharf kritisiert. In der wissenschaftlichen Sitzung vom 20. März 1930, die wie üblich an einem Mittwochabend in seiner Privatwohnung stattfand, spricht Freud von der »Riesenschande«, in seiner Autopsie des Unbehagens ein entscheidendes Stück »vergessen« zu haben. Richard F. Sterba hat den Wortlaut überliefert: »Das vergessene Stück gehört zu den Glücksmöglichkeiten; ja, es ist die wichtigste, die einzige, die psychologisch unantastbar ist. So ist die einzige, wirklich zureichende Glücksbedingung in der Aufzählung nicht enthalten.« Zur Erläuterung zitiert Freud die Worte des Horaz: »Wenn der Himmel über ihm einstürzt, so wird er ohne Furcht die Trümmer auf sich fallen sehen«, um dann fortzufahren: »Diese Glücksmöglichkeit ist so traurig. Es ist der Mensch, der ganz auf sich ruht. Eine Karikatur davon ist Falstaff. Als Karikatur ist er erträglich, aber sonst ist er unerträglich. Dies ist der absolute Narziss. Die Unangreifbarkeit allem gegenüber ist nur dem absolut narzisstischen Menschen möglich. Dies ist ein realer Defekt in der Darstellung.«

Schon die Wortwahl dieser Selbstanklage ist aufschlussreich. Unerträglich erscheint Freud ein Ruheverlangen, das sich, damit Unruhe und Unbehagen gar nicht erst aufkommen können, die Kultur gleich ganz vom Hals schafft. Das von ihm selbst entworfene Zerrbild als bare Münze ausgebend, demaskiert Freud den Stoiker als pathologischen Narzissten, der das Unbehagen in sich abgetötet hat. Die entscheidende Konsequenz dieses Einspruchs ist der Anschluss an die einst von Locke gestiftete Wertschätzungstradition. Angesichts der Abgebrühtheit dessen, den nicht einmal der Einsturz des Himmels beeindrucken kann, erscheint nun das Unbehagen als das kleinere Übel, ja als Beweis für die Intaktheit und Lebendigkeit der Kultur. Verstanden als Unbehagen, wird plötzlich die Unruhe zum Zeichen der Ansprechbarkeit, der Wachsamkeit und der gerade in den Momenten der Bedrängnis gewahrten moralischen Integrität.

Für die Anerkennung der Unruhe findet sich damit ein weiteres und vielleicht sogar das entscheidende Motiv. Die These der ein Vierteljahr zuvor veröffentlichten Schrift war gewesen, dass, wo Kultur ist, Unbehagen unvermeidlich sei. Nun zeigt sich, dass die Abhängigkeit wechselseitig ist und der Befund durch Umkehrung vervollständigt werden muss. Nur da, wo die Menschen das Unbehagen zulassen und spüren, wo sie sich ansprechen und ergreifen, und das heißt: wo sie sich *beunruhigen* lassen, kann überhaupt Kultur sein.

Unruhe

oder der Entwurf der Welt aus der einfachen Negation

Wie andere Begriffspaare der westlichen Tradition, wie das Werden und das Sein, wie das Leben und die Form, wie das All und das Nichts, umspannen auch die Begriffe Ruhe und Unruhe einen Erfahrungsbereich, über den wir im Einzelnen vieles, im Ganzen aber nur wenig zu sagen wissen. Die Wortgestalt der Unruhe lässt diese Merkwürdigkeit anklingen, wenn sie dazu einlädt, den Sachverhalt von seinem Gegenteil her anzugehen. Die großen europäischen Nationalsprachen sind sich einig: Unruhe ist wesentlich Un-Ruhe, ist blockierte, verlorene, vertane, gestörte, verschenkte, in jedem Fall also *Negation* der Ruhe. In einer ersten Annäherung kann somit festgehalten werden: *Unruhe ist, was nicht ruhig ist.** Die Formel ist keineswegs bloß tautologisch. Dem in seiner Geschichte dokumentierten Begriffsgebrauch vorgreifend, betont die Wortgestalt der Un-Ruhe die Abwesenheit und den Entzug, und nur als dieser unbestimmte, aber deutlich fühlbare Mangel, als Unzulänglichkeit und Entbehrung, die unsere Reaktion erzwingt, ist der Durchsetzungserfolg der Unruhekultur überhaupt begreiflich.

Das Emblem aus der Bunten Kammer des Herrenhauses Ludwigsburg bei Eckernförde setzt diese Art des Gegebenseins exemplarisch ins Bild: *Sans repos* – ohne Ruhe.* Der Sturm, der den Umhang der zentralen Figur dramatisch bläht, und die aufgewühlte See zur Linken spiegeln den Eindruck einer

Abb. 11: *Sans repos,* Emblem aus der Bunten Kammer im Herrenhaus Ludwigsburg bei Eckernförde.

inneren Erregung, die für sich genommen unsichtbar und deshalb indirekt, durch die untermalenden Winke aus dem umgebenden Bildraum erkennbar gemacht ist. Während die unruhig bewegte Figur in ihrer Pose verharrt, muss sich der Betrachter behelfen und das Empfinden des *Sans repos* über die Zeichen erschließen. Die Naturdinge, die diese Erkundungsarbeit anleiten, verstärken nicht bloß, sondern tragen das emblematische Thema. Ergänzend motiviert der Liebespfeil in der Brust des Opfers die Unruhe durch einen Hinweis, dessen Konventionalität dafür sorgt, dass die Bedrängnis nicht überspringt und, ganz wörtlich, im Rahmen bleibt. Dem entspricht der Auftritt des schelmischen Putto. Indem dieser für den notorisch Unbelehrbaren schon den nächsten Pfeil bereithält, wechselt der Vorgang ins Anekdotische und sogar Scherzhafte. Dieses Emblem handelt von der Unruhe, ohne den Betrachter beunruhigen zu wollen. Im Gegenteil: Mustergültig wahrt es die Balance zwischen Belehrung und Unterhaltung, und das Allzumenschliche lässt uns schmunzeln. Wer den Schaden hat, braucht für den Spott nicht zu sorgen.

Man lasse sich indes nicht täuschen: Hinter der hölzernen Didaktik verbirgt sich einige Raffinesse. Das Emblem findet zum Thema der Unruhe, indem es gleichsam darum herumgeht und den direkten Zugang vermeidet. Dieser Kunstgriff, aus sicherer Distanz auf die Sache hinzusehen, ist keine Beiläufigkeit. Statt eine positive Bestimmung dessen zu geben, womit wir es zu tun haben, nämlich: der Gegenwärtigkeit des *Sans repos,* bleibt es bei der Vermeidung, und wir erfahren, dass das, worum sich hier alles dreht, zunächst einmal das Nicht eines bestimmten Anderen ist. Gerechtfertigt ist diese Vorgehensweise durch die implizite These, dass sie der Art und Weise entspricht, wie uns die Unruhe gegeben ist – wie wir sie *erleben.* Offenbar ist die Unruhe ein Phänomen, das wir nicht als sauber abgrenzbares Gegenüber, nicht als Gegen-Stand auf Distanz bringen können. Aber das Bild sagt noch mehr. Im Schutz seiner Vergegenständlichungsleistung erfahren wir, wie sehr wir in das Regime der Unruhe hineingezogen sind – einmal, indem wir uns, statt bloß hinzustarren, ja längst schon eingelassen haben und verstehen wollen; zum anderen, indem wir über ebendieses Verstehenwollen unserer Zugehörigkeit zur Erfahrungswelt jenes Beunruhigten innewerden. Die Unruhe hat tausend Anlässe, und wo den einen der Liebesschmerz umtreibt, da reizt den anderen die Neugierde.

Als Vorzugsmetapher solcher Erfahrung akzentuiert der *Fluss des Werdens* die Bedingung des Eingenommenseins. »Sobald wir unserer Lage bewußt werden«, notiert Jacob

Burckhardt über den analogen Fall des Schreibens der Geschichte, »befinden wir uns auf einem mehr oder weniger gebrechlichen Schiff, welches auf einer von Millionen Wogen dahintreibt. Und diese Woge sind wir ja zum Theil selbst.«* *Wir selbst sind die Woge.* Indem wir uns dem Phänomen der Unruhe nähern, begreifen wir unsere eigene Lage als Konsequenz historischer, längst schon von der Unruhe getragener Ereignisse und Entscheidungen, und es klärt sich der Blick auf das, was wir im Augenblick unserer Annäherung und unseres Willens zum Wissen selber sind: Betrachter eines Bildes, die sich im Laufe ihrer Annäherung als Angesprochene und sogar als Gemeinte erkennen. Illusionär bleiben die Versuche, die Unruhe zurückzudrängen und sich auf den Standpunkt der Unbetroffenheit zurückzuziehen. Die indirekte Annäherung, für die sich der Emblematiker entschieden hat, bringt diese spezielle Herausforderung des Themas zur Sprache. Der Umweg der Negation reflektiert den Eigensinn der Unruhe, ihre Zugehörigkeit zur Klasse des begrifflich nicht Einholbaren.

Was man unter dem Begriff der Unruhe hat verstehen wollen und ihm zugeschrieben hat, erklärt sich vor dem Hintergrund dieser heiklen Präsenz. Die Versuche, die Unruhe zu bestimmen, sind vielfältig und haben sich früh schon verselbständigt. Es sind eigene Thematisierungskonventionen entstanden, die den Bedeutungshof der Inquietät zerteilt und einzelne, abgetrennte Aspekte hervorgehoben haben. So nimmt die jüdisch-christliche *Theologie* die Unruhe als Zeichen des gefallenen Menschen wahr und erkennt darin den sinnfälligen Ausdruck seiner überindividuellen Verdammnis. Für die *Psychologie*, die zu Beginn der Moderne die Deutungshoheit übernommen hat, umfasst die Unruhe den gelegentlich zu pathologischen Ausschlägen neigenden Kern des menschlichen Strebens – den letzten und nicht weiter ausweisbaren Grund dafür, dass Menschen ständig etwas tun und nicht einfach nichts. Die *Politik* thematisiert die Unruhe als Destabilisierung gesellschaftlicher Ordnungen, die, je nach Betrachterstandpunkt, mal als Befreiung und mal als Zerrüttung gedeutet wird. Niccolò Machiavelli und Francis Bacon haben die Klugheit der Staatslenker gerühmt, denen es gelingt, die Unruhe in der Gesellschaft, statt sie gewaltsam niederzuhalten, zu disziplinieren und als Antrieb des Fortschritts einzusetzen. *Soziologie* und *Sozialwissenschaften* assoziieren mit der Unruhe die Beschleunigung der Verkehrsformen, der Kommunikationswege und der Verhaltensweisen, die für das Veränderungsgeschehen der Moderne überhaupt charakteristisch sei. Die *Philosophie* schließlich hat um das Thema lange Zeit einen Bogen gemacht. Als sie jedoch im Verlauf des 18. Jahrhunderts dazu überging, auch selbst als Beobachterin des Zeitalters aufzutreten und in einem nachdrücklichen Verständnis des Wortes zeitgenössisch zu werden, hat sie sich dem Phänomen gestellt und es sogleich als Möglichkeit erkannt, das Erneuerungsverlangen der auf tausend Wegen andrängenden Neuzeit in einem einzigen Sprachbild zusammenzufassen. Zwei philosophische Zeugen der Epochenschwelle haben die Diagnose der *inquiétude* populär gemacht. Was zunächst Blaise Pascal als Zerstreuung beklagt, deutet einhundert Jahre später Voltaire zur Chance um, den Prozess der Zivilisation in Angriff zu nehmen und gezielt voranzutreiben. Die Menschheit sei jetzt an dem Punkt, schreibt Voltaire 1769 auf den Schlussseiten seines Erfolgsromans *Candide,** an dem sie sich für alle Zeit entscheiden müsse: zwischen Antriebslosigkeit *(léthargie)* und Unruhe *(inquiétude).*

Der Mensch, so das antipascalianische Argument Voltaires, ist für die Ruhe nicht gemacht – *l'homme n'est pas né pour le repos.* Noch bei dieser Formulierung, die an Deutlichkeit nichts zu wünschen übriglässt, ist die Gedankenfigur der verneinten Ruhe vorstellungsleitend. Da die Phänomenwelt der Unruhe einerseits bekannt und vertraut, andererseits jedoch positiv nicht greifbar ist, findet Voltaire die Lösung, die Unruhe als einen Zustand zu empfehlen, der einen als unhaltbar diskreditierten Vorzustand, den Zustand der Trägheit und des Stumpfsinns, bereits erfolgreich überwunden hat und damit seine Leistungsfähigkeit unter Beweis stellt. So verbindet sich die Unruhe, was immer sie im Einzelnen sein mag, ganz unabhängig von inhaltlichen Bestimmungen mit der Aussicht auf Erleichterung und sogar Befreiung. Alles, was der Unruhe seither an Potentialen der Überschreitung und Überbietung, was ihr an Emanzipationsbeiträgen und Ekstasen der Wildheit, des Rauschs und der Phantasie zugetraut worden ist, wurzelt in diesem Versprechen der Entlastung von einer nun rückblickend als unerträglich entlarvten Vorwelt: als Entlastung von einem Dasein, das dazu verurteilt war, ohne den Reiz der Unruhe auskommen zu müssen. Die Ruhe Arkadiens, enthüllt der Großschriftsteller Voltaire seinen Lesern, ist ein solcher Ort: öde, unendlich langweilig und monoton. Nun, an diesem Konversionspunkt der Unruhegeschichte, kehrt sich das Wertesystem um, ohne dass angegeben werden müsste oder auch nur gefragt würde, was es mit der Unruhe auf sich hat. Es genügt die Gewissheit, dass die Unruhe gar nicht so bedrückend sein kann, wie die Untätigkeit der Paradieswelt für dieses handelnde Wesen, das der Mensch ist, gewesen sein muss – jener Zustand also, in dem die Menschen einstmals festgehalten wurden und der sie, wie nun der Aufklärer Voltaire zu wissen glaubt, an der eigenverantwortlichen Gestaltung ihrer Lebenswirklichkeit gehindert hat.

Erwägungen wie diese sind im Verlauf der Anerkennungsgeschichte, die Wort und Sache der Unruhe durchlaufen haben, immer deutlicher in den Vordergrund getreten. Der überlieferte, schon in der Wortform zum Ausdruck gebrachte

Status der Negativität erwies sich dabei als vorteilhaft, weil er die Aufforderung mit zu umfassen schien, die »Abwesenheit von Gründen« nun selbst als Grund zu erkennen* und sich den Bestimmtheitsverzicht der begriffssprachlichen Negation als Vorrat unabsehbarer Möglichkeiten zurechtzulegen. Auf dem Boden der Moderne, so die abschließende Wendung dieser unruhespezifischen Spekulation, ist das Negative das eigentlich Positive – das Positive nämlich, das, ohne sich mit zweifelhaften Ankündigungen aufzuhalten, den Weg freigibt und sämtliche Blockaden überwindet, so dass nun dem Gestaltungswillen des Menschen nichts Hinderliches mehr im Weg steht. Die Unruhe ist nicht trotz, sondern wegen ihrer Unbestimmtheit zur *idée directrice* der westlichen Kulturen aufgestiegen, zu ihrer »Leitidee«. Und genau an dieser Stelle schließt sich der Kreis: Im Gefolge der einmal anerkannten Unruhe ist es ganz unmittelbar die Vision der totalen Bewegtheit selbst, die, wie Maurice Hauriou den Begriff der *idée directrice* erläutert, »die Massen in Bewegung bringt«.*

Rückblickend erweist sich der Umweg der Negativität als die entscheidende begriffsstrategische Entscheidung. Die Unruhe vermag uns zu begeistern, vermag uns mitzureißen und sogar zu verpflichten, ohne dass geklärt sein müsste, wozu und wofür. Sie besetzt den Raum des Möglichen und Unbestimmten, sie ist das Offene, die reine Erwartung und Zuversicht, der Überschwang und die Ekstase, das schlechthin Positive, das uns, anders als die Ruhe, alle Möglichkeiten offenhält. All diese Wertzuschreibungen erfolgen diskret und ausschließlich auf der Basis stillschweigender Vereinbarung. Nur selten, wie in Augenblicken des Umsturzes und der Zeitenwende, tritt die Unruhe als das große Andere hervor, als spektakuläres Ereignis oder als die seit langem ersehnte Rettung. Im Normalfall empfiehlt sie sich als hartnäckige Infragestellung des Bestehenden, als bohrender Zweifel, als unstillbare Neugierde und selbstbewusst auftrumpfende Kritik, die keinesfalls bereit ist, es beim Erreichten bewenden zu lassen.

Niemals nachlassen, niemals Ruhe geben – es wäre ein Leichtes, den Beobachter für die Parolen der Unruhekultur einzunehmen, wäre da nicht diese merkwürdige, schon für die Gefangenen in der platonischen Höhle bezeichnende Verbissenheit, mit der die Beunruhigten auf ihrer Einstellung beharren und sie als alternativlos ausgeben. Auch nur zu erwägen, Ruhe zu geben, kommt gar nicht in Frage. Einmal in ihren Bann geraten, wollen die Bewohner der Höhle vom Geflacker der Schattenbilder,* von all den Aufgeregtheiten, Empörungsanlässen und Sensationen nicht lassen, weil sie sich eingelebt haben und nun um keinen Preis mehr darauf verzichten wollen. Die Unruhe ist das Vertraute und allgemein Erwartete, der Inbegriff des So-ist-es, auf das all die Wertmaßstäbe und Glaubenssätze abgestimmt sind, mit denen uns die Wortmaschine der Unruhe Tag für Tag zu Leibe rückt. Es ist also nicht so, dass die Bewohner der Höhle lediglich sanft dahintreiben in den Wogen ihrer Zerstreuung und Selbstvergessenheit. Wer ihr Behagen stört, wird, wie Platon erzählt, verjagt und sogar mit dem Tod bedroht. Spätestens an dieser Stelle ist der Punkt erreicht, an dem die Genealogie der Unruhe zur Hermeneutik des Verdachts werden muss. Die Höhlen-Unruhe, die von sich selbst nichts wissen will, ist die ewige Wiederkunft einer uralten Gefangenschaft.

Veränderung

oder warum die Welt so nicht bleiben kann

Im Matthäusevangelium (13,44) bietet Jesus einen Vergleich für das Himmelreich. Es verhalte sich damit wie bei jenem Mann, der einen Schatz in einem Acker fand, ihn an gleicher Stelle auch wieder vergrub und von seinem letzten Geld den Acker kaufte.

Das Gleichnis wolle die Hoffnung begründen, heißt es gewöhnlich, die in der Verborgenheit des Schatzes ihren symbolischen Ausdruck finde. Tatsächlich scheint die Bibelstelle so etwas anzudeuten. Aber sollte damit der Gehalt schon ausgeschöpft sein? Besitzt der Mann nicht bereits durch den Kauf und hat er nicht längst schon sicher verwahrt, worauf die Hoffnung sich gründen soll? Wäre es dann nicht zutreffender, von heimlicher Gewissheit zu sprechen? In der Version, die der französische Fabeldichter Jean de La Fontaine der Geschichte in der zweiten Hälfte des 17. Jahrhunderts gegeben hat, liegt der Mann auf dem Sterbebett und erzählt nun seinen Erben von dem Schatz, der, er habe vergessen wo, im Ackerboden vergraben sei. Sie sollten nur immer weiter danach suchen und ein Auge darauf haben, »daß allerwege / Man unablässig Hand anlege«.*

Immer weiter graben: Am Ende findet sich natürlich nirgends ein Schatz, doch der gutgepflügte Boden bringt reichlich Ertrag. In der Einleitung zu seiner Essaysammlung über *Philosophische Kultur* (1911) hat Georg Simmel die Erzählversion La Fontaines aufgegriffen und aus der Verschiebung, aus dem hintersinnigen Auseinandertreten von Wunsch und Wirklichkeit, die Grundzüge der menschlichen Situation herausgelesen. Demnach dient der Schatz im Acker als Lockangebot und gibt einen Sinn vor, auf den es als solchen aber gar nicht ankommt. Als entscheidend erweist sich die Nebensache, die bei genauer Betrachtung die Hauptsache ist, erweist sich die über jeden Zweifel erhabene *Veränderung der Welt*, die mit den von blindem Eifer getriebenen Suchern des Schatzes ihren idealen Akteur bereits gefunden hat.

La Fontaines Thema ist die List, die in die Ordnung der Dinge eingesenkt ist und die dafür sorgt, dass die Menschen, indem sie ihren Träumen nachhängen, etwas zustande bringen, was über den Horizont ihres Wähnens und Wollens hinausgeht. Gemeinsam und über die Generationen hinweg bringen sie eine Welt hervor, formen und gestalten sie, aber stets unter dieser Bedingung: »ohne es zu wissen«.* Das deutsche Wort *Veränderung* verleiht diesem Wechselspiel von Wissen und Nichtwissen, von Erstreben und Bewirken auf raffinierte Weise Ausdruck. Anders als das englischsprachige Pendant, das mit seiner einsilbigen Schneidigkeit schon ahnen lässt, was die Stunde geschlagen hat, tut der deutsche Begriff der Veränderung alles, um bloß nicht aufzufallen. Eine kurze Horchpause bestätigt den Befund. Ein scharfer Anlaut, gefolgt von einem Legato weich ausklingender Konsonanten – so gleiten die vier Silben der Ver-än-de-rung ecken- und kantenlos dahin. Bei so viel Unscheinbarkeit des Wortes darf auch die Sache, um die es geht, brav zurücktreten und im Hintergrund bleiben. Wer die Lexika zu Rate zieht, um zu erfahren, was es mit der Veränderung auf sich hat, wird von der Dürftigkeit der Auskünfte überrascht sein.

Eine Stilistik theoretischen Sprechens würde im Fall der Veränderung den Eindruck Friedrich Schlegels bestätigt fin-

Abb. 12: Grandville, Illustration zu La Fontaines Fabel »Der Bauer und seine Kinder«.

den, »daß die Worte sich selbst oft besser verstehen, als diejenigen, von denen sie gebraucht werden«.* Die Veränderung benennt ein Geschehen, das über die Motive der Akteure hinausgreift und sich, im Abstand der Jahre betrachtet, als das Bleibende und eigentlich Bedeutende erweist. Es liegt in ihrer Struktur, dass sie den menschlichen Willen beschämt. Was diesen betrifft, so kommt die Erkenntnis, wie schon La Fontaine gewusst hat, in den Zeiten der Veränderung »ohnehin immer zu spät«. Das Wissen bekommt erst dann seine Chance, wenn das Werk der Veränderung getan ist und als solches hervortritt.

Aber gerade diese Verborgenheit des Wirkens ist funktional. Durch ihren schattenhaften Auftritt davor bewahrt, sich erklären zu müssen, taugt die Veränderung als modernes Versprechen, ja als das Versprechen der Moderne schlechthin. Wer Veränderungen heraufbeschwört, gibt der Erwartung Ausdruck, dass sich die menschlichen Irrungen zu einem sinnvollen Ganzen fügen und sich die mühsame Schatzsucherei am Ende als sinnvoll herausstellen werde. Wie ein Tarnanzug ummantelt das sprachliche Grau in Grau des Begriffs einen metaphysischen Kern, von dessen stillschweigender Präsenz das ganze Wortfeld profitiert. Geläufige Begriffsschablonen wie Deregulation und Mobilität, wie Transformation und Flexibilisierung, die das farblose Wesen der Veränderung rhetorisch aufputzen, kommen ohne greifbare Bedeutung aus, und sie brauchen sie auch nicht. Es genügt, dass sie die Unruhe der Veränderung normalisieren und als Ausdruck einer höheren Notwendigkeit glaubhaft machen. Diese Wörter sind reine Proklamationen. Indem aber diese Rhetorik der Veränderung derart um sich greift und in das Grundgewebe der kulturellen Orientierungen einsickert, verfließen die Grenzen des reinen Begriffs. Auch ohne elaboriert und theoretisch ausgewiesen zu sein, stiftet die Prosa des Wandels einen Kulturkonsens, der eine unbedingt verpflichtende Weise vorgibt, sein Leben zu leben und mit dem Graben im Acker nur niemals nachzulassen.

Das Gedankenbild der Veränderung ist farblos und vage, aber es ist nicht ohne Gestalt. Wie andere Wörter mit dieser Endsilbe ist auch die Veränderung ein *verbum actionis*, das ein aktuelles Geschehen benennt. Verstanden als Vollzug, ist das Verändern nicht selbst etwas, sondern tritt an anderem zutage – eben dadurch, dass etwas soeben dabei ist, nicht mehr ganz dasselbe zu sein. Es ist weder das Eine noch das Andere, weder Vorher noch Nachher, sondern ein Zwischen, das sich rein als Vollzug verwirklicht. Alles Ruhende, allein darauf kommt es an, wird Bewegung. In der Zusammenschau bildet die Folge der Ablösungen und Übergänge die Figur der Veränderung und ihres Begriffs.

Zugleich ist die Veränderung ein *verbum actis* und bringt zur Sprache, was in der Vergangenheit bereits eingetreten und inzwischen abgeschlossen ist: die Unwiderruflichkeit des Geschehenen, hinter dessen Definität nicht mehr zurückgegangen werden kann. Überbrückt werden diese Bezugnahmen auf das bereits Geschehene und das aktuell Geschehende durch eine weitere, eine dritte Ebene der Veränderung, durch eine Veränderung gleichsam höherer Ordnung, die den Theorien der Geschichte und der Evolution zur Pointe geworden ist. Diese Erzählungen ziehen die analytisch unterscheidbaren Bezüge des Geschehenen und des Geschehens zusammen und sehen sie, eben durch die absolute Veränderung, »dialektisch« vermittelt. Die bereits vollzogenen, die derzeit laufenden und die einstweilen noch bevorstehenden Veränderungen treten als Modifikationen der einen, der allumfassenden und letztlich unhintergehbaren, da selbst unser Verstehen noch übergreifenden Veränderung der Welt zutage, in die wir, zumal es ohnehin kein Entrinnen gibt, nur noch einzuwilligen brauchen. Einmal in dieses Stadium des großen Fließens, des Werdens und des schrankenlosen Wandels eingetreten, hat das Verändern aufgehört, ein Transitivum zu sein. Die absolute Veränderung braucht weder Subjekt noch Objekt, sie selbst ist Subjekt und Objekt zugleich. Als unausweichliches Vorwärts befeuert sie die Sehnsucht der Menschen, die ihr nachgeben und das Kommende herbeisehnen.

Erst ganz allmählich ist den westlichen Kulturen aufgegangen, was seit ewigen Zeiten in ihnen steckt, und erst auf dem Boden der Moderne haben sie sich offen dazu bekannt, im umfassenden Sinn dieses Wortes Changekulturen zu sein. Im Rahmen dieses historischen, für gewöhnlich als Neuzeit bestimmten Selbstverständigungsprozesses ist die Veränderung, was in der Welt des Glamours die Garbo ist: ein offenbares Geheimnis. Die Frage, was wohl die Attraktionen dieses Immer-anders und Immer-neu sein mögen, stellt sich gar nicht, sie verliert sich im Dickicht der Worthülsen und fraglosen Geläufigkeiten. Es genügt, dass die Veränderung im Großen und Gesamten, zu der sich die vielen kleinen und kleinsten Veränderungen aufaddieren, noch der entlegensten Umstellung ihren Sinn einhaucht. Und wie auch anders? Wie realistisch ist denn die Erwartung, die Menschen hätten dem Singsang dieser vier Silben widerstehen können, nachdem die Sorge sie erst einmal erfasst hatte, dass das Verharren im Hier und Jetzt sie niemals zu jenem Schatz im Acker führen werde, den ihnen die Vorstellungskraft seit uralter Zeit in Aussicht stellt? Nur sein Mangel an Phantasie, sagt Rousseau im *Zweiten Diskurs,** habe einst den *homme sauvage* im Naturzustand festgehalten.

Unter dem Eindruck solcher Richtungsentscheidungen hat die Moderne der expliziten *Metaphysik des Seins* eine implizite *Metaphysik des Werdens und der Veränderung* folgen lassen, deren wohl wirkmächtigster Künder Karl Marx gewesen ist. »Die Philosophen haben die Welt nur verschieden *interpretiert*, es kömmt drauf an, sie zu *verändern*« – so die berühmte These über Feuerbach.* Treuherzige Ausleger versichern uns, die Veränderung, zu der hier aufgerufen wird, sei als Verbesserung zu lesen. Marx selbst spricht eine andere Sprache. Das *Kommunistische Manifest* nennt die Wunschgewalt der Veränderung beim Namen und plaudert offen aus, was unter ihrem grauen Tuch verborgen liegt. Das Verändern ist ein Bewegen, heißt es da, ein Umwälzen, ein Auflösen, Verdrängen, Entweihen, Sprengen, Vernichten, Zerstören. Die Ungerührtheit, mit der wir diese lustvoll vorgetragenen Enthüllungen zur Kenntnis nehmen, sie gelegentlich sogar goutieren, vermittelt eine

Vorstellung davon, wie gern wir noch immer glauben möchten, dass etwas dahintersteckt, und wie leicht wir uns dazu bewegen lassen, der Unruhe die verlangten Opfer zu bringen.

Die Veränderung ist eine leise, gleichsam mit Flüsterstimme ausgegebene Instruktion: *change is coming.* Sie benennt etwas, das, obgleich im Grunde unbegreiflich und namenlos, hinter unserem Rücken für den glücklichen Ausgang des Weltgeschehens einsteht. Marx, darin ganz Aufklärer, hat dieses Bild der Sache scharf gestellt. Ihm, dem Hegelschüler, ist die implizite Metaphysik des Gedankenmotivs aufgegangen, dessen Verbreitungserfolg sich der Fraglosigkeit verdankt, mit der es in alle Welt getragen wurde und heute im globalen Maßstab die Norm vorgibt. Die Menschen »wissen es nicht«, so lautet die berühmte Formulierung im *Kapital*, »aber sie tun es«.* Es ist gerade die Attraktion der Veränderung, einen Weg zu weisen, auf dem diese beiden: Tun und Nichtwissen einander auf konstruktive Weise ergänzen und nun das Werk der Vollendung gemeinsam vorantreiben. Veränderung heißt, dem Geschehen eine den Beteiligten nicht bewusste, allein von ihm selbst getragene Bedeutsamkeit zuzusprechen – eine Bedeutsamkeit, die unwiderstehlich ist, weil sie uns selbst die Rolle derer zuspielt, um deretwillen die große Weltveränderung überhaupt stattfindet. Derlei Zusagen verdanken sich der metaphysischen Ladung eines Begriffs, dessen lautliches Unterstatement uns jeden Begründungsaufwand erspart. Das über seine Abhängigkeit vom Fluss der Dinge aufgeklärte Bewusstsein hat denn auch keinerlei Anlass, sich zu sträuben; bestärkt durch die routinierte und, bei Licht besehen, jederzeit angebrachte Kritik am »Bestehenden«, willigt es in das globale Veränderungsgeschehen fraglos ein.

In dem speziellen Sinn des Kulturwissens und seiner Präsenz haben wir »verstanden«: Der Weg der profanen Erleuchtung verlangt, dass die Dinge dieser Welt verändert werden.

Die Philosophen des 18. Jahrhunderts befanden, dass alles gut sei, weil es *ist*;* Marx hat dem den Kulturkonsens der wie eh und je aus mythischen Tiefen schöpfenden Moderne entgegengesetzt, dass alles gut ist, solange es *wird*: solange wir nur nicht aufhören, an unsere Verwandlungskraft zu glauben und, im Vertrauen auf den dunklen Sinn unseres Tuns, die Welt zu verändern.

Warten

oder vom Festsitzen und was daraus werden kann

Warten, so die Standardwahrnehmung, ist leere, verlorene, sinnlos verstreichende Zeit. Wir erleben das Warten als Entzug und erzwungenen Aufschub. Der Zeitstrom ist blockiert, es geschieht nichts und schon gar nicht das, was wir erwartet haben.

Das Warten ist eine Enttäuschung. Statt dass jemand erscheint, eine Verabredung vielleicht, oder die Dinge einfach laufen wie gewohnt, passiert gar nichts. Dieses Nichts tritt an die Stelle dessen, was hätte geschehen sollen. Einmal nicht in Anspruch genommen durch die Routinen des Tätigseins, sehen wir uns mit der Leere erzwungenen Nichtstuns konfrontiert. Das Warten ist eine Unterbrechung und, darüber hinaus, eine Stillstellung. Es reißt uns aus der Selbstvergessenheit, mit der wir den Beschäftigungen des Alltags nachzugehen pflegen, sein plötzlicher Entzug stört den Flow. Mit einem Mal geht die Passung von Ich und Welt verloren, und auf unerwünscht direkte Weise müssen wir zur Kenntnis nehmen, was im Normalfall unterhalb der Aufmerksamkeitsschwelle bleibt: die als selbstverständlich vorausgesetzte Abgestimmtheit des eigenen Lebens mit dem Weltgeschehen. Die Verbindung zum Trubel der Welt ist durchtrennt, und wir fühlen uns ausgeschlossen. So ist das Warten überdies eine Demütigung. Wir sind auf uns selbst zurückgeworfen, und in unserer plötzlichen Ratlosigkeit sind wir den größten Übeln hilflos ausgeliefert, die einem in der Unruhekultur widerfahren können: dem Stillstand und der Langeweile.

Das Warten ist ein kleines Drama – leere Zeit, die irgendwie herumgebracht, erzwungenes Nichtstun, mit dem man erst einmal zurechtkommen muss. Zurechtkommen deshalb, weil die Situation der Unentrinnbarkeit, die das Warten mit sich bringt, uns gleich doppelt mit der Unruhe konfrontiert: zum einen mit der Unruhe da draußen, von der wir, wie uns die Ödnis des Wartens schmerzlich fühlbar macht, einstweilen ausgeschlossen sind; zum anderen mit der Unruhe, die in uns selbst aufkommt – jene mühsam beherrschte Ungeduld des Wartenden, der mit der Situation, in die er hineingeraten ist, nichts anzufangen weiß. Wir leiden an der Zeit, die nicht vergehen will. Derart verbreitet ist die Angst vor der Frustration des Wartenmüssens, diese Sorge, dass wir hier und jetzt nicht Schritt halten und nicht von der Stelle kommen, dass das Nachgeben gegenüber der Situation einen eigenen, für gewöhnlich mit warnendem Unterton ausgesprochenen Begriffsnamen hat: Attentismus.* Der Attentismus ist die Haltung derer, die von der Situation so sehr verwirrt sind, dass sie aus dem Warten nicht mehr herauskommen und jede Entscheidung scheuen.

Wenn wir warten müssen, stottert die Maschine der Unruhekultur. Die Unruhe lässt uns im Stich und bricht ihr wichtigstes Versprechen: dass die Dinge sich fortlaufend ändern und es immer so weitergeht. Wenn wir warten, geht gar nichts, und plötzlich gehören wir nicht mehr dazu. Auf diese Frustrationserfahrung reagieren die paradoxen Aktivitäten des Wartens: trinken, essen, blödeln, Musik hören, auf Bildschirme starren, mit dem Handy spielen.* Wenn schon die Zeit derart sinnlos verstreicht, wollen wir sie wenigstens so schnell wie möglich herumbringen. So greifen wir, bevor die Ereignislosigkeit unerträglich wird, auf die Angebote der Zerstreuung zurück, die das Warten überspielen und uns helfen, die leere Zeit nicht zur Kenntnis nehmen zu müssen. Wir legen uns die Situation zurecht.

Diese »Mikropolitik des Nichtstuns«, die zahlreiche Facetten hat, ist alles andere als verächtlich. Sie stellt uns vor Augen, dass das Warten etwas ist, das gelernt sein will. Was es damit auf sich hat, zeigt die in den Wartezonen und Einkaufszentren, in den Lobbys und Abfertigungshallen zu beobachtende Warteschlange, die das Warten als komplexe Beherrschungsleistung verständlich macht. Die gemeinsam ertragene Untätigkeit, zu der uns die Warteschlange verurteilt, konfrontiert uns mit der Situation, auf die wir mit einem Einstellungswechsel reagieren. Die Anonymität und das enge Beisammenstehen nötigen die Versammelten zur spontanen Umlenkung ihrer Aufmerksamkeit. Die Etikette verlangt, dass sie einander nicht zu nahe kommen, sich also zum Beispiel nicht anstarren, geschweige denn berühren, und zu einer Haltung der »aufmerksamen Unaufmerksamkeit«* finden. Das Vordrängen des Stärkeren ist verpönt, das Vorlassen nur in Ausnahmefällen gestattet. In der Warteschlange sind wir alle gleich, und so treibt der Kodex des Wartens eine eigene Verhaltenskultur hervor, die der Haupt- und Unruhekultur nicht direkt entgegensteht, aber doch durch die spontane Stiftung von Solidarität und Verhaltensnormen deren Verunsicherungseffekte unterläuft. Das Warten hat es gar nicht nötig, romantisiert zu werden.* Sofern es nicht vollkommen perspektivlos ist und uns lähmt, verfügt es über eigene Mittel und Möglichkeiten, um auf die Ungeduld beschwichtigend einzuwirken, ja sie gar nicht erst aufkommen zu lassen.

Das Warten ist ein Schwellenzustand: die Erwartung dessen, was, wenn es eintritt, die Situation der Ratlosigkeit beendet. Siegfried Kracauer hat diese Art der Erwartung zu einer Einstellung fortentwickelt, die über die Ungeduld hinaus ist und nur das Warten selbst zurückbehält. Die Wartenden, von denen Kracauer spricht, harren aus. Das Warten, das weniger ist als Hoffnung, aber auch mehr als Resignation, ist ihnen bis auf weiteres genug. Dieses auf sich selbst zurückgenommene, zur Lebensform verstetigte Warten ist vor allem Verzicht: der Verzicht auf die schnellen Lösungen, auf die falschen Hoffnungen, auf Überstürztheiten, Ersatzhandlungen oder das Verlangen nach dem Absoluten. Dieses Warten, einmal verselbständigt, ist eine Haltung.

Kracauer spricht von einem »zögernden Geöffnetsein«,* das sich der Wirklichkeit nicht verweigert, aber ebenso wenig dem Lauf der Dinge einfach nachgibt. Das, was geschieht, ist nicht das, worauf wir gewartet haben. Und so warten wir weiter. Um diese Balance zu wahren, muss das Warten stets zugleich ein Zögern sein, eine Form der Zurückhaltung also, die aus der Frage heraus, die das Warten ist, nicht sogleich auf Antworten drängt. Die Wartenden bleiben bei sich selbst und achten darauf, sich in den Situationen, die sie ja keineswegs gewählt haben, nicht zu verlieren.* So überwinden sie die trostlose Alternative zwischen wütendem Anrennen und dumpfer Resignation. Aber auch von den andrängenden Zerstreuungen lassen sie sich nicht locken: Ihnen ziehen sie die Härten des Entzuges und des Weiterwartens vor. Auf diese Weise bleibt das Zeitregime der Vorläufigkeit erhalten, doch ein benennbarer Schlusspunkt, der, wie herkömmlich in der Adventszeit, das Warten auf eine tiefere Sinnschicht beziehen würde, fehlt. Sollte, wofür einiges spricht, das Warten eine Kunst sein, dann besteht sie darin, dem Wartenmüssen mit Wartenkönnen zu begegnen, und das heißt: das Warten, im schönen Doppelsinn dieses Wortes, zu *verstehen*.

Zerstreuung

oder die Unruhe als Trösterin

Die Wortgestalt der Unruhe ist sprechend. Die Kombination aus Vorsilbe und Wortstamm genügt, um so etwas wie eine These in den Raum zu stellen – die These, dass mit der Ausbreitung der Unruhe Entscheidendes entfallen sei und verlorenging. Die Unruhe, sagt das Wort, ist die förmliche Negation der Ruhe, ist das begriffgewordene Bemerken ihrer Abwesenheit.

So beginnt die Unruhe ihre Karriere als das sinnlich erfahrbare Zeichen eines ursprünglichen Entzuges. Bereits die christlichen Autoren, und allen voran Augustinus, ergründen das »unruhige Herz *[cor inquietum]*«* des Menschen und legen ihm nahe, den Lebensweg durch die Strapazen der Unruhe, in die ein zorniger Gott sie zum Zeichen ihrer Sündhaftigkeit gestoßen hat, als Prozess der Läuterung anzulegen. Seither erscheint die Unruhe als Sammelbegriff für all die Zustände, die der Gläubige überwinden muss, um, getragen von der göttlichen Gnade und der ihm mit dem Opfertod Jesu zugestandenen Frist, zu dem einstmals verlorenen Ursprung der Ruhe zurückzufinden. Im Rahmen dieser Gedankenordnung kann die Unruhe nur ein Ort der Bewährung, nicht aber die Erfüllung sein. Die Rückkehr in die Ruhe – in eine Ruhe, die überirdisch ist – führt nicht über die dann auf dem Boden der Moderne geforderte Veränderung der Welt; vielmehr ist sie denjenigen in Aussicht gestellt, die sich des Andrangs der Unruhe tapfer erwehren und sie, eben aufgrund dieses lebenslangen Widerstandes, am Ende bezwungen haben werden. Die Ruhe bleibt, was sie in der biblischen Schöpfungsgeschichte gewesen war: das göttliche Geschenk.

Die Neuzeit hält an dieser Vorstellung eines ontologischen Gefälles zwischen Idealität und Realität fest. Auch für sie ist die Welt so, wie sie sich zeigt: unzulänglich, zumutungsreich, beschwerlich, in keiner Weise hinnehmbar. Anders jedoch als die klassischen Tugendethiken lenkt sie die Veränderungseuphorie, statt auf das Seelenheil der Menschen unmittelbar auf diese Welt selbst, und das heißt: sie richtet sie auf *alles*. Die jahrtausendealte Orientierung am Ruheideal, dem es gerade auch in der Welt der Unruhe nachzustreben und an dem es unter allen Umständen festzuhalten galt, entfällt. Mit Folgen bis zum heutigen Tag desavouiert die Rhetorik der Neuzeit die Ruhe als Lethargie und Stillstand, als Phlegma, Trott und Langeweile. Im Gegenzug gibt sie die eben noch als Zeichen der Sündhaftigkeit verstandene Unruhe frei und schmückt sie mit den schon rein weltlich interpretierten Ausdrucksgestalten der Hoffnung und der Zuversicht: als »Geschichte« und »Entwicklung« der Menschheit, als Garantin des »Fortschritts« und der »Zivilisation«.

Genau an diesem Wendepunkt der Unruhesemantik hat sich vor 350 Jahren der Philosoph, Naturforscher und Mathematiker Blaise Pascal zu Wort gemeldet. Pascal sieht die Neuzeit auf dem offenen Meer der Zufälle und Zusammenhanglosigkeiten dahintreiben: im Zustand der *Zerstreuung.** Zusammen mit der Ruhe, so die dramatische These Pascals, hat die Welt ihr Maß verloren. Sein Begriff der Zerstreuung, des *divertissement*, versammelt nicht nur die Begleiterscheinungen des Wandels; er verleiht der erheblich weiterreichenden Befürchtung Ausdruck, dass die neue, mit der Zerstreuung eingetretene Situation von der Notwendigkeit ablenken könnte, die Tragweite des Zeitschnitts zu ermessen und sich der beispiellosen Herausforderung der Stunde gewachsen zu zeigen.

Während die Aufklärer überzeugt waren (voller Empörung über die Einwände Pascals wird Voltaire diesen Gedanken bekräftigen), dass der mit der Schwächung des Glaubens aufgetane Freiraum der Vernunft zugutekommen werde, sieht Pascal die Menschen vor den Anforderungen des selbstbestimmten Lebens in die Zerstreuung fliehen: in Ablenkung und Amüsement. Pascals Analytik der Zerstreuung hat die Blaupause geliefert für das Jahrhunderte später gesprochene Urteil über den Traumkitsch der Kulturindustrie,* die, so der dann nach dreihundert Jahren erneuerte Einspruch, mehr als alles andere eine Zerstreuungsindustrie ist. Die neue, sich in Belanglosigkeiten verlierende Welt der Unruhe, das ist die Pointe dieser Kritik, ist eine sich vor sich selbst verbergende, eine ins Gleiten geratene Wirklichkeit, die es bei sich selbst nicht aushält und alles überhaupt Denkbare unternimmt, um sich der illusionslosen Erkenntnis ihrer selbst zu entziehen.

Die Zerstreuung manifestiert sich als eine rasch um sich greifende Praxis der elementaren Verschiebungen, der Umwidmungen und Ablenkungen, als eine Logik des Stattdessen. Und ebendeshalb, weil sie uns nie im Stich und mit uns selbst allein lässt, ist ihr Angebot attraktiv. Der Erfolg der Zerstreuung beruht auf ihrer Unwiderstehlichkeit und der Verlässlichkeit, mit der sie uns erspart, was zu erkennen und uns eingestehen zu müssen unerträglich wäre. Es ist die Zerstreuung, die den Menschen vor jener Panik bewahrt, die ihn befällt, wenn er, mit dem berühmten Bild aus Pascals *Pensées*, ruhig in einem Zimmer bleiben soll. Die *äußere* Unruhe der Zerstreuung ist das Mittel, um über die *innere* Unruhe der Langeweile hinwegzukommen. Pascal illustriert diese Ausweichbewegung, indem er auf die Lockungen des Schauspiels und des Spielens überhaupt verweist, auf das Geschwätz und das pausenlose Gerede, auf den Sport und die Mode, auf den Tanz und die Jagd. Indem uns die Zerstreuung aus der Not des Alleinseins, aus dem Empfinden der Leere und dem Elend der Langeweile errettet, wird aus dem, was eben noch Nebensache war, die Hauptsache. Der ganze Aufwand des bunten Treibens dient der Manipulation der Zwecke sowie dem Bestreben, die Kunstgriffe des Nichtwahrhabenwollens verborgen zu halten. Und ist nicht gerade das Jagen verräterisch? Nichts würde den Teilnehmern einer Jagdgesellschaft abwegiger erscheinen als der noch so gut gemeinte Versuch, ihnen den Aufwand des Beutemachens zu ersparen und einfach ein gekauftes Stück Fleisch zu überreichen. Mit diesem Gedankenexperiment legt Pascal die Struktur der Zerstreuung frei. Exemplarisch tritt im Jagen die Bedürfnislage eines Wesens zutage, das, so Pascal, »das Getümmel und die Aufregung lieben gelernt hat«.* Die Zerstreuung ist die organisierte, die systemisch gewordene Unruhe. So stark ist dieser Sog und dieses mit allem menschlichen Tun und Verhalten verbundene Bedürfnis nach Ablenkung, dass ihm nun mit tausend Scheinaktivitäten entsprochen wird – mit dem Ergebnis, dass schließlich die Unterscheidung zwischen Aktivität und Scheinaktivität, zwischen Arbeit und Zeitvertreib überhaupt ihren Sinn verliert. Von einem bestimmten, freilich längst schon überschrittenen Punkt an ist nicht mehr der Zweck entscheidend, das Wozu und Weshalb, sondern das Tun des Tuns – das störungsfreie, durch die Angebote der Zerstreuung gewährleistete Geplapper und Beschäftigtsein.

Auf den ersten Blick mögen derlei Enthüllungen über das Wirken der Zerstreuung gesucht und engherzig erscheinen, als Spielverderberei. Die *Pensées* sind jedoch frei vom Ton der Bigotterie. Ihr zentraler Gegenstand ist jene soziale, tief in das kulturelle Gefüge eingesenkte Struktur der Übereilungen, die eben dabei ist, sich dieser ganzen Kultur zu bemächtigen und die sie davon abhält, sich ein nüchternes Bild von sich selbst zu machen. Das folgerichtige Resultat dieser Verschiebungen ist die Unruhekultur: eine Kultur, in der es ganz wesentlich darauf ankommt, unablässig beschäftigt, dauernd unterwegs und in Gedanken immer schon beim nächsten Thema zu sein.

Wohl als Erster überhaupt hat Pascal die Physiognomie einer Kultur beschrieben, die sich der Unruhe ergeben hat – einer Kultur also, in der die Unruhe nicht als Problem wahrgenommen wird, sondern als die Lösung der Probleme. Anders jedoch als jene Kritiker der Kulturindustrie, die in den Phänomenen der organisierten Zerstreuung die Kehrseite der Aufklärung entdeckt haben wollten, ihre »Dialektik«, weigert sich Pascal, die Verfallenheit an die Unruhe pauschal zu verwerfen. Er klage die Menschen nicht dafür an, dass sie den Tumult lieben; das wahre Übel bestehe darin, präzisiert das 136. Fragment, »dass sie ihn aufsuchen, als sollte der Besitz der Dinge, um die sie sich bemühen, sie wirklich glücklich machen«. In die Ablenkung eingewilligt zu haben, ist eine Sache; sich dieser Abhängigkeit widerstandslos zu ergeben und die Einsicht in die Situation zu verweigern, eine andere. In diesem Stadium der Verblendung entsteht ein geschlossenes System zerstreuender Maßnahmen, das kein Außen mehr kennt und das Nachdenken blockiert. Einmal in diese Logik hineingeraten, rundet sich das Weltbild und söhnt uns aus mit der rastlosen, vor der Wahrnehmung ihrer selbst davoneilenden Wirklichkeit.

Pascal ist kein Traditionalist gewesen, der dem Gesumm der menschlichen Dinge mit angemaßter Überlegenheit begegnet wäre. Er war ein aufmerksamer Beobachter und, im zeitgenössischen Sinn dieses Wortes, ein Moralist,* der den epochalen Charakter der neuen Zeit, ihren Anspruch der Beispiellosigkeit und des Nie-wieder* ernster genommen hat als sie selbst. Weit davon entfernt, den Schritt über die Epochenschwelle zu verurteilen, hat er allerdings darauf bestanden, dass die Neuzeit sich der Neuheit, die sie schon mit ihrem Namen geltend macht, auch gewachsen zeigt. Dass sie die Herausforderung der Selbständigkeit und überhaupt der »Weltlichkeit« annimmt und sich die Ausflüchte der Zerstreuung versagt. Dass sie sich also selbst als ihr eigenes Vorhaben erkennt und begreift, was es heißt, die Ruhe aufgegeben und die Unruhe gewählt zu haben. Die Zerstreuung, das ist der zentrale Befund, wird dem Rang dieser Wahl nicht nur nicht gerecht, sie sorgt auch dafür, dass wir uns den Blick für das selbstauferlegte Pensum selbst verstellen.

Mit seiner Kritik der Zerstreuung hat Pascal die abendländische Kultur zur Begegnung mit sich selbst angehalten, zu einer nüchternen Analyse ihrer Leidenschaften, Sehnsüchte und Zwänge. Schon in den *Pensées* begegnet der heutige Leser jenem ethnologischen Blick, den dann Roland Barthes und Michel Foucault auf die Kulturen der Moderne gerichtet haben. Und tatsächlich spricht auch Foucault von Zerstreuung: von der »verstreuten« Vernunft,* die über die verschiedenen Episoden und Ebenen der Kultur verteilt ist und die zugleich den Rahmen dessen absteckt, was in ihren Grenzen gesagt werden kann. Mit seinen Beschreibungen und Analysen – und vor allem mit seiner Analytik der Macht – folgt Foucault erkennbar den Denkwegen Pascals. Allerdings ist diese Bestimmung des Kulturzustandes als *dispersion,* ist diese Diagnose der Zersplitterung und Bruchstückhaftigkeit der menschlichen Dinge für Foucault ein letztes Wort. Es ist deshalb wenig wahrscheinlich, dass willkürlich eingestreute Authentizitätsverheißungen wie das »Ereignis« oder die »Alterität« das Zeug dazu haben, die festgefügte, von Schutz- und Trostbedürfnissen gehärtete Schale der Zerstreuung zu durchstoßen. Der vielzitierte Gegendiskurs hat es mit einem Prozess zu tun, dessen Unwiderstehlichkeit sich der Fähigkeit verdankt, alles, was ihm in die Quere kommt, als Spielmaterial aufzunehmen und sich gefügig zu machen. Die wahre Abweichung, von der Pascal gesprochen hat, beginnt damit, sich, statt nach immer neuen Überschreitungen zu suchen, der Fatalität solcher Befangenheiten zu stellen.

Der Geist der Unruhe, lehrt die Analytik der Zerstreuung, ist der Geist der Deformation. Die Dinge entgleiten uns, werden entstellt, vertauscht und heillos verwirrt. »Wir treiben auf einer weiten Mitte, immer unsicher und schwankend, von einem Ende zum anderen gestoßen; jeglicher Grenzpunkt, an den wir uns klammern und festhalten wollten, gerät ins Wanken und entschlüpft uns, und wenn wir ihn verfolgen, entzieht er sich unserem Zugriff, er entgleitet uns und wendet sich zur ewigen Flucht; nichts steht für uns still – *rien ne s'arrête pour nous.*«* Der Subtext all dieser Beobachtungen ist konzentriert in der Frage, wie es gelingen kann, angesichts eines Angebots, das ebenso verführerisch wie tröstlich ist, die Mechanismen der Verblendung zu unterlaufen. Pascal lässt die Frage offen – und wie auch anders. Seine Leistung besteht darin, sie gestellt und unter den Bedingungen der veränderten Normalität eine Sprache gefunden zu haben, die uns, statt den Lockungen der Inquietät weiter nachzugeben, in die Lage versetzt, auf die schleichenden Umwertungsprozesse der Unruhekultur aufmerksam zu werden und sie zum Thema zu machen.

Nachwort:
Der Monolog der Unruhe

Was sind wir jetzt?
Friedrich Schiller, Antrittsrede am 26. Mai 1789*

Wäre es in diesem Wörterbuch allein um die Erfüllung lexikalischer Standards gegangen, hätte es mit dem letzten Beitrag über die Zerstreuung sein Bewenden haben können. Wörterbücher müssen eine Einleitung haben, die das Thema und die Konzeption entfaltet, doch ein förmlicher Abschluss ist entbehrlich. Mit dem Herleiten und der Bestimmung der Begriffsbedeutungen ist alles Nötige getan. Hier aber, wo sich alles um den *Umgang* mit der Unruhe dreht, um unser Vertrauen und unsere Vertrauensseligkeit, die aus der Sache der Unruhe überhaupt erst machen, was sie ist, liegen die Dinge anders. Hier muss am Ende die nüchterne Einsicht stehen, die sich mit der Aufbereitung all dieser Wertungs- und Umwertungsgeschichten ganz allmählich herausgeschält hat: dass ein einfaches Rezept, wie das Leben von Unrast und Hektik befreit werden kann, nicht zu erwarten ist.

Die Rekapitulation ihrer Anbahnungen vermittelt eine Vorstellung davon, wie falsch es wäre, die Unruhe, ihre *List,* zu unterschätzen. Gerade an diesem entscheidenden Punkt, an dem die Frage nach dem Ausweg aufkommt, läuft die Kritik der Unruhe Gefahr, dem Thema doch noch auf den Leim zu gehen. Einer verbreiteten Vorstellung zufolge funktionieren theoretische Leistungen wie Gebrauchsanweisungen, die angesichts der akuten Krise einer dankbar aufatmenden Öffentlichkeit endlich die Lösung präsentieren. Diese Vorstellung, die Wissen überhaupt nur als Problemlösungswissen gelten lässt und von den Wissenschaften die Einnahme einer »Verwertungsperspektive« verlangt, entstammt geradewegs dem Arsenal der Unruhekultur. In Wirklichkeit wird diese geläufige, gelegentlich sogar erwartete Instrumentalisierung von Theorie weder der einen noch der anderen Seite gerecht: dem Praktiker nicht, den die vorgreifende Ausrichtung der Theorie an bestimmten Bedarfslagen in falscher Sicherheit wiegt, dem Theoretiker nicht, dessen Fragen vom Kriterium alsbaldiger Beantwortbarkeit freigestellt bleiben müssen. Praktiker brauchen Skepsis, Theoretiker Geduld. Die gern als pragmatisch ausgegebene Erwartung, wonach wir einfach nur den Hebel umlegen und die berühmten Stellschrauben drehen müssten, ist ein gerade ihrer Geläufigkeit wegen aufschlussreiches Indiz. Sie führt uns noch einmal vor Augen, wie gründlich der Konformismus der Unruhe unser Denken durchdrungen hat und unseren Phantasien selbst da vorgreift, wo einmal Zurückhaltung und Besonnenheit zu Hause waren.

Die Robustheit eines einmal etablierten Weltbildes beruht darauf, dass wir es mit Leben füllen, ohne uns seiner bewusst zu sein. Wir sind die willigen Vollstrecker unseres kategorialen Bezugssystems. Das gilt exemplarisch auch für die Kultur der Unruhe. Die Wege ihrer Durchsetzung sind subtil und unterlaufen die Aushandlungspraktiken von Gesellschaft und Politik. Die Unruhe gehört zu den Begriffen, die, statt als Schlagworte aufzutrumpfen, im Stillen heranreifen und uns für sich eingenommen haben, lange bevor wir sie bemerken. Ihr bevorzugtes Habitat ist die Feinstruktur der Gegenstände und Verhaltensweisen, ihr wirksamstes Instrument die Gewöhnung des Publikums. »Wir können das Netz in dem wir stehen nicht zuziehn« – die Einsicht Walter Benjamins, ausgesprochen in der themenverwandten Studie über den Kapitalismus als Religion*, vergegenwärtigt die Geläufigkeit von Beziehungen, die so eng mit unserem Selbst- und Weltverständnis verbunden sind, dass wir die einmal eingegangenen Verpflichtungen weder als Akteure noch als Beobachter ohne weiteres aufkündigen können. Die Unruhe ist nicht lediglich etwas Gedachtes; die Unruhe wird erlebt. Die philosophische Kritik muss deshalb die Unhintergehbarkeit der Situation, muss die Tatsache, dass wir nicht einfach aus einer »objektiven« Position der Unbetroffenheit heraus an die Sache herangehen können, in Rechnung stellen. Sie muss, mit einem Wort, bescheiden ansetzen – damit nämlich, sich die Situation vor Augen zu stellen. Das bedeutet, neben den offen proklamierten Leitbildern und Werthaltungen, zu denen wir uns ausdrücklich bekennen, auch jene Überzeugungen heranzuziehen, die sich für gewöhnlich von selbst verstehen und aus dem kulturellen Unbewussten heraus unser Handeln nur um so wirkungsvoller anleiten. Pensum und Anspruch des *Wörterbuchs der Unruhe* sind damit umrissen.

Die normalisierte Unruhe ist kein Gegenstand wie jeder andere. Einmal verbreitet, mischt sie sich in die Entscheidung darüber ein, was uns einleuchtet und was nicht, und so weist sie auch der Kritik ihre Einsatzstellen zu. Die Unruhe ist eine monologische Form. Exemplarisch tritt das Problem unseres Eingebundenseins in den aktuellen Versuchen zutage, der, wie es heißt, Beschleunigung des modernen Lebens mit einer Politik der *Entschleunigung* zu begegnen. Schon die Gestalt dieses Gegenbegriffs, der durch einen einfachen Austausch der Vorsilben zustande gekommen ist, offenbart das Dilemma. Mit der größten Selbstverständlichkeit ist die Entschleunigung von ihrem Gegenbegriff her gedacht und konzeptionell von ihm abhängig. Weil die Unruhe den Vorstellungshorizont besetzt hält, passt sich die Entschleunigung an und bietet den Suchern des Schatzes ein weiteres Mal Gelegenheit, sich dem Traum der Weltveränderung hinzugeben. So kommt schon die Wahl des Begriffsnamens einem Eingeständnis gleich. In dem Bestreben, die Nähe zu den in der Unruhekultur verpönten Gedankenverbindungen wie dem Stillstand oder der Stagnation unbedingt zu vermeiden, versagt sich diese Kritik die Verwendung problemlos verfügbarer Begriffe wie Verlangsamen, Zügeln oder Drosseln, vermeidet sie Begriffe wie Warten, Zögern oder Hemmen, zu schweigen von den Wortgruppen des Haltens und des Lassens. Die Unruhe ist eine Falle, und die Logik der Entschleunigung führt geradewegs in diese Falle hinein. Auch sie drängt zur Eile, auch sie will das nächste Projekt sein, das seinen Anspruch mit der Beteuerung verbindet, am Grundglauben an die Unruhe keinesfalls rütteln zu wollen. Für die entscheidende Frage, warum der Unruhe die Herzen wie von selbst zufliegen, hat sie keinen Blick. Die »Entschleunigung« ist die sprachgewordene Kapitulation: die Wortschöpfung einer Kritik, die von ihrem Gegenstand nicht loskommt.

Dieses Loskommen zu ermöglichen, ist das klassische Pensum der Theorie. Theorien nehmen Stellung, indem sie das Selbstverständliche als das, was es ist, bewusst und vielleicht sogar verständlich machen. Der damit getane Schritt hebt das Selbstverständliche nicht nur auf, er verdeutlicht uns auch das Ausmaß unseres Beteiligtseins. Nicht *wir* wissen, schreibt Heinrich von Kleist in seinem Aufsatz über die Verfertigung der Gedanken, »es ist allererst ein gewisser *Zustand* unsrer, welcher weiß«.* Gemeint sind hier nicht die Einflussbeziehungen, wie sie das gängige Verfahren des Ableitens aus Kontexten geltend macht, sondern die unvorgreifliche, über die Sprache immer schon hergestellte Verbindung von Subjekt und Situation. All die Verflechtungen der Kultur, die wir

Tag für Tag mit Leben füllen, tragen unser Wissen mit, wie sie auch umgekehrt von ihm getragen sind, und so haben wir ein Großteil unseres Verständnisses von Wirklichkeit im Rücken: den Umraum gemeinsam geteilter Überzeugungen. Die Präsenz der Unruhekultur ist von genau dieser Art. Sie gibt uns die Art und Weise vor, wie uns die Gegenstände gegeben sind – und folglich auch sie, die Unruhe, selbst. Wer die Normalitäten der Unruhewirklichkeit erfassen will, muss deshalb indirekt vorgehen und ermitteln, wo die Unruhe sich auf welche Weise entfaltet und festgesetzt hat. Ist dies erst einmal geschehen und die Erscheinungsvielfalt des Phänomens verdeutlicht, ist es nicht mehr ganz dasselbe. Allein durch das Nachfassen ist die konstitutive, für das reibungslose Funktionieren entscheidende Bedingung der Unscheinbarkeit außer Kraft gesetzt.

Nicht auf Parteinahme und abschließende Bewertung kommt es bei den Erschließungsarbeiten theoretischer Weltbeschreibung an, nicht auf das selbstgerechte Auftrumpfen »einer maßlosen Universalpolemik« (Benjamin), sondern auf die Bewusstmachung stillschweigender Vorentschiedenheiten – Vorentschiedenheiten, die so wenig spektakulär sind, dass für Nachfragen im Normalfall weder Raum ist noch Bedarf besteht. In genau diesem Sinn versteht sich das philosophische *Wörterbuch der Unruhe* als Intervention. Es will den über Jahrhunderte hinweg gefestigten Monolog der Unruhe erfassen und ihn, einmal dingfest gemacht, der Fraglosigkeit entziehen, mit der er sich eingenistet hat und für gewöhnlich der Aufmerksamkeit entzieht. Die zahlreichen Rückgriffe auf die Sprach- und Gedankenwelt der Vergangenheit dienen diesem Zweck. Sie wollen den Panzer der Normalität aufbrechen, der aus den Gewöhnungseffekten überlieferter, längst Allgemeingut gewordener Suggestionen entstanden ist, und der Unruhekultur den Puls fühlen. Die zur kulturellen Tatsache geronnene Selbstverständlichkeit, dass uns, wie Heinrich Wölfflin schrieb, inzwischen alles Geschehen als Übergang erscheint und wir der Darstellung der Geschichte als unendliches Fließen kaum mehr etwas entgegenzusetzen haben,* ist die eigentliche Herausforderung einer solchen Bewusstmachungsabsicht. Der auf den vorangegangenen Seiten beschrittene Umweg über das Werden der Unruhe legt jene hypothetischen Anfänge frei, in denen das, was der Nachfrage längst entzogen ist, einstweilen noch zur Entscheidung anstand und der Erläuterung bedurfte. Die initialen Plausibilisierungsschritte und die daraus hervorgegangenen Überzeugungen zu rekapitulieren, die mittlerweile nicht eigentlich als wahr gelten, aber doch als unbestreitbar, ist der Anspruch des in diesem Wörterbuch praktizierten Verfahrens der philosophischen Genealogie. Ich stehe nicht an zu sagen: Als Vergewisserung dessen, was heute allgemein geglaubt wird, ist die Genealogie eine zeitgemäße Gestalt der Aufklärung.

Die Geschichten der Unruhe berichten davon, wie die Unruhe im Einflussbereich der westlichen Kulturen zu einer stillschweigend mitregierenden, von einem breiten Konsens getragenen Gewalt werden konnte. Speziell die philosophische Kritik wird vor diesem Hintergrund die gedanklichen Muster und Anreizsysteme aufrollen, von denen wir uns haben einnehmen lassen: ihre Logiken, ihre Strategien, ihre Evidenzen. Dies vorausgesetzt, steht am Schluss dieser Reportagen aus der Unruhewelt nicht ein Rezept (denn es gibt kein Rezept), aber doch eine Faustregel. Sie lautet: Wer es mit der Wirklichkeit der Unruhe aufnehmen will, muss bereit sein, von sich selbst zu erwachen.

Hinweise

Einleitung

Der Chor der Engel erklingt im zweiten Teil von Goethes *Faust* (vgl. *HA* Bd. 3, S. 359; Vers 11936 f.).

Westen: Aus Kompetenzgründen beschränke ich mich auf die Kulturen des Westens und spare die Problematik des Kulturvergleichs aus. Natürlich kann man, um ein Beispiel zu geben, in den Ländern des Orients noch heute den Eindruck gewinnen, das Leben dort sei, wie vor hundert Jahren John Dos Passos schrieb, »frei von Ungestüm und Hektik« (S. 86 f.). Aber Dos Passos weiß auch schon um die »ganzen romantischen Orientklischees«, von denen es, um das Maß vollzumachen, »ja selbst im Orient wimmelt«. In ähnlichen Worten haben Claude Lévi-Strauss und Clifford Geertz das Dilemma des ethnologischen Schriftstellers beschrieben. Ich fürchte, wir kommen angesichts der Unentrinnbarkeit dieses Spiegelgartens nicht um die hermeneutische Anstrengung herum, zu klären, was wir für uns selbst und in den Augen der anderen sind. Die vorliegende Besinnung auf die Unruhe und speziell auf die eigene Unruhe, die Unruhe des Westens, sieht sich durchaus in dieser Tradition.

Poes Erzählung, auf die ich anspiele, heißt »The Purloined Letter« und erschien erstmals im Jahr 1845. Poe selbst hielt sie für seine beste Detektivgeschichte. Der Spürsinn Monsieur Dupins, wie Poe seinen detektivischen Aufklärer genannt hat, erschüttert gleich zwei Standarderwartungen des normalen Wissenschaftsbetriebes: Das Vertrauen in das Genügen der einmal eingeführten »Ansätze« sowie die Vorstellung, der Rang einer Erkenntnis korreliere mit dem finanziellen Aufwand, den es braucht, um sie zu finden.

Popularisierung: Zur Überhöhung einschlägiger Krankheitsbilder (exemplarisch zur *american nervousness* und Neurasthenie) sowie der nicht selten kulturkritisch ambitionierten Proklamation von Krankheiten als Zivilisationskrankheiten vgl. Roelcke (1999).

Conrad und Pessoa: Conrads *Tales of Unrest* (darunter eine Vorstudie zu *Heart of Darkness*) erschienen erstmals 1898. Pessoas *Livro o Desassossego,* um 1930 niedergeschrieben und 1984 posthum veröffentlicht, bewegt sich augenscheinlich in den Grenzen psychologischer Wahrnehmungsroutinen, und der Autor selbst nennt sein Werk »das Zufallsbuch meines Nachsinnens« (S. 26). Bei seinem Erscheinen hat die Kritik das Werk als illustrative Bestätigung dessen gefeiert, was man aus zeitkritischen Kommentaren vor allem psychologisch interessierter Autoren bereits zu kennen glaubte. Doch gerade in seinen Befindlichkeitsbeschreibungen ist Pessoa wenig originell. Seine eigentliche Leistung besteht darin, das Ausgreifen der Unruhe auf ihre Wahrnehmung in seinen Bericht mit einbezogen zu haben. Mit dieser Erweiterung der Perspektive geht das *Buch der Unruhe* über die wissenschaftlichen Darstellungen hinaus, seine Erkenntnis ist genuin *literarisch*: Die Unruhe, einmal freigesetzt, kennt kein Außen.

Soweit ich sehe, hat sich erstmals Alexander von Humboldt freimütig zur *inquiétude morale* bekannt. Ich verweise auf den Brief, den er am 3. Januar 1806 an den Schweizer Naturforscher Marc-Auguste Pictet geschrieben hat (*Aus meinem Leben*, S. 60 f.; s. a. Ette 2016). Interessant ist, wie zwanglos und elegant diese autobiographische Skizze die Vorzeichen verkehrt. Nachdem sie einerseits die »große Unvollkommenheit« seiner Werke verursacht habe, gesteht Humboldt, habe ihn ebendieselbe *inquiétude* zum Anreger der Ideen anderer gemacht und es ihm auf seinen Reisen selbst »im heißesten Klima des Erdballs« erlaubt, ohne zu ermüden »oft 15 bis 16 Stunden hintereinander« zu zeichnen und zu schreiben. Als Forscher wie als Schriftsteller reklamiert Humboldt die *inquiétude morale* als unerschöpfliches Potential und skizziert die Umrisse des Schaffenden, der dann am Ende des Jahrhunderts durch André Gide zu seinem Namen kommen wird: die Umrisse des *inquiéteur* (vgl. Konersmann, *Die Unruhe der Welt*, Kap. 2).

Maßgebliche Einsichten in die Logik und Präsenz des »impliziten Wissens« bietet noch immer Michael Polanyi (*The Tacit Dimension*, 1966; dt. 1985).

Die Unruhe fühlen, aber nicht kennen: Die Beobachtung entstammt dem freien Referat, mit dem Ludwig Feuerbach (1804–1872) seinen Lesern die *Neue Abhandlung über den menschlichen Verstand* von Gottfried Wilhelm Leibniz nahebringt. Wie Leibniz greift auch Feuerbach zur Form des fiktiven Dialogs: »›Ja, die Unruhe ist selbst wesentlich zur Glückseligkeit der Geschöpfe, denn sie besteht nicht in einem vollkommnen Besitze, der sie nur fühllos und stumpf machen würde, sondern in einem fortwährenden und ununterbrochnen Fortschritt zu immer größern Gütern, einem Fortschritt, welcher nicht ohne ein Verlangen oder eine beständige Unruhe denkbar ist.‹ ›Selbst unser Körper fühlt sich nie so recht behaglich. Die kleinen unmerkbaren Vorstellungen und Impulse sind daher nichts als Bestrebungen, wodurch sich unsre Natur von kleinen Hemmungen frei machen will. Und ebenhierin besteht eigentlich diese Unruhe, die wir fühlen, ohne sie zu kennen.‹« (*GW* Bd. 3, S. 158.)

Blaise Pascal (1623–1662) streift das Projekt einer *description de l'homme* in den *Pensées* (vgl. ed. Lafuma Nr. 78–126). Die Formel taucht wieder auf als Titel einer Nachlass-Schrift von Hans Blumenberg (2006).

Roland Barthes (1915–1980) treibt seinen Spott mit den Wörterbüchern in den *Mythen des Alltags* (S. 205).

Der Ausdruck *travelling concepts* stammt von Mieke Bal; bereits 1987 hat Isabelle Stenger von *concepts nomades* gesprochen. Mehr dazu in dem Handbuchartikel von Ute Frietsch (2013). Erstaunlich bleibt die Diskrepanz zwischen der Zugkraft der einschlägigen Schlagworte und Debatten (*science in action, knowledge in motion,* transformative Wissenschaft …), die, weit über die Fachdiskussion hinausgreifend, an die Grundlagen des kulturellen Wissens rühren, und der Gleichmütigkeit des akademischen Betriebes, der all dies ungerührt hinnimmt und schon beim nächsten Förderantrag unbesehen als *state of the art* zugrunde legt. Ob die theoriesprachliche Institution des *Begriffs* das Anrollen der Nominalismen überleben wird, ist keineswegs ausgemacht.

Das Heidegger-Zitat entnehme ich den *Feldweg-Gesprächen* (S. 114).

Schließlich Platon, *Laches* 187c: Wer meint, die Interventionstechnik der platonischen Dialoge liege zu weit zurück, um heute noch von Belang zu sein, halte sich an die sokratische Devise Walter Benjamins: »Der Wirklichkeit wird so sehr zugesetzt, daß sie Farbe bekennen und Namen nennen muß.« (*GS* Bd. 3, S. 221; s. a. ebd., Bd. 2, S. 131 f.)

Arbeit

Arbeit als »Wert« – die Formel findet sich bereits in den ökonomischen Schriften William Pettys (1623–1687), wo sie freilich noch der Illustration bedarf: »Labour is the Father and active principle of Wealth, as Lands are the Mother« (S. 68). Was das Thema der Arbeit im Allgemeinen angeht, versteht sich der Hinweis auf Max Weber und Hannah Arendt von selbst, auch der entsprechende Abschnitt aus Karl Löwiths *Von Hegel zu Nietzsche* (»Das Problem der Arbeit«, S. 332–365) ist aufschlussreich. Bemerkenswert bleibt, dass ausgerechnet Karl Marx die Bemühungen der Zeitgenossen, die Arbeit zum »Wert« emporzusteigern und in der Weise Meunier folkloristisch zu überhöhen, in seinen Randglossen zum Gothaer Programm als »Phrasenkram« (*MEW* Bd. 19, S. 22) abtut.

Für G. W. F. Hegels (1770–1831) Oszillierenlassen der Arbeit zwischen Begriff und Metapher finden sich in den Schriften zahlreiche Belege; ich beziehe mich auf § 379 der *Enzyklopädie* (*TWA* Bd. 10, S. 15). Hinsichtlich des Konflikts zwischen Freiheit und Notwendigkeit, zwischen den Absichten des Menschen und den Absichten der Natur, äußert sich auch Kant sibyllinisch: »Der Mensch ist das einzige Thier, das arbeiten muß.« (*AA* Bd. 9, S. 471.)

Über Constantin Meunier (1831–1905) und die belgische Industriemalerei berichtet Pierre Baudson (1998), der auch Lemonnier zitiert (vgl. S. 11). Den motivgeschichtlichen Zusammenhang referiert die Anthologie von Klaus Türk (2000). In seiner Studie über Rodin hat Georg Simmel Meunier bescheinigt, »den künstlerischen Anschauungswert der körperlichen Arbeit« recht eigentlich für die Kunst »entdeckt zu haben«.

Huysmans erklärt seine Zustimmung in *L'Art moderne* (1883, S. 123) und gibt damit beiläufig zu verstehen, dass die Emanzipation der Arbeit (so schillernd der Begriff bis heute ist) mehr gewesen ist als ein Gruppenphänomen. Im nachhinein wirkt seine Beschwörung der Arbeit und des bewegten Menschen wie eine Vorhersage. Dreißig Jahre später heißt es im *Manifest des Futurismus*: »Bis heute hat die Literatur die gedankenschwere Unbeweglichkeit, die Ekstase und den Schlaf gepriesen. Wir wollen preisen die angriffslustige Bewegung, die fiebrige Schlaflosigkeit, den Laufschritt, den Salto Mortale, die Ohrfeige und den Faustschlag.« (Das Manifest erschien erstmals am 20. Februar 1909 in *Le Figaro*; vgl. *Manifeste und Proklamationen der europäischen Avantgarde*, S. 4 u. 428.)

Zur »Metaphysik des Diesseits« äußert sich Georg Simmel am 18. November 1910 gegenüber Friedrich Gundolf (*GA* Bd. 22, S. 872 f.).

Die Zitate Ernst Jüngers (1895–1998) entnehme ich den Seiten 91, 68, 103, 81, 172, 165 der Ausgabe von 1982. Schon hundert Jahre zuvor haben Marx und Engels die mit der Entstehung der großen Industrie eingetretene Verwandlung der Arbeiter in »gemeine Industriesoldaten« (*MEW* Bd. 4, S. 469) beschrieben. Während jedoch das *Kommunistische Manifest* die Arbeiter zur Formierung einer Klasse drängt, die sich parteiförmig organisieren soll, interessiert sich Jünger für den Arbeiter als Gestalt, die auf dem Boden der Moderne sämtliche Spuren des Humanen an sich gezogen und überwunden hat. Jüngers Arbeiter ist der Terminator der klassisch-bürgerlichen Humanität. – Merkwürdig bleibt, dass mit dem Arbeiter und der Wertschätzung sogenannter ehrlicher, von Hand erbrachter Arbeit eine eher traditionelle Berufsgruppe zur Repräsentationsfigur der Moderne aufstieg und nicht der historisch näherliegende, aus den Reihen der sogenannten »Privatbeamten« hervorgegangene Typus des Angestellten. Als die Angestellten Ende des 20. Jahrhunderts offiziell die Arbeitswelt betraten und als eigene Berufsgruppe anerkannt wurden, hatte der Auszug der Arbeit aus den Fabriken in die Kontore und Büros der Verwaltung längst schon begonnen. Wie Siegfried Kracauer 1930 gezeigt hat, ist die strikt auf Aktualität, auf Flexibilität und Fungibilität ausgerichtete Angestelltenkultur den Rationalisierungsbedürfnissen der kapitalistischen Wirtschaft in weit höherem Maße angepasst (s.a. Jürgen Kocka 1972). Das aber bedeutet, dass nicht, wie die einschlägige Folklore nahelegt, der Arbeiter, sondern der Angestellte den spezifisch modernen Typ des Arbeitnehmers verkörpert. In der Phase des Umbruchs, in der Meunier sich für die Imago des Arbeiters entschied, kam allerdings das notorisch diffuse Erscheinungsbild der Angestellten der angestrebten Agitation für Arbeitnehmerinteressen wenig entgegen. Die Angestellten, darin erschöpft sich beinahe ihre Definition, wollten nicht die Arbeiter sein. Der Unterschied zwischen Arbeitern und Angestellten ist weniger eine Sache der praktischen Tätigkeit als das Ergebnis dieses lebhaften Abgrenzungsbedürfnisses und des ersehnten sozialen Prestiges. »Ererbte Moralbegriffe, religiöse Vorstellungen, Aberglaube und überlieferte Weisheit aus dürftigen Stuben – das alles treibt mit und wirft sich unzeitgemäß der herrschenden Lebenspraxis entgegen. […]

Eine verschollene Bürgerlichkeit spukt in ihnen nach.« (Kracauer, *Die Angestellten,* S. 69 u. 82). In einer Gesamtwürdigung dieser einstweilen noch ungeschriebenen Geschichte könnte sich herausstellen, dass, kurz gesagt, seinerzeit nicht Jünger mit seinem *Arbeiter* (1932), sondern Kracauer mit seinen *Angestellten* (1930) die gültige Epochendiagnose gestellt hat. Die notorische Schwierigkeit der Moderne (und erst recht der Postmoderne), ein kohärentes Bild ihrer selbst zu gewinnen, spricht für ihre Herkunft nicht aus der Arbeiter-, sondern aus der Angestelltenkultur.

Beschleunigung

Das Experiment mit Soupault schildert André Breton (1896–1966) in den *Verlorenen Schritten* (S. 114f.); an gleicher Stelle bekennt er sich zur »*poetischen* Unruhe« (S. 101). Der Anspruch der Weltveränderung ist Teil des dreifachen Ziels, das Breton für den zeitgenössischen Avantgardismus ausgegeben hat: »die Welt verändern, das Leben ändern, die Verständigung unter den Menschen neu begründen« (*Das Weite suchen,* S. 69). Breton wäre nicht Breton gewesen, hätte er nicht auch dieses Pathos der poetischen Unruhe wieder gebrochen und in Zweifel gezogen. Zu Gide will er gesagt haben: »Man weiß jetzt, welche Legende, die man um Sie herum spinnt, Ihnen gefällt: Ihre Unruhe, Ihr Abscheu gegenüber Dogmen [...]. Die größten Tölpel versuchen sich daran.« (*Verlorene Schritte,* S. 88.)

Die heilsgeschichtliche Dimension der Zeitverkürzung erschließt Ernst Benz (1977). Grundlegend sind die Beiträge von Reinhart Koselleck (*Vergangene Zukunft,* S. 21 f. u. 63 ff. sowie

Zeitschichten, S. 150 ff. u. 177 ff.), der mit der Denaturalisierung der Zeit sowie der Umstellung auf die Alleinzuständigkeit des Menschen die entscheidenden Voraussetzungen des modernen Zusammenspiels von Beschleunigungserwartung und Beschleunigungserfahrung benennt. Lewis Mumford (1934, S. 14) hat die sozial- und kulturhistorischen Anbahnungen der Beschleunigung in der Formel zusammengefasst: »The clock, not the steam-engine, is the key-machine of the modern industrial age.«

Mit der Ernennung der Beschleunigung zur revolutionären Pflicht eröffnet Robespierre seine Konventsrede vom 10. Mai 1793. Der Anschluss an Rousseaus *Contrat social* und dessen Entfremdungsproblematik ist unverkennbar: »Der Mensch ist für das Glück und für die Freiheit geboren, und dennoch ist er überall ein Sklave und ein Unglücklicher! Die Gesellschaft hat die Erhaltung seiner Rechte und die Vervollkommnung seines Wesens zum Ziel; und dennoch entwürdigt und unterdrückt ihn die Gesellschaft allerorten! Es ist die Zeit gekommen, ihn an seine wirkliche Bestimmung zu erinnern; der Fortschritt der menschlichen Vernunft hat eine große Revolution vorbereitet und ihr habt die besondere Pflicht, sie zu beschleunigen – *le devoir de l'accélérer.*« (Maximilien Robespierre, S. 408; Übers. überarbeitet, R. K.)

Von der »Grunderfahrung« der Beschleunigung spricht Hartmut Rosa bereits in seiner Hauptschrift von 2005 (S. 71). Rosa legt die Umrisse einer regelrechten Alltagsrhetorik des Müssens frei (vgl. *Beschleunigung und Entfremdung,* S. 109 u. 133; dort auch der Begriff »Zeithunger«, S. 26), wobei er sich allerdings das bündigste und vermutlich meistnachgesprochene Bekenntnis zur Beschleunigung entgehen lässt: *Ich muss los.*

Atemholen: Ich borge die Formulierung bei Hans Blumenberg (*Wirklichkeiten in denen wir leben,* S. 122).

Die Verbindung von Beschleunigung und Entfremdung knüpft Rosa in seiner gleichnamigen Monographie (das Zitat ebd., S. 8). Im Unterschied zu dieser Kritischen Theorie der beschleunigten Moderne will das vorliegende Wörterbuch die Empirie der Unruhe nicht anprangern, sondern *zeigen.* – Die Klage über Unruhe und Beschleunigung gehört zur kulturkritischen Begleitmusik der Moderne, und auch ihre Adressierung an den kapitalistischen Westen ist wenig originell. So schreibt der Junghegelianer Iwan W. Kirejewski 1856 (*Essay,* S. 121): »Der westliche Mensch ist unfähig, einen lebendigen Zusammenhang der geistigen Vermögen, bei dem keines ohne das andere in Aktion treten darf, zu begreifen. Ihm fehlt das Verständnis für jenes eigentümliche Gleichgewicht der Seele, das den in der orthodoxen Tradition erzogenen Menschen bis in äußere Gesten und Gebärden hinein kennzeichnet. Dessen Haltung verrät, sogar in Augenblicken gesteigerten Erlebens, an Sturmtagen des Schicksals, immer noch irgendwo eine letzte tiefe Ruhe, eine Mäßigung, Würde und Demut, die von seelischem Gleichgewicht, von tiefer innerer Harmonie des Lebensgefühls zeugen. Demgegenüber erscheint der Europäer beständig in Ekstase, von geschäftigem, fast theatralischem Auftreten, voll ewiger Unruhe in seiner inneren und äußeren Haltung, die er doch mit krampfhafter Anstrengung in ein künstliches Gleichmaß zu zwingen sucht.«

Platon erwähnt Glaukos in der *Politeia* (611b-e). Prominent ist die Wiederaufnahme des Motivs durch Jean-Jacques Rousseau, auf den die Standardformulierungen des modernen Entfremdungsbegriffs zurückgehen. In seinem Vorwort zum *Zweiten Diskurs* spricht Rousseau vom Verlust des »ursprünglichen Zustandes« jener Zeiten, da den Menschen noch »ruhige und unschuldige Tage – *jours tranquilles et innocens«* (S. 104) vergönnt gewesen seien. Der Entfremdungsbegriff hält an diesem Mythos der Unerlöstheit fest. Statt mit ihm abzuschließen oder wenigstens seine Steuerungsfunktion bewusst zu machen, kleidet die geläufige, in jüngster Zeit wieder verstärkt aufkommende Rhetorik der Entfremdung den Mythos neu ein und gewährt ihm Unterschlupf in Wissenschaft und Philosophie.

Hölderlins Patmos-Hymne setzt ein mit den Versen: »Voll Güt' ist; keiner aber fasset / Allein Gott. / Wo aber Gefahr ist, wächst / Das Rettende auch.« (Vierte Fassung, ca. 1803).

Coolsein

Die Modernität des Phänomens erschließt Georg Simmel (1858–1918) in seinem Aufsatz über »Die Großstädte und das Geistesleben« von 1903 (vgl. *GA* Bd. 7, S. 116–131). Ich beziehe mich auf S. 121 ff. Konzeptionelle Parallelen mit der Stoa erwägt Andreas Urs Sommer (2007).

Zahlreiche Facetten der Coolness in der Populärkultur beleuchtet Thomas Düllo (2005).

Walter Benjamin schreibt: »Denn der moderne Heros ist nicht Held – er ist Heldendarsteller. Die heroische Moderne erweist sich als Trauerspiel, in dem die Heldenrolle verfügbar ist.« (*GS* Bd. I.2, S. 600.) Zu den schauspielerischen Elementen des modernen Heldentums und speziell der Coolness s. a. Josef Früchtl (2004, S. 302 ff.). Schon Hegel hat darauf hingewiesen (vgl. *TWA* Bd. 15, S. 340), dass der Held in Übergangsgesellschaften zu Hause ist, die ihren Sittlichkeitsanspruch bereits angemeldet, aber nicht eingelöst haben. Das Auftreten des Helden, das Hegel im übrigen in eine »tatlos ewige Ruhe« eingebettet sieht (ebd., Bd. 13, S. 232), treibt diesen Prozess der Selbstwerdung dem kritischen Punkt entgegen, doch findet er, darin liegt seine vielzitierte *Tragik,* hernach in dem von ihm selbst konsolidierten Weltzustand keine Bleibe. Die Auftritte des Westerners folgen akkurat diesem Muster. Nach vollbrachter Tat, in der Regel also nach dem Showdown, muss er allein weiterziehen und trägt seine Coolness mit davon. Der Held des Westens ist auch in dem Sinn ein Solitär, dass sein Coolsein nur für ihn selbst als Typus, niemals aber für die vielen, die ihn auf der Leinwand bestaunen, exemplarisch ist.

Zur Ethik der *Konkurrenz*, die hart, aber dem Begriff nach niemals boshaft oder rachsüchtig ist, hat ebenfalls Georg Simmel Maßgebliches gesagt (vgl. *GA* Bd. 7, S. 221–246, insbes. S. 237 ff.).

Entwicklung

Den »unsichtbaren Theil jeder Thatsache« herauszuarbeiten ist Wilhelm von Humboldt (1767–1835) zufolge die praktische Aufgabe des Geschichtsschreibers, wenn er das »Wirkliche in seiner Wirklichkeit« erforscht (S. 586 f.). Die Unterscheidung zwischen sichtbarer und unsichtbarer Faktizität ist ideen- und auch wissenschaftsgeschichtlich bemerkenswert: Die frühe Geschichtsphilosophie operiert, ganz im Gegensatz zu den nachfolgend ausformulierten Geschichtswissenschaften, mit einem nicht-positivistischen Begriff der Tatsache.

Der Appell Paul Henri Thiry d'Holbachs (1723–1789) lautet im Zusammenhang: »Die menschliche Vernunft ist noch nicht genügend ausgebildet; die Zivilisation der Völker ist noch nicht abgeschlossen; unzählige Hindernisse blockieren bis jetzt das Fortkommen der nützlichen Kenntnisse, deren Vormarsch allein dazu beitragen kann, unsere Regierungen, unsere Gesetze, unsere Erziehung, unsere Einrichtungen und unsere Sitten zu vervollkommnen.« (Bd. 3, S. 233.) Zur Begriffsgeschichte der Entwicklung vgl. Wolfgang Wieland (1975) und Andreas Blödorn (2011).

Gut zwanzig Jahre nach d'Holbachs Aufruf hält die Nation, die unmittelbar aus den revolutionären Ereignissen hervorgegangen ist, den seinerzeit ergangenen Auftrag für erfüllt, und Jacques Réattu – ein Schüler Jacques Louis Davids – setzt den »Triumph der Zivilisation« feierlich ins Bild (vgl. Katrin Simons 2009).

Norbert Elias (1897–1990) lässt sein Hauptwerk mit d'Holbach ausklingen: »Die Zivilisation ist noch nicht abgeschlossen. Sie ist erst im Werden.« (Bd. 2, S. 454.) Die Frage, die auch d'Holbach nicht beantwortet, lautet natürlich: Was heißt hier »erst«?

Friedrich Schiller (1759–1805) unterscheidet Tempi der Entwicklung, vor allem die »der Staaten« und die »der Köpfe«, in denen unterschiedliche Einstellungen gegenüber der Ruhe hervorträten. An gleicher Stelle (»Allgemeine Sammlung historischer Memoires«, *NA* Bd. 19,1, S. 20) heißt es: »*Ruhe* ist die Bedingung der Kultur, aber nichts ist der Freyheit gefährlicher als Ruhe. Alle verfeinerte Nationen des Alterthums haben die Blüthe ihrer Kultur mit ihrer Freyheit erkauft, *weil sie ihre Ruhe von der Unterdrückung erhielten.* […] Sollte dem neuen

Menschengeschlecht dieses Opfer erspart werden, d.i. sollten Freyheit und Kultur bey ihm sich vereinigen, so mußte es seine Ruhe auf einem ganz andern Weg als dem Despotismus empfangen. Kein andrer Weg war aber möglich als die *Gesetze,* und diese kann der noch freye Mensch nur sich selber geben.«

Friedrich Schlegels (1772–1829) Plädoyer für die Beschleunigung der großen Entwicklung findet sich im »Gespräch über die Poesie« (*KFSA* Bd. I,2, S. 322).

Georg Wilhelm Friedrich Hegels Äußerungen über die Entwicklung entnehme ich den von Walter Jaeschke edierten *Vorlesungen über die Geschichte der Philosophie* (S. 145 u. 205 f.). In einer Anmerkung zur *Enzyklopädie* hat Hegel den zwanzig Jahre zuvor in der *Phänomenologie* zugrundegelegten Entwicklungsgedanken selbstkritisch zurechtgerückt. Er habe damals bloß das »Formelle des Bewußtseins« im Blick gehabt, bemängelt er nun, während der »Standpunkt des philosophischen Wissens« verlangt hätte, »die konkreten Gestalten des Bewußtseins wie z.B. Moral, Sittlichkeit, Kunst, Religion« in die Darstellung aufzunehmen (vgl. *TWA* Bd. 8, S. 92; § 25). Entwicklung, heißt das, die bloß Entwicklung ist, bleibt abstrakt; sie muss sich manifestieren und entäußern in dem, was die *Rechtsphilosophie* »Gestaltungen« nennt (ebd., Bd. 7, S. 85; § 32): in den Tatsachen der Kultur.

Ernst Cassirer (1874–1945) verwirft den Evolutionismus in seinem Aufsatz über »Naturalistische und humanistische Begründung der Kulturphilosophie«. Ich beziehe mich vor allem auf die Seiten 151 f. und 166. Bereits Johann Gottfried Herder hat erkannt, dass der Kultur (oder, in der Sprache d'Holbachs, der Zivilisation) die spezielle Logik der Entwicklung fremd ist und sie nach eigenen Begriffen sowie nach einer eigenen philosophischen Darstellung verlangt: »Die Kultur rückt fort; sie wird aber damit nicht vollkommener: am neuen Ort werden neue Fähigkeiten entwickelt; die alten des alten Orts gehen unwiederbringlich unter.« (*Ideen* III 15.) – Gegen die Naturalisierungstendenzen, die Ende des 18. Jahrhunderts einsetzen und mit dem populären Darwinismus vermehrt Fahrt aufnehmen, haben derlei Klarstellungen nichts ausrichten können – bis heute nicht. Zu verführerisch scheint die von Wissenschaft und Medien bediente und gelegentlich sogar als Erkenntnis ausgegebene Erwartung zu sein, die eigensinnige, vielschichtige, spröde, ewig umständliche, schwierige, moralisch und politisch ohnehin suspekte Kultur als ein sich selbst nicht recht begreifendes Stück Natur zu entlarven, das sich, mag es nun wollen oder nicht, dem evolutionär bestimmten Lauf der Dinge problemlos einfügt. Gegenläufig zu diesem Reduktionismus hat Winfried Menninghaus (2011), angeregt durch die Originalschriften Darwins, Kulturphänomene erschlossen, die es ratsam erscheinen lassen, das geläufige Evolutionsschema deutlich zu differenzieren.

Hegel selbst hat klargestellt, dass die Individuen von der fortschreitenden Geschichte keinesfalls »als Mittel anzusehen« seien; »sie können nicht geopfert werden, um ein Höheres als sie anzunehmen« (*Heimann-Mitschrift*, S. 42).

»Entwickelung will nicht Glück, sondern Entwickelung und weiter Nichts« – so Friedrich Nietzsche (1844–1900) in der *Morgenröthe* (II 108 in: *KSA* Bd. 3, S. 96).

Essay

Bereits Georg Lukács (1885–1971) betont die Qualität der Form. Das Kapitel, mit dem er 1911 *Die Seele und die Formen* eröffnet, trägt den programmatischen Titel: »Über Form und Wesen des Essays: Ein Brief an Leo Popper«. Von Schicksal und »Schicksalsbeziehungen« ist dort auf S. 29 ff. die Rede, vom Essay als »Weltbeweger« (und überdies als »Lebensgestalter«) auf S. 41.

Michel de Montaigne (1533–1592) hat die wortgeschichtliche Brücke zwischen Essayschreiben und Schmecken stets gegenwärtig gehalten; das angeführte Zitat findet sich in der Übersetzung von Hans Stilett auf S. 327. Die angedeutete Konzentrationsleistung *(je me gouste;* in der französischen Ausgabe S. 697), die dann in der Niederschrift ihren Ausdruck findet, ist schon ein erstes Manöver dieser literarischen Abwehrschlacht gegen die Unruhe. Unmittelbar anschließend sagt Montaigne: »Die anderen sind stets und ständig anderswohin unterwegs (was sie bemerken würden, wenn sie einmal darauf achteten).« Als Schriftsteller erhebt Montaigne den Anspruch, die Unruhe in seinem Text zu bannen – in einem Text, der stets zugleich ein *Bild* und in diesem Sinn die heuristische Stillstellung des Übergangs und des Übergängigen überhaupt ist: *Je ne peints pas l'estre. Je peints le passage* (III, 2; frz. 805).

Die Seneca-Zitate häufen sich im Schluss-Essai, das Wort über die Torheit der Rastlosen findet sich in der deutschen Übersetzung auf S. 592. Seneca beruft sich seinerseits auf Epikur (vgl. *Briefe* 15,9; ähnlich 59, 8: »Die Torheit kennt keinen Frieden – *nihil stultitia pacatum habet*«). Jener 15. Brief handelt von den Vorzügen der Diät und der körperlichen Übungen, die den Eintritt der Seelenruhe erleichtern sollen. Bereits bei den antiken Autoren gehört zu diesen Vorkehrungen auch das Lesen und Schreiben (vgl. Pierre Hadot 2002, S. 19 ff.). Was Montaigne über die Beruhigung der inneren Leidenschaften durch das Niederschreiben sagt (Stilett spricht, unglücklich psychologisierend, von einem »ruhigen Gewissen«, S. 562), ist Konsequenz dieser stoisch gefärbten Inspirationen.

Lukács steigert die Ansprüche auf S. 42 f.; dort auch die postplatonische, von der Urszene des Höhlengleichnisses getragene Aufstiegsvision. Der Referenzwechsel von der Skepsis zur Kritik ist hier schon vorausgesetzt.

Mit der Verteidigung des Essays gegen seine akademischen Verächter eröffnet Theodor W. Adorno seine 1958 erstmals erschienenen *Noten zur Literatur* (Bd. 11 der *GS*). Die Erwiderung auf die antiessayistischen Polemiken findet sich auf S. 29, der Schluss auf die Balance von Statik und Dynamik auf S. 32. – »Geduld zur Sache«: vgl. Adorno, »Anmerkungen zum philosophischen Denken« (ebd., Bd. 10.2, S. 602). »Der passivische Oberton des Wortes Geduld«, so Adorno weiter, »drückt nicht schlecht aus, wie jene Verhaltensweise beschaffen sei, weder emsiges sich Tummeln noch stures sich Verbohren, sondern der lange und gewaltlose Blick auf den Gegenstand.«

In der Wortwahl der Stilett-Übersetzung geht verloren, dass Montaigne seinen Schluss-Essai – ich würde sagen: durchaus hintersinnig – mit Betrachtungen über die *forme* und speziell über die *forme de vie* einleitet.

Faulsein

Das Lob der Faulheit ist eine romantische Idee. Der junge Friedrich Schlegel (1772–1829), der von einer »gottähnlichen Kunst« spricht, will Faulsein und Müßiggängerei jedoch keineswegs als antimodernistische Attitüden, gar als Leistungsverweigerung verstanden wissen. Das Faulsein interessiert ihn als Keimform einer anderen, einer sich dem Unruhediktat verweigernden Moderne. Seinen »Genius« der »echten Lust und Liebe« lässt er ausrufen: »›O Müßiggang, Müßiggang! du bist die Lebensluft der Unschuld und der Begeisterung; dich atmen die Seligen, und selig ist wer dich hat und hegt, du heiliges Kleinod! einziges Fragment von Gottähnlichkeit, das uns noch aus dem Paradiese blieb.‹« (*KFSA* Bd. 5, S. 25.)

Abweichler: Zweifellos gehört auch Iwan Gontscharows *Oblomow* (der Roman erschien erstmals 1859) in diese Reihe. Oblomow, der kaum jemals sein Bett verlässt, ist zu nichts zu gebrauchen, aber, und darauf liegt der Akzent, er will sich auch nicht gebrauchen *lassen*. Seine Verweigerung ist allerdings denkbar unheroisch, und so ist Gontscharows Thema erst in zweiter Linie das Faulsein. Viel mehr interessiert ihn Oblomows kindliches Außenseitertum, seine Überforderung und Hilflosigkeit angesichts einer Welt, in der alle außer ihm selbst einen Weg gefunden haben, um mit der Unruhenormalität zurechtzukommen. Gontscharows Romanfigur ist weniger ruhig als depressiv, und das heißt in der Nomenklatur der Psychiatrie: »ein Mensch mit einem Defekt«, der die Depression als sein »Geländer« angenommen hat (Ehrenberg 1998, S. 9; s. a. S. 277 ff.).

Die Paradigmatisierung der Arbeit, die schließlich allem sozialen Handeln zum Vorbild wird und damit das Thema des

Faulseins ins gesellschaftliche Abseits drängt, betreibt auch Marx. »Einmal die Arbeit emanzipiert«, resümiert er im Blick auf die »unermeßliche Literatur der letzten Jahre über Emanzipation der Arbeiter« im Jahr 1871, »wird jeder Mensch ein Arbeiter, und produktive Arbeit hört auf, eine Klasseneigenschaft zu sein.« (*MEW* Bd. 17, S. 342.) Die Pointe ergibt sich aus der Zusammenziehung von Arbeit und Emanzipation. Einmal auf dem Boden der Moderne angelangt, sieht sich die Arbeit von jeder Bindung an Zwecke und Zielsetzungen befreit und findet ihren Sinn in sich selbst. Sie avanciert zum entscheidenden Faktor eines Machtgefüges von menschheitsgeschichtlichem Format: zum Antrieb des Fortschritts.

Flexibilität

Ich zitiere die *Pensées* nach der Edition von Louis Lafuma und halte mich an die Übersetzung von Ulrich Kunzmann. Wie üblich gebe ich die Nummer der Fragmente an (erst Lafuma, dann Brunschvicg: 113/348; 200/347). Nicht auszuschließen, dass Pascals Aufzählung auf die Trias des Korintherbriefs antwortet: »Glaube, Hoffnung, Liebe, diese drei« (1 Kor 13,13), um die Härten zu verdeutlichen, denen der unter den Bedingungen der Neuzeit agierende Mensch nun ausgesetzt ist. Rainer Marten spricht von einer »Negativen Poesie« (S. 153), die den herben Realismus dieser Reihe (»Unbeständigkeit, Langeweile, Unruhe«; Lafuma 24/127) im Einklang mit den paulinischen Vorgaben als aktuelle Glaubensprobe einsetzt. – Über die Idee und soziale Wirklichkeit des flexiblen Menschen informieren Richard Sennett (1998) und Inge Baxmann (2007).

Stoisch: Die Nähe Pascals zu den spätantiken Denkern, die er nur ungern eingestanden hat, ist offensichtlich. So schreibt Seneca: »Auch wir müssen uns als anpassungsfähig erweisen, damit wir nicht allzu sklavisch einmal gefaßten Beschlüssen anhängen, und den Weg finden zur Bewältigung der Lage, in die uns der Zufall gebracht hat, ferner sollen wir nicht zurückschrecken vor Änderung *[mutationem]* einer Absicht oder eines Zustandes, freilich vorausgesetzt, daß nicht Leichtfertigkeit [...] uns bestimmt.« (*De tranquillitate animi* 14,1.)

Den Vortrag, den Klaus Theweleit auf der Jahrestagung der Deutschen Psychoanalytischen Gesellschaft in Berlin gehalten hat, zitiere ich nach der in der *Frankfurter Allgemeinen Zeitung* am 18. Mai 2015 veröffentlichten Fassung. Schon vor einem halben Jahrhundert hat Alexander Mitscherlich die Flexibilisierung der Lebensformen als Individualisierungschance gewürdigt. Einseitig und rein als Übernahme sozialer Anforderungen betrieben, produziere sie jedoch lediglich »Sozialautomaten« (S. 20). Je weiter die Unruhenormalität voranschreitet, desto weniger vermag Mitscherlichs Vorbehalt zu überzeugen. Heute, im neuen Jahrtausend, werden wir zu Zeugen seines definitiven Unverständlichwerdens. Die Anpassung, die Theweleit bereits als Grundrecht behandelt, bezieht sich unmittelbar auf die Unruhe selbst, auf das Verlangen nach Wandel und darauf, sich von Augenblick zu Augenblick und ohne lästige Identitätsanforderungen neu erfinden zu dürfen. Das folgerichtige Ergebnis des binnen weniger Jahrzehnte erfolgten Paradigmenwechsels ist die Primärtugend der unbedingten Flexibilität. Die moralischen Flankierungen dieses Wechsels verlangen das uneingeschränkte Recht zur Wahrnehmung der unruhekulturellen Angebote, Aufforderungen und Chancen. Die Behauptung, wonach das jahrzehntelang favorisierte Modell der Identität per se unbeweglich gewesen sei, statisch, kommunikations- und veränderungsfeindlich – eine Behauptung, die eigentlich bloß Gedanken dogmatisiert, mit denen Michel Foucault Anfang der siebziger Jahre gespielt hat –, ist allerdings eine *reductio ad absurdum*. Das Beispiel eines aus den Tiefen der Tradition heraus argumentierenden Denkers wie Pascal zeigt, wie krass derlei Legendenbildungen die Problemgenese verfehlen. Die Grenze verläuft nicht – und ist niemals verlaufen – zwischen Dynamik und Statik oder, um das Vokabular der Populärpsychologie aufzunehmen, zwischen Versalität und Resilienz, sondern zwischen unterschiedlichen Graden von Flexibilität. Innerhalb dieses Spektrums hält allerdings die Metapher des Schilfrohrs den Gedanken fest, dass das Ich, um ein Ich überhaupt zu bleiben, nach der Eingewöhnung in der Parzelle den Kopf auch wieder heben muss.

Fließen

Im allgemeinen wird die Formel *panta rhei* dem Vorsokratiker Heraklit (ca. 544–483) zugeschrieben; Näheres dazu bei Werner Stegmaier (2011).

Prominenter Wortführer des metaphernrealistischen Fließens ist der Sozialwissenschaftler Zygmunt Baumann, dessen Schrift zur *Liquid Modernity* im Jahr 2000 erschienen ist (dt. 2003; vgl. insbes. S. 8 f.). Baumanns Beschreibungen der Spätmoderne folgen minutiös den Redekonsequenzen des Sprachbildes und der breiten Spur der Tradition. Einen Eindruck von der aktuellen Deutungsmacht des Bildes vermittelt die – weitgehend distanzlose – Zusammenschau von Shaun Moores (2006). Ein bescheidenes Zeichen der Besinnung setzt der Diskussionsbeitrag von Carlo Bordoni (2016), der freilich die Sprachgewalt einer Metapher verkennt, die gerade nicht als Hypothese oder Option, sondern als Seinsaussage genommen sein will und auch so verstanden wird.

Die von Masson angestrebte Symbiose von Heraklitismus und Surrealismus rekonstruiert Christa Lichtenstern (1992, S. 207–244).

Die Erde, heißt es im biblischen Schöpfungsbericht (Gen 1,2), »war wüst und wirr, Finsternis lag über der Urflut, und Gottes Geist schwebte über dem Wasser«.

Massons Röntgenphantasie entnehme ich den Aufzeichnungen über den Maler und die Zeit (*Schriften*, Bd. 1, S. 213). Masson war sich der Paradoxie seiner künstlerischen Beiträge bewusst, die darin besteht, dem wesentlich flüchtigen Eindruck der Erscheinungen durch bildliche Stillstellung Dauer zu verleihen. Mit seiner wilden Farbgebung hoffte er, dem Dilemma zu entkommen und ein Zerstörungswerk sichtbar zu machen, das er als Reinigung und Erneuerung verstanden wissen wollte. »Ohne tiefe Komplizenschaft mit den Kräften der Natur«, heißt es dazu bei Bataille (2015, S. 29), »von der Art des gewaltsamen Todes, des Blutvergießens, der plötzlichen Katastrophen, einschließlich der schrecklichen Schmerzensschreie, die sie begleiten, der Angst einflößenden Brüche in dem, was unveränderlich schien, der Herabsetzung dessen, was erhaben war, die bis zur ansteckenden Verwesung reicht, ohne das sadistische Verständnis einer unbestritten tosenden, orkanartigen Natur, gibt es keine Revolutionäre, sondern nur eine abstoßende utopische Sentimentalität.«

Nietzsches Bekenntnis zum ewigen Werden findet sich in der angegebenen Schrift in Abschnitt 5 (*KSA* Bd. 1, S. 824 f.). Die Ruhe, das ist der zentrale Gedanke, den die Kunstavantgarden der unterschiedlichen Richtungen von Nietzsche übernehmen, ist ein leichtsinniges, selbstbetrügerisches Vergessen, ist nichts anderes als »das Hart- und Starrwerden einer ursprünglich in hitziger Flüssigkeit [...] hervorströmenden Bildermasse« (ebd., S. 883). Der Avantgardismus versteht sich als Angriff auf diesen, wie Nietzsche sagt, »Glauben« an die Beständigkeit der menschlichen Dinge, weigert sich aber anders als Nietzsche selbst, diesem Glauben Lebensdienlichkeit zuzubilligen. So endet an dieser Stelle die Liaison von Nietzscheanismus und Avantgardismus: Als ein letztes Wort will Nietzsche die, wie es in einer Nachlass-Notiz heißt, »formlos-unformulierbare Welt des Sensationen-Chaos« (ebd., Bd. 12, S. 396), die Masson und Bataille lustvoll heraufbeschwören, gerade nicht gelten lassen. Für das vordialektische Bauprinzip der vorsokratischen Kosmologie hat der populäre Heraklitismus, der einfach alles im Fluss sieht, keinen Blick. Wohl im Anschluss an das 51. Fragment hat Paul Good die ungeheure Metapher Heraklits als das »Zugleich des Gegenwendigen« zu bestimmen versucht, das jene Dualismen und vor allen Dingen jene Dialektik, die die Neuzeit aus dem Werk des Vorsokratikers herauslesen wollte, vorgreifend unterläuft. Man muss also verstehen, schreibt Good, »dass der Tag mit seiner Helligkeit Nacht und Dunkelheit als das andere seiner selbst immer bei sich hat« (1993, S. 35). Das heraklitische Fließen beschreibt eine Welt, die mit sich selbst identisch ist und angesichts totaler Unruhe in der Bewegung des Fließens diese Sichselbstgleichheit bestätigt und auf Dauer stellt.

Kracauers Sondierungen zur Metapher des Geschichtsstroms sind über die posthum erschienene *History. The Last Things*

Before The Last verteilt. Das Zitat findet sich im vierten Band der *Werkausgabe* auf S. 114 f.

Charles-Augustin Sainte-Beuves (1804–1869) feine Beobachtung zu Guizot findet sich an gleicher Stelle auf S. 133. Kracauers Aufruf zur Besonnenheit trifft sich im übrigen mit der philosophischen Metaphernkritik Hans Blumenbergs, der die Praxis der (»absoluten«) Metapher des Fließens an ihr selbst demonstriert (*Quellen, Ströme,* S. 215). »Sie gräbt erst einen Kanal der Selbstverständlichkeit und vertieft ihn dann durch ständige Benutzung. Wobei jeder Vorgänger zum Evidenzerfolg seiner Nachfolger beiträgt.«

Gelassenheit

Von den Zeiten, da *Mein* und *Dein* noch unbekannt waren, spricht Jean-Jacques Rousseau in seiner Antwort an Charles Bordes, der wie er selbst Bürger von Genf und später Präsident der dortigen Akademie gewesen ist (vgl. *Schriften,* Bd. 1, S. 118).

Umgangssprachlich: Thomas Strässle zählt mehrere Dutzend Synonyme auf: von Abgeklärtheit über Geruhsamkeit bis Zurückhaltung (2013, S. 23). Die Begriffsliste ist aufschlussreich, weil sie einmal exemplarisch das reiche Formulierungsangebot der gehobenen Alltagssprache ausbreitet, das innerhalb weniger Generationen vom Fachvokabular der Psychologie verdrängt und abgelöst worden ist. Der Weg der Fachbegriffe – sagen wir: eines Wortes wie Resilienz – aus den Einzelwissenschaften in die Öffentlichkeit ist folgenreich. Wo lauter Übergänge und Annäherungen sind, in denen die Spuren der kulturellen Wirklichkeit zutage treten, rastet das Begriffsschema der klinischen Diagnostik ein und blendet die eben noch fassbaren Nuancierungen aus. Die im Bereich der Forschung aus methodologischen Gründen angezeigte Reduktion der Phänomene wird allgemein zum Standard und verengt nun überhaupt den Blick sowohl auf die Sache selbst als auch darauf, wie sie erlebt wird.

Sämtliche Äußerungen Meister Eckharts (1260–1327) entstammen der »rede der underscheidunge«; ich zitiere die Abschnitte 3, 21 und 22.

Werkschaffen: Simone Weil (1909–1943) kontrastiert die christliche Gelassenheit mit dem Anspruch der Pharisäer, »die glaubten, aus eigener Kraft tugendhaft sein zu können«. Die Vehemenz, mit der sich die christliche Demut gegen das stoische Konzept der Seelenruhe stellt, vermittelt eine Vorstellung von der Präsenz der theologischen Voraussetzungen. »Alles, was in mir ist«, kann Weil sagen, »ausnahmslos alles, ist völlig wertlos«, und übersetzt – ich würde sagen: dezidiert antistoizistisch – Eckharts Pathos des Lassens als »Entschaffung«, als *décréation:* »Wir sollen darauf verzichten, etwas zu sein. Dies ist für uns das einzige Gut.« (S. 46–48.) Die antihumanistischen Forcierungen des Gelassenheitskonzepts, die sich gleichzeitig bei Martin Heidegger finden, greifen diese ursprünglich mystische Entsagungsidee auf. Die Gelassenheit, und gerade sie, eröffnet die Perspektive eines Weltgeschehens ohne Subjekt, eine Perspektive des Eingewilligthabens und der Hingabe an die sich selbst genügende Prozessualität: die Perspektive des »Sein-Lassens des Seins« (vgl. Juliane Schiffers 2014, S. 315 ff.). Vor diesem Hintergrund ist es dem postmodernen Heideggerianismus ein Leichtes, die ohnehin wackeligen Subjektphilosophien der Neuzeit mit großem Hallo zu verabschieden und hinter sie zurückzugreifen, um aus dem göttlichen Gebot von ehedem den »Ruf des Seyns« zu erhorchen.

Geschichte

»Das ungeheure Gewühl der sich drängenden Weltbegebenheiten«, notiert Wilhelm von Humboldt 1821 in seiner Abhandlung über die Aufgaben des Geschichtsschreibers (S. 588), »ist ein Unendliches, das der Geist niemals in Eine Form zu bringen vermag, das ihn aber immer reizt, es zu versuchen, und ihm Stärke giebt, es theilweise zu vollenden.«

Der Aufsatz Kants findet sich im achten Band der *Akademie Ausgabe* (S. 15–32). Ich zitiere die Seiten 18 f., 20 f., 24 und 29 f. Von einer »tröstenden Aussicht« spricht Kant gegen Schluss auf S. 30. Die wachsende Skepsis Kants referiert Tamás Miklós (2016), der den Aufsatz von 1784 einer akribischen Lektüre unterworfen hat (S. 35–97).

Geschichte als Erziehung – Hegel greift die von Lessing popularisierte Idee einer »Erziehung des Menschengeschlechts« in seiner Wintervorlesung von 1830/31 auf (vgl. *Vorlesungsmitschrift Heimann,* S. 71). An gleicher Stelle kontrastiert Hegel, offenbar das Geschichtsverständnis Kants vor Augen, Geist und Natur: diese sei »ohne Selbstthätigkeit«. Und weiter: »Der Geist muß sich produzieren in seinem Bewußtsein und Willen, und dieses ist die Arbeit des Geistes in der Geschichte.« (S. 55.) Ähnliche Äußerungen überliefern die anderen Mitschriften (vgl. etwa *TWA* Bd. 12, S. 29) und betonen auch, dass die sich in der Geschichte selbst gegenübertretende Vernunft »nicht schlafen« darf, wenn sie dem Versöhnungsanspruch der Geschichte gerecht werden will: »Wer die Welt vernünftig ansieht, den sieht sie auch vernünftig an, beides ist in Wechselbestimmung« (ebd., S. 23). Die übrigen Hegel-Zitate: *TWA* Bd. 12, S. 21 und *TWA* Bd. 3, S. 133.

Ich zitiere das *Kommunistische Manifest* nach der *MEW*-Ausgabe (Bd. 4, S. 459–493), vor allem S. 465. Die Bourgeoisie kommt auf den ersten Seiten des Manifests so gut weg, weil ihr Scheitern schon einkalkuliert und aus Sicht der Autoren gewiss ist. Das Lob fällt entsprechend herablassend aus: Die Bourgeoisie »gleicht dem Hexenmeister, der die unterirdischen Gewalten nicht mehr zu beherrschen vermag, die er heraufbeschwor.« Und: »Die Waffen, womit die Bourgeoisie den Feudalismus zu Boden geschlagen hat, richten sich jetzt gegen sie selbst.« (S. 467 f.)

Hans Castorp entdeckt das »abendländische Aktivitätskommando« auf dem Zauberberg: Thomas Mann, S. 898.

Weltverbesserung: Für derlei Arglosigkeiten hat das Manifest nur Spott (S. 489) und Häme (S. 474) übrig. Das Proletariat, betonen Marx und Engels, ist keine Versammlung von Idealisten, sondern die Organisation entschlossener »Industriesoldaten« (S. 469), denen der von der Bourgeoisie hinterlassene, den Ambitionen der *Geschichte* hohnsprechende Zustand der »ewigen Unsicherheit« (S. 465) durchaus zupasskommt.

Kain

Zu den Auffälligkeiten der Kains-Episode gehört die Blickregie: »Nicht wahr, wenn du recht tust, darfst du aufblicken; wenn du nicht recht tust, lauert an der Tür die Sünde als Dämon.« (Gen 4,7) Nach der Nichtbeachtung durch den Schöpfer hebt sich der Blick Kains nicht mehr, und der Dämon stürzt herbei und überwältigt ihn. Was es mit diesem Dämon auf sich hat, ist eine exegetische Frage. Aber es ist doch hilfreich, zum Verständnis dieses Details die Erläuterung Goethes heranzuziehen, der verständlich macht, weshalb sich gerade Kain, der doch als Charakter so wenig hermacht, als Personifizierung der Unruhe anbot: »Am furchtbarsten [...] erscheint dieses Dämonische, wenn es in irgend einem Menschen überwiegend hervortritt. [...] Es sind nicht immer die vorzüglichsten Menschen, weder an Geist noch an Talenten, selten durch Herzensgüte sich empfehlend; aber eine ungeheure Kraft geht von ihnen aus, und sie üben eine unglaubliche Gewalt über alle Geschöpfe, ja sogar über die Elemente, und wer kann sagen, wie weit sich eine solche Wirkung erstrecken wird?« (*HA* Bd. 10, S. 177.)

Kein weiteres Wort zu Abel: In seinem Tagebuch spricht Franz Kafka geradezu von der göttlichen »Bevorzugung Kains« (S. 126 f.).

Namenrichtigkeit: Walter Benjamin beschreibt die »tiefe deutliche Beziehung des Schöpfungsaktes auf die Sprache«. Und weiter: »Gott machte die Dinge in ihren Namen erkennbar. Der Mensch aber benennt sie maßen der Erkenntnis.« (*GS* Bd. II.1, S. 148.)

Abgrund: »Überhaupt ist mir das Verhältnis der allgemeinen Begriffe und der auf diesen erbauten Sprache zu den Sachen und Fällen und Intuitionen ein Abgrund, in den ich nicht ohne Schwindeln schauen kann. Das wirkliche Leben zeigt in jeder Minute die Möglichkeit einer solchen Mitteilung des Besondern und Besondersten durch ein allgemeines Medium, und der Verstand, als solcher, muß sich beinah die Unmöglichkeit beweisen« – so Schiller an Goethe am 27. Februar 1798.

Ausgeburt des Bösen: Im ersten Johannesbrief heißt es: »Wir sollen einander lieben und nicht wie Kain handeln, der von dem Bösen stammte und seinen Bruder erschlug. Warum hat er ihn erschlagen? Weil seine Taten böse, die Taten seines Bruders aber gerecht waren.« (Joh 3,11 u. 12) Zu Kain und seiner »Erhebung« zum »pneumatischen Symbol« der kainitischen Gnosis vgl. Hans Jonas (*Gnosis,* S. 125 f.).

Die Rehabilitierung Kains durch Friedrich Schiller (1759 – 1805) zitiere ich auch an dieser Stelle nach der Textfassung der *Nationalausgabe* (Bd. 17, S. 398–413, insbes. S. 406). Die Konkurrenz der Lebensformen scheint Schiller, der, anders als der Mythos, das Handeln des Menschen bereits als ein Handeln aus innerem Antrieb versteht, nicht ausgereicht zu haben. Sein Aufsatz lässt Abel nicht nur als skandalösen Müßiggänger auftreten, sondern auch als träumerischen Außenseiter, dem die Regeln des menschlichen Zusammenlebens unbekannt gewesen seien und der denn auch nichts dabei gefunden habe, »seine Heerde in die Pflanzungen des Ackermanns« zu treiben. Mit diesem hinzuerfundenen Detail verschieben sich die Wertvorzeichen endgültig: Der »mörderische Schlag mit der Keule« erscheint als grausame, aber eben auch als Recht setzende Gewalt.

Es ist vor allem Charles Baudelaire (1821–1867) gewesen, der Kain nach Schiller und Lord Byron (*Cain. A Mystery*, 1821) als Kulturgründer gepriesen hat. Im zweiten Teil der *Blumen des Bösen* (1857) ist die Umwertung bereits vollzogen und Kain als derjenige angesprochen, dessen Lebenswerk – so aktualisiert der Dichter den Modus der Unruhe – notorisch unerledigt und »noch nicht« vollendet ist: »Kains Stamm, dein Werk ist noch nicht ganz getan; [...] zum Himmel steige und auf die Erde schleudre Gott!« (S. 313.)

Krise

Über die »Periode« der »Krisen«, die mit Notwendigkeit »Revolutionen erzeugen«, äußern sich Karl Marx und Friedrich Engels 1849 anonym in der *Neuen Rheinischen Zeitung* (vgl. *MEW* Bd. 7, S. 440 u. 592). Die zeitgenössischen Verschiebungen in der Semantik der Krise und ihre zunehmende Aktualität stand beiden vor Augen. Bereits zwei Jahre zuvor hatte es im *Manifest der kommunistischen Partei* geheißen: »In den Krisen bricht eine gesellschaftliche Epidemie aus, welche allen früheren Epochen als ein Widersinn erschienen wäre – die Epidemie der Überproduktion.« (*MEW* Bd. 4, S. 468.) – Über die Geschichte des Krisenbegriffs informiert Reinhart Koselleck (1982).

Ich zitiere Diogenes (um 412–323 v. Chr.) nach der Textauswahl von Georg Luck (S. 99; Nr. 166).

Mit der Einführung der französischen Verfassung sieht Wieland (1733–1813) den »Augenblick der entscheidenden Krisis« gekommen. »Es gilt um Leben oder Tod; noch nie ist die Gefahr von innen und von außen größer gewesen als jetzt.« (S. 162.)

»Heiterkeit und Stille«: Noch 1786, drei Jahre vor dem Sturm auf die Bastille, verbindet Isaac Iselin mit den Umwälzungen seiner Zeit »eher tröstliche Hoffnungen« und erwartet nach dem »moralischen Ungewitter« der politischen Krise die Wiederherstellung von »Heiterkeit und Stille« (vgl. Koselleck 1982, S. 380). Die für heutige Leser kontraintuitive Vorstellung einer »Crisis«, die im Zug ihrer Überwindung den Zustand der Ruhe wiederherstellt, hat eine bemerkenswerte Parallele im Begriff der *Katastrophe*, der gleichfalls und gerade ihrer Heftigkeit wegen lange Zeit zugetraut wurde, die Rückkehr in einen kaum mehr erhofften Ruhezustand doch noch zu bewerkstelligen (*in tranquillitatem non expectam;* dieser und weitere Belege bei Briese und Günther 2009). In der Dramentheorie ist das Verständnis der Katastrophe als Umschlagspunkt jahrhundertelang standardisiert gewesen, und noch 1809 erläutert ein Handbuch den Begriff als »unerwartete erwünschte Wendung« (ebd., S. 168). Erst die kritische Aufnahme des Begriffs zur Zeit der Französischen Revolution scheint das Verständnis eines potentiellen Umschlags vom Schlechten zum Guten in sein Gegenteil verkehrt zu haben. Seither erscheint die Katastrophe pauschal als Übel, als Desaster. Auf dem Boden der Moderne laufen die Begriffsgeschichten aufeinander zu und teilen sich schließlich das semantische Feld: *Katastrophen* bezeichnen Ereignisse, *Krisen* Zustände, die das entscheidende Merkmal gemeinsam haben, das Publikum aufzurütteln und seine Reaktion erzwingen zu wollen. In ihrer Dienstfunktion gegenüber der Unruhe, die als probater Ausweg schon bereitsteht, kommen Krisen und Katastrophen überein. Auch die Katastrophe ist etwas, das uns rein als Ereignis überrascht und bestürzt, das wir aber nach kurzem Innehalten routinemäßig in den Appell umdeuten, uns ihm zuzuwenden, um schließlich unsere Anteilnahme im dritten und entscheidenden Schritt in Betriebsamkeit umzusetzen. Offenbar hat das theatralische Element den Bedeutungswandel des Krisenbegriffs überstanden: Die Katastrophe ist, zumal in der Mediengesellschaft, die Krise mit Zuschauern.

Justus Möser votiert in seinem Hauptwerk, den *Patriotischen Phantasien,* für die unruhekonforme Beständigkeit der »Krisis« (S. 81).

Vom »Weltkrach« spricht Engels in seinem Brief vom 30. März 1881 an August Bebel (*MEW* Bd. 35, S. 175) und bestätigt mit wünschenswerter Deutlichkeit, dass es bei einer Krise vor allem darum geht, die Unruhe auszulösen und vorgreifend zu rechtfertigen: »Selbst wenn wir alle die Hände in den Schoß legten, die Ereignisse würden uns mit Gewalt in den Vordergrund schieben und den Sieg vorbereiten. Es ist ein wahrer Genuß, so eine lang vorhergesehne revolutionäre Weltlage der allgemeinen Krisis entgegenreifen, die blinden Gegner unsre Arbeit für uns tun, die Gesetzmäßigkeit der dem Weltkrach zutreibenden Entwicklung in und durch die allgemeine Verwirrung sich durchsetzen zu sehn.« Wie schon Möser verbindet auch Engels die Krise mit apokalyptischen Naherwartungen, denen mit der aufflammenden Unruhe und den dadurch erzwungenen Entscheidungen entsprochen wird. Die aus der Tiefe der Begriffsgeschichte vertraute Neigung zur Anonymisierung, wonach »es« sich in der aktuellen Krise entscheide, hat den Junghegelianer Bruno Bauer zu der strukturanalogen Anrufung einer zum Subjekt ihrer selbst avancierten Geschichte bewogen. »Die Geschichte«, notiert er 1842 in seiner Streitschrift über *Die gute Sache der Freiheit,* werde den Staat stürzen »und die Freiheit, die uns die Theorie gegeben hat, zur Macht erheben« (zit. nach Horst Stuke 1963, S. 174). Der Wirkungszusammenhang zwischen Krise, Unruhe und Geschichte ist geschlossen. Die Geschichte, versichert Bauer, »wird für die Krisis und ihren Ausgang sorgen«. Die Linkshegelianer haben sich das Vorhaben Hegels, Geschichte und Theodizee zusammenzuziehen, in einer säkularisierten, auf die Prozessualität des Prozesses selbst vertrauenden Version zu eigen gemacht. Der Anschluss an die heilsgeschichtlichen Stadien der Begriffsentwicklung ist damit hergestellt: Der Fortschritt braucht, um voranzukommen, nichts so dringend wie Krisen.

Kritik

Judith Butler hat ihre Überlegungen zur Kritik verschiedentlich umformuliert. Ich beziehe mich auf das Vorwort zu ihrer Schrift über das *Unbehagen der Geschlechter* (*Gender Trouble*, 1990). Den aufschlussreichen Versuch, die Geschichte des Begriffs anhand ausgesuchter Themenstrecken mit den Anlässen zu konfrontieren, an denen sich die Ausdrucksgestalten der Kritik seit den Tagen der Frühaufklärung orientiert haben, unternimmt Theo Jung (2012).

Die Inaugurationsleistung Pierre Bayles (1647–1706) und namentlich der französischen Aufklärer erläutert Reinhart Koselleck in seiner frühen Schrift über *Kritik und Krise* (S. 81 ff.; dort auch, S. 89, das Wort vom *règne de la critique*).

Ernst Cassirer (1874–1945) beschreibt die Dynamisierung der Vernunft in seiner Aufklärungsschrift (S. 16).

Rousseaus kunstvolle Distanzierung von Voltaire ist in der von Henning Ritter besorgten Auswahl seiner Briefe (S. 7–29; das Zitat auf S. 9) nachzulesen. Die Berufung auf Sokrates erfolgt bereits im *Ersten Diskurs* und findet dann in allen Teilen des Werks ihr Echo. Die wohlweisliche Selbstbeschränkung sokratischer Kritik entnehme ich dem *Charmides*-Dialog (165b). Rousseau spricht selten von Kritik und noch seltener von einer Kritik, die sich, wie dann die Kritik der Junghegelianer, gegen alles und gegen jeden richten kann. Eine dieser Ausnahmen findet sich im *Zweiten Diskurs* (S. 74/75).

Gemeinsam suchen, was man selbst nicht weiß: vgl. *Charmides* 165b.

La critique des contemporains: vgl. *Zweiter Diskurs,* S. 74.

Die Spuren des Aktivismus verzeichnet das *Deutsche Fremdwörterbuch*, indem es das Wortfeld von »Aktion« bis »Aktivität« seit den Zeiten totalitärer Herrschaft mit dankenswerter Sorgfalt dokumentiert (Bd. 1, S. 295–319).

Dem Verlag Zweitausendeins ist die Bergung aller WimS-Ausgaben zu danken, die der Zeitschrift *Pardon* im Lauf der Jahre beilagen; der ultimative Sammelband ist 1979 erschienen.

Adornos Kommentare zu Niveau und Anspruch der zeitgenössischen Kritik sind über das ganze Spätwerk verteilt. Ich beziehe mich auf den im Todesjahr 1969 veröffentlichten Beitrag über Resignation (vgl. *Gesammelte Schriften*, Bd. 10.2, S. 798). Wörtlich heißt es dort: »Wer denkt, ist in aller Kritik nicht wütend: Denken hat die Wut sublimiert.« An gleicher Stelle warnt Adorno die »kompromißlos kritisch Denkenden« davor, »zum Handeln sich terrorisieren« zu lassen.

Die Umarbeitung der Kritik in den Zeiten des Postmodernismus rekapituliert Kurt Röttgers (2016, S. 167 ff.). Wenig überraschend zwingt die aktivistische Annäherung von Unruhe und Kritik diejenigen zur Abdankung, denen die Stimmführerschaft der Kritik drei Jahrhunderte lang anvertraut war: die Intellektuellen. Im Wertekanon des Aktivismus zählen nun nicht mehr die Brillanz der Analyse, nicht der originelle Gedanke oder die Schärfe der Formulierung, die den Kritiker als Intellektuellen auswiesen, sondern die Erregung von Aufmerksamkeit. Aus der Kritik wird die Kampagne, in der Argumente nicht mehr als Argumente zählen, sondern als strategische Optionen im Kampf um die Macht.

Kultur

Platon entfaltet den Mythos der Kulturentstehung im *Protagoras* (320c–322b). Den Ernst dieser Warnung vor der Unbeherrschbarkeit der Kulturdinge unterstreicht dann das Wort, mit dem Zeus seinen Boten Hermes entlässt: »und gib auch ein Gesetz von meinetwegen, daß man den, der Scham und Recht sich anzueignen unfähig ist, töte wie einen bösen Schaden des Staates«. Ausführlich rekonstruiere ich die postplatonische Tradition der Kulturverachtung in meinem Handbuchartikel »Kulturphilosophie« (2012). – Interessant bleibt die Frage, weshalb ältere Zeiten für das, was seit dem 18. Jahrhundert *Kultur* heißt, einen Vorbegriff nicht entwickelt haben. Zu vermuten ist, dass die Welt des Menschen, nachdem sie einmal als Abweichung von der regulären Ordnung der Dinge ins Zwielicht geraten war, einer vertiefenden Betrachtung nicht für wert befunden wurde. Wenn Marc Aurel (121–180), der in dieser Frage deutlich dem *Protagoras*-Dialog verpflichtet ist, die menschlichen Lebensformen abschildert, beruft er sich, statt von so etwas wie Kultur zu sprechen, auf einen »höheren Standpunkt«, von dem aus der Blick des Philosophenkaisers auf das Gewimmel der »irdischen Verhältnisse« (VII 48) fällt. Er selbst und die Philosophie, das ist die Botschaft, hat mit diesen Nebendingen nichts zu tun.

Senecas Einwand ist traditionell, die menschengemachte Ordnung verfehle das »natürliche Maß« (*naturalis modus; Briefe* 90, 19). Rousseau folgt diesem Urteil, wenn er die »neue Ordnung der Dinge«, mit der nun die Unruhekultur triumphiert, als eine Welt »ohne Maß, ohne Regel und ohne Beständigkeit – *sans mesures, sans règle, sans consistance*« verwirft (*Schriften zur Kulturkritik*, S. 284/285). Rousseau teilt die senecanische Einsicht, dass es nach der Einrichtung der Kultur ein Zurück zur Unversehrtheit des Ursprungs nicht geben kann und es sich nun verbiete, »in die Wälder zu gehen, um dort sein Leben zu fristen« (*Zweiter Diskurs,* S. 457). Rousseau, das muss jedem Leser klar sein, war kein Rousseauist. – Senecas indirekte Rehabilitierung der Kultur und der »Werke der Sterblichen« (*Briefe* 91, 12) findet sich im 90. Brief an Lucilius: 90, 38; s. a. 90, 18; 90, 44. Das Kulturziel des Innehaltens formuliert bereits der zweite Brief (2, 1).

Voltaires Proklamation der Unruhe beschließt den *Candide*: S. 183 u. 187 der zweisprachigen Ausgabe. Fünfundzwanzig Jahre zuvor hatte Voltaire seinen Angriff auf Pascal mit einem bedingungslosen Bekenntnis zur Unruhekultur verbunden: *L'Homme est né pour l'action* – der Mensch ist zum Handeln geboren (*Philosophische Briefe*, S. 109 f.).

In Walchs »Cultur«-Artikel, der keine zehn Zeilen umfasst, heißt es wörtlich: »Man sagt sowohl von leblosen als auch von lebenden Dingen, sie sind cultiviret, wenn sie nämlich in einen vollkommenern Zustand versetzet worden, in welchem sie nicht von Natur sich befinden.« (S. 666.)

»Wollen wir«, schreibt Herder (1744–1803; vgl. *Ideen* II 9,1), »diese zweite Genesis des Menschen, die sein ganzes Leben durchgeht, von der Bearbeitung des Ackers *Kultur* oder vom Bilde des Lichts *Aufklärung* nennen: so stehet uns der Name frei; die Kette der Kultur und Aufklärung reicht aber sodann bis ans Ende der Erde.«

Descartes' Wanderer: vgl. *Discours de la méthode* III 3.

Langeweile

Daisys Seufzer, nachzulesen in der Neuübersetzung des *Großen Gatsby* von Hans Christian Oeser (S. 140), steht neben zahlreichen ähnlich lautenden Sätzen, die nicht nur zeigen, wie die Langeweile sich anfühlt, sondern wie ihre Ausbreitung die Welt verändert. Der Roman selbst bietet sich als Sehhilfe für ein Phänomen an, für das, wie Hans Blumenberg gesagt hat, nichts so sehr bezeichnend ist wie der »Mangel an deskriptiver Erschließbarkeit« (*Die Beschreibung des Menschen*, S. 704). In diesem Sinn nähert sich auch Fitzgerald, wie vor ihm Pascal, dem Phänomen auf Umwegen: Sein Roman führt dem Leser vor Augen, wie die Langeweile das Verhalten der Menschen lenkt, wie sie ihr Sprechen, Handeln und Fühlen erobert, wie sie ihren Entscheidungen vorgreift, wie sie darüber entscheidet, was sie bewundern und verachten, was sie, immer auf der Flucht vor dem Unerträglichen, glauben und glauben wollen.

Pascals Notizen zur Langeweile sind über die verschiedenen Textausgaben, in denen sich die *Pensées* heute präsentieren, verstreut. In der Ausgabe von Louis Lafuma handelt es sich vor allem um die Fragmente 136/139, 24/127 und 36/164.

Pascals Quelle ist, wie ich vermute, Senecas Schrift über die Ausgeglichenheit der Seele (2,9). Auch Rousseau kennt die Schwäche der Menschen in Gesellschaft, die unglücklich werden, »sobald sie allein sind« (so der zweite Brief an Mme D'Houdetot, der, wie auch die übrigen Lehrbriefe dieses Zyklus, den Eindruck erweckt, Rousseau müsse Pascal mehr als nur sporadisch zur Kenntnis genommen haben; vgl. *Briefe*, S. 31).

Die klassische Präsentation der *Arbeit* und des produktiven Tätigseins als Rettung vor der Langeweile zitiere ich aus der *Encyclopédie* (S. 271), deren Verfasser gleich eingangs von einem »grausamen Übel« spricht. Die Stimme des Enzyklopädisten ist ebenso prominent wie repräsentativ. Vollkommen falsch sei die Vorstellung, versichert eine Generation später noch Kant, »daß, wenn Adam und Eva nur im Paradiese geblieben wären, sie da nichts würden gethan, als zusammengesessen, arkadische Lieder gesungen und die Schönheit der Natur betrachtet haben. Die Langeweile würde sie gewiß eben so gut als andere Menschen in einer ähnlichen Lage gemartert haben« (*AA* Bd. 9, S. 471). – Wie eine Parodie auf die zu diesem Zeitpunkt bereits routinemäßig betriebene Dämonisierung der Langeweile wirkt der »Grundsatz«, den Søren Kierkegaard seinem Erzähler-Ich mitgibt, wonach die Langeweile »eine Wurzel alles Übels« sei. Kierkegaards Erzähler lässt sich von diesem Gemeinplatz zu einer satirischen Skizze hinreißen: »Dies läßt sich vom Anbeginn der Welt her verfolgen. Die Götter langweilten sich, darum schufen sie die Menschen. Adam langweilte sich, weil er allein war, darum wurde Eva erschaffen. Von dem Augenblick an kam die Langeweile in die Welt und wuchs an Größe in genauem Verhältnis zu dem Wachstum der Volksmenge. Adam langweilte sich allein, dann langweilten Adam und Eva sich gemeinsam, dann langweilten Adam und Eva und Kain und Abel sich *en famille,* dann nahm die Volksmenge in der Welt zu, und die Völker langweilten sich *en masse.* Um sich zu zerstreuen, kamen sie auf den Gedanken, einen Turm zu bauen, so hoch, daß er bis in den Himmel rage. Dieser Gedanke ist ebenso langweilig, wie der Turm hoch war, und ein erschrecklicher Beweis dafür, wie sehr die Langeweile schon überhand genommen hatte. Danach wurden sie über die Welt zerstreut, so wie man heute ins Ausland reist; aber sie fuhren fort sich zu langweilen. Und welche Folgen hatte nicht diese Langeweile! Der Mensch stand hoch und fiel tief, erst durch Eva, dann vom babylonischen Turm.« (*Entweder-Oder,* Teil 1, S. 332; Weiteres dazu bei Rehm 1963, insbes. Kap. 1.) In der Parodie tritt die heillose Verwirrung von Langeweile und Unruhe offen zutage: Die »Wurzel alles Übels« und das unbändige Verlangen, die Welt aus den Angeln zu heben, gehören zusammen.

»Das Volk langweilt sich nicht; es führt ein tätiges Leben« – so Rousseau im *Émile* (S. 379). Über die polemische Verknüpfung von Aristokratismus und Langeweile in den Zeiten der Aufklärung informiert Wolf Lepenies (S. 202 ff.). – Zum festen Bestand moderner Mythen gehört die Intuition, die Langeweile sei vielleicht doch eine gute Sache und bilde eine Art stiller Reserve der Kreativität und des »innovativen Tagträumens«. Die Erwartung stellt die Begriffsgeschichte auf den Kopf. Herkömmlich ist die Langeweile lähmend, abstumpfend, unerträglich und belastend. Diese Last kann so drückend sein, dass, um sie endlich abzuschütteln, jedes Mittel recht ist. Die

Hemmschwelle des vom Überdruss Geplagten sinkt, und mit einem Mal wird das Ungeheure denkbar – rein aus Verdruss und Leiden am Unaushaltbaren. Man verliert den Kopf, schreibt der Selbstbeobachter Paul Valéry am 8. Mai 1891 an André Gide, und die Phantasie steigert sich, man weiß nicht wie, in einen wahren »Rausch des Blutvergießens« (Vgl. Gide/Valéry, *Briefe,* S. 96; s. a. Blumenberg, *Beschreibung,* S. 715 ff.). Der vermeintliche Aufschwung der Kreativität ist, unter Aspekten der Langeweile betrachtet, die pure Verzweiflung.

Mode

Das Gesetz der Mode enthüllt Balzacs Roman, der 1840 erstmals erschienen ist, auf S. 631.

»Wie die Mode das Vergnügen bestimmt, so bestimmt sie auch das Recht« – so lautet Pascals Fragment Nr. 61/309 (Lafuma).

Seine Verachtung für die *gens à la mode* demonstriert Rousseau im Vorwort zum *Ersten Diskurs* (1750): für diese Herrschaften, erklärt Rousseau gleich auf der ersten Seite seiner ersten philosophischen Veröffentlichung, schreibe er nicht.

Die Analogie zum »Rahmen eines Bildes« stellt Georg Simmel in seinem Aufsatz über die »Philosophie der Mode« her (erstmals 1905; vgl. *GA* Bd. 10, S. 12), der in den Theorien der Mode längst den Status eines Klassikers erlangt hat (vgl. die Beiträge von Barbara Schmelzer-Ziringer und Hubertus Busche in Ausgabe 9, 2015, der *Zeitschrift für Kulturphilosophie* sowie die Monographie von Elena Esposito). Den schon von Simmel beschriebenen Pakt zwischen Beliebigkeit und Beständigkeit bestätigt die Modebranche auf ihre Weise: Die Moden wechseln, sagt ein geflügeltes Wort, aber die Mode bleibt.

Muße

Ich zitiere den Roman von Evelyn Waugh (erstmals 1930) nach der aktuellen Neuübersetzung von pociao (S. 175).

Die sokratische Eingrenzung der Muße findet sich im *Theaitetos* (172c). Die ältere Begriffsgeschichte ist gründlich erforscht, empfehlenswert sind die Arbeiten von Jean-Marie André (1966) und Pierre Hadot (2002). Senecas wirkungsgeschichtliche Eminenz ist unbestritten (die Zitate entstammen allesamt dem 6. Abschnitt seiner Schrift *De otio*). Die Christianisierung der Muße referiert Josef Pieper (1999). – Die Gedankenverbindung von Muße und Gelehrsamkeit ist klassisch. Von jeher galt die Muße als Ort der Philosophie, die Philosophie als Ort der Muße, so dass Seneca sagen kann: »Nur die allein leben in Muße, die ihre Zeit der Weisheit widmen: Sie allein leben.« (*De brevitate vitae,* 14, 1.) Mit besonderem Nachdruck hebt die sokratische Tradition, der sich die meisten Stoiker verpflichtet wussten, das philosophische Denken vom Alltagsleben der vielen ab und behandelt seinen Ort, mit dem Wort Hannah Arendts (*Das Leben des Geistes,* S. 196), »als wäre es ein Land«. Wer philosophisch denkt, siedelt in der Muße. Das Schicksal des Sokrates duldet allerdings keinen Zweifel daran, wie teuer das Pathos der Distanz erkauft ist. Die spätantiken Nachfolger des Sokrates haben die Exterriorialität der Muße umgewertet und darin lediglich einen Behelf sehen wollen, eine Ausweichbewegung, die dem Denker allenfalls in einer unfriedlichen und ihm feindlichen Umgebung gestattet ist. So kommt es, dass der Ort der Muße selbst bei Seneca gelegentlich nur zweite Wahl ist und sie, wie er in *De otio* schreibt, nur deshalb »unausweichlich« erscheinen kann, »weil sich nirgendwo findet, was allein der Muße vorgezogen werden könnte«. Die Verantwortung für das Ausweichen in die Muße fällt auf das Land zurück, das seinen unabhängigen Denkern die Möglichkeit verweigert, sich zu entfalten und ihren Beitrag zu leisten. Die »denkende Betrachtung – *contemplatio*«, heißt es an gleicher Stelle, »gefällt allen; andere machen sie zum Ziel ihres Strebens; für uns ist sie nur Rastplatz, nicht Hafen«. (7, 4 u. 8, 3.) Die Muße, diese Verdeutlichung bestätigt eindrucksvoll die stoische Weltzugewandtheit, ist ein Vorschlag zur Güte – ein geduldetes oder sogar geachtetes Provisorium, aber keinesfalls ein Ort der Untätigkeit oder gar des Ausstiegs.

Arbeitsfreier Sonntag: Interessanterweise haben sich neben den Vertretern der christlichen Soziallehre mit Robert Owen und Pierre Joseph Proudhon auch zwei bekennende Sozialisten bereits im 19. Jahrhundert für den arbeitsfreien Sonntag eingesetzt. Proudhon wollte seine *Célébration du dimanche* von 1845 als Vorarbeit zu einer »Theorie der Ruhe« (S. VI) verstanden wissen, die dann allerdings nie zustande kam. Seine Sonntagsfeier ist der Versuch, den wöchentlichen Ruhetag zu verweltlichen und, nach dem Fortfall des jüdisch-christlichen Begründungszusammenhangs, nun rein aus Gründen der Nützlichkeit zu erhalten: weil er den Zusammenhalt der Familie stärke, weil er dem Nachdenken und dem sozialen Engagement förderlich sei, weil er die Gleichheit der Bürger symbolisiere und weil er schließlich – der Klassiker – der Wiederherstellung der Arbeitskraft diene. Proudhons Argumente übertragen das ordnungspolitische Bonmot Voltaires, wonach man Gott notfalls erfinden müsse, auf die Situation einer Ruhe, über deren Status mit dieser fatalen Analogiebildung alles gesagt ist. Sollte die Ruhe verloren sein, so muss sie nun aus Gründen, die sich nicht länger aus ihr selbst, sondern aus dem Primat der Arbeitsgesellschaft ergeben, neu erfunden werden.

Bereits Max Webers Abhandlungen über die protestantische Ethik belegen die kulturkämpferische Diskriminierung der Muße und verweisen in diesem Zusammenhang auf die Augsburger Konfession (S. 98). Knigges Übertragung des dogmatischen Verdachts in rustikale Alltagsprosa (»Predigt gegen Müßiggang«, S. 147) folgt wenige Jahre vor der Erstürmung der Bastille. 1961 hat Denis Gabor die hier bloß angedeutete Diskriminierungsgeschichte auf ihre Formel gebracht und vom westlichen »Albtraum einer müßiggehenden Welt« (S. 215) gesprochen.

Die Heteropien (oder *espaces autres*) umschreibt Michel Foucault zunächst in der *Ordnung der Dinge* (S. 20) und dann (ebenfalls 1966) in einem Radiovortrag, der 2009 als selbständige Publikation auch auf Deutsch erschienen ist. Der Begriff »Gegenräume« fällt auf S. 10. Das ausführliche Zitat entnehme ich seinem Aufsatz »Von anderen Räumen« (*Schriften*, Bd. 4, S. 934). Wiederholt stützt sich Foucault auf Gaston Bachelard und seine erstmals 1957 erschienene *Poetik des Raumes*.

Neugierde

Augustins (354–430) Kritik der Neugierde findet sich im zehnten Buch der *Bekenntnisse* (Kap. 35, insbes. S. 291). Als Referenzstelle wäre Jesus Sirah (3,21 u. 22) zu nennen: »Such nicht zu ergründen, was dir zu wunderbar ist, / untersuch nicht, was dir verhüllt ist. // Was dir zugewiesen ist, magst du durchforschen, / doch das Verborgene hast du nicht nötig.« Dazu auch Alberto Manguel (2016, S. 27 f.).

Anthropomorphismus: Die Neugierde, so resümiert Hans Blumenberg den vorneuzeitlichen Vorbehalt speziell Augustins, »genießt eben nicht die Gegenstände als solche, sondern *sich selbst* durch das sich an ihnen bestätigende Wissenkönnen«. Sie ist »Selbstgenuß des Erkenntnistriebes« und, darüber vermittelt, »Selbstgenuß des Menschen« (1973, S. 106 f. u. 108; s. a. Barbara Vinken 1999). Augustinus bestreitet nicht die menschliche Leistungsfähigkeit, warnt aber vor der Anmaßung, es dem Schöpfer gleichtun zu wollen. Der Anspruch der Neugierde erscheint ihm als Musterfall menschlicher Selbstverkennung. Als der Schöpfer am siebenten Tag sein Werk überschaute, habe sich dessen Vollkommenheit in der Sorglosigkeit gezeigt, mit der er nun ruhen konnte. Die Unzulänglichkeit des Menschen zeigt sich hingegen gerade darin, wie Blumenberg paraphrasiert (S. 109), »daß er sich in seine Werke entäußert«, jedoch ständig in Sorge bleibt und »von ihnen nicht wirklich bei sich selbst ausruhen kann«.

Pascals Kritik der Neugierde entnehme ich den *Pensées,* insbesondere den Abschnitten 44/82 und 77/152. Dort heißt es: »Neugier ist nur Eitelkeit.« Wir würden gar nicht über die Meere fahren, erläutert Pascal, ohne die Aussicht, hernach etwas zu erzählen zu haben. Seine postaugustinische Zeichentheorie entfaltet Pascal in den Abschnitten 259/685 bis 278/643.

Seine Überlegungen zum Umbau und zur Wirkung der Neugierde sowie zu ihrer Rolle beim Überschreiten der Schwelle zur Neuzeit präsentiert Hans Blumenberg in seinem Aufsatz von 1967 (S. 27). Ich beziehe mich außerdem auf den *Prozeß der theoretischen Neugierde* sowie auf die konzentrierten Bemerkungen in den *Paradigmen.* Dort auch der Hinweis auf Montesquieu (S. 45).

Bacon nimmt seine initiale Umdeutung der Neugierde in der Vorrede zum *Novum Organum* vor (S. 16/17, 34/35 sowie 41).

Dass die Neugierde, indem sie die Aufmerksamkeit schweifen lässt, sich selbst vergisst, behauptet schon Plutarch (45–120): »Was schaust du fremde Übel, du Mißgünstiger, / So scharfen Blickes und gewahrst das eigne nicht?« (*Moralia,* Bd. 1, Nr. 40.) Plutarch erzählt die Geschichte von der Wahrsagerin Lamia, die zu Hause blind gewesen sei, sich aber, sobald sie ausging, die Augen einsetzte, die sie in einem Kästchen bei sich trug. Auf diese Weise konnte sie die äußeren und weltlichen Dinge sehen – aber eben auch nur diese. Schon in dieser Anekdote findet sich die dann von Augustinus ausformulierte und als bezeichnend beschriebene Transformation der lasterhaften *polypragmosýne* in Schaulust *(concupiscentia oculorum).*

Paradies

Über die sprach- und kulturgeschichtlichen Implikationen des Paradieses informiert Heinrich Krauss. Die Umfriedung ist fester Bestandteil des Begriffs; nur ein abgeteiltes und in seinen Grenzen geschütztes Stück Land verdient überhaupt, ein Garten genannt zu werden (vgl. ebd., S. 19 ff.).

Fénelons Vision einer Menschenwelt ohne Häuser zitieren Eva-Maria Seng und Richard Saage (S. 17). Während Fénelon (1651–1715) den religiösen Mythos aufnimmt und seinem Entwurf einer idealen Gesellschaft einbaut, beruft sich Hegel (1770–1831) ein gutes Jahrhundert später auf den Gott der Philosophen, um sodann die mythische Vorwelt gänzlich abzustoßen: »Daß das Paradies verloren ist, zeigt uns, daß es nicht absolut als Zustand wesentlich ist.« Jenes bloß »vorgestellte Paradies« sinke »herab zu einem Moment der göttlichen Totalität, das nicht das absolut Wahrhafte ist.« (*TWA* Bd. 16, S. 267.)

Den Selbstwiderspruch, in den die Vollkommenheitsunterstellung hineinführen muss, rekonstruiert bereits Ludwig Feuerbach (1804–1872). »Entweder war der Zustand Adams im Paradies ein *vollkommener*, wie es die Lehre des Glaubens ist – aber dann ist der Abfall ein Unding, das sich nimmermehr mit der Vernunft zusammenreimen läßt, oder ein *unvollkommener*, aber dann sei der Abfall von seinem ersten Zustande ein gerechtfertigter, notwendiger Abfall und folglich kein Abfall, sondern eine vernünftige, höchst *lobenswerte* Handlung, deren Andenken wir noch heute feiern sollten.« (S. 259.) Hans Blumenberg (*Lebenszeit und Weltzeit*, S. 74 ff.) hat die ungewohnt förmliche Aufrechnung Feuerbachs zu einer These verdichtet, die den Kontrast zwischen Ruhe und Unruhe in die Urwelt der Ruhe zurückverlegt: Paradiese zerstören sich selbst.

Ruhe

Die leiblichen Bedürfnisse des *homme sauvage* verdeutlicht Jean-Jacques Rousseau (1712–1778) im ersten Teil des Diskurses über die Ungleichheit: *la nourriture, une femelle, et le repos*

(S. 106). An gleicher Stelle malt er die Selbstgenügsamkeit des Naturzustandes (S. 95 u. 113) aus und beschreibt das Aufkommen des Perfektibilitätsideals (S. 102 ff.), mit dem das Ende der ursprünglichen Ruhe besiegelt gewesen sei. Rousseau wird sich jedoch mit diesem Befund nicht zufriedengeben. Die Schilderungen der späten Schriften und insbesondere der Spaziergänge, die dem Dasein des *contemplatif solitaire* gewidmet sind, versuchen die Ruhe auf andere Weise, nämlich auf dem Umweg über das Naturerleben zurückzugewinnen. Nicht mehr das religiöse, sondern das ästhetische *sentiment* ist nun der Ort, an dem die bedrängte Ruhe Zuflucht findet. Ihre Unverzichtbarkeit steht für den einsamen Spaziergänger außer Frage: Nur die Ruhe, so der leitmotivische Gedanke der *Promenades*, gewährt uns das Gefühl unserer Existenz *(le sentiment de l'existence;* vgl. Heinrich Meier, S. 137 ff.; zur Rezeption des Gedankenmotivs vgl. Mark William Roche).

Durch die Mühen und die Leistung des Menschen, mit diesem Argument möchte Adam Smith (1723–1790) den spielerisch herbeizitierten Verdacht der Absurdität zerstreuen, »ist die Erde gezwungen worden, ihre natürliche Fruchtbarkeit zu verdoppeln und eine große Menge von Einwohnern zu erhalten« (*Theorie der ethischen Gefühle,* S. 314 ff.). In den älteren Beschreibungen, die den Konsens der Tauschlogik und die rein aus sich selbst sich verstehende Arbeitsmoral noch nicht kennen, ist allerdings der Sinnlosigkeitsverdacht übermächtig. So noch bei Montaigne: Der 42. Essai des ersten Buches schließt mit einem Dialog zwischen dem König Pyrrhos und Kineas, den der Diener mit der Frage einleitet, zu welchem Ende denn sein Herr den anstehenden Afrikafeldzug eigentlich beginne. Pyrrhos nennt ein erstes Ziel, dann ein nächstes und auch noch ein übernächstes. Wenn er sich »aber die ganze Welt unterworfen habe, werde er sich zur Ruhe setzen«.

Montaigne schließt mit der Erwiderung des Kineas, als König könne er sich doch schon jetzt für die Ruhe entscheiden und sich »damit all die Mühen und Gefahren ersparen« (S. 137). Montaigne zitiert die Anekdote als Beispiel einer zeitlosen Lebensklugheit, der er zutraut, die um sich greifende Unruhekultur als töricht zu beschämen.

Geschenk der Ruhe: Der Genesis-Text schildert das Schöpfungsgeschehen als ein auf Tagwerke verteiltes Hervorgehen der Welt aus Finsternis und, so die Ursprungsformulierung, Tohuwabohu. Demnach ist die Ruhe mit der Schöpfung gleichursprünglich. Sie charakterisiert die Situation, die überhaupt erst der Schöpfergott geschaffen und für die Menschen vorgesehen hat. Das impliziert, dass die Ruhe nicht der Normalzustand der Welt ist und es überirdischer Kräfte bedurfte, um sie zusammen mit all dem Übrigen überhaupt erst hervorzubringen. Impliziert ist aber auch, dass das vorzeitliche Tohuwabohu nicht die Unruhe ist, sondern eine Form totaler Gestaltlosigkeit, die jede Vorstellungskraft sprengt und deshalb nur metaphorisch als »wüst und wirr« (Gen 1,2) bezeichnet werden kann. Das Tohuwabohu ist der Name für die aus Menschensicht absolute Unbestimmtheit und Unbestimmbarkeit – für ein Etwas, das weder etwas ist noch nichts.

»Rastlos und ruhelos« – lässt sich die Tragweite dieser Faustformel auch nur annähernd ermessen? In seinem jüngsten Roman hat Ralf Rothmann die Lösung gefunden, einen erschöpften Kriegsheimkehrer nach einer Familienbibel greifen und die entsprechende Stelle nach mühsamer Entzifferung laut lesen und mit dem Daumennagel markieren zu lassen. Kunstvoll und doch unaufdringlich umrahmt das Bibelwort die monströsen Ausschläge des Romangeschehens (*Im Frühling sterben,* S. 13 u. 225; s. a. S. 182). – Der Späthellenismus hat den Bezug des Fluchwortes, das im Genesis-Bericht den Brudermörder Kain trifft, zur Sphäre des menschlichen Erlebens beiläufig bestätigt. Um die Erfahrung der Unausgeglichenheit zu beschreiben, unter der er die Zeitgenossen leiden sieht, nennt Seneca sie »*semper instabiles mobilesque* – stets ruhelos und unbeständig« (*De tranquillitate animi* 2, 7). Die Unruhe, das nimmt dem Befund nichts von seiner Dramatik, erscheint allerdings stoisch nicht als Welt-, sondern als Menschheitsschicksal. Für eine Ethik, die ganz wesentlich auf die Festigung des Kosmosvertrauens setzt, kann die Unruhe das letzte Wort nicht sein.

Seneca (4 v. Chr. – 65 n. Chr.) entwickelt seine *tranquillitas*-Formel und ebenso die Orientierung an der Vernunft in den Briefen (vgl. 92, 3), um schließlich hinzuzufügen: Die Vernunft »lässt sich nicht entmutigen und hält dem Geschick stand«. Den Begriff der *tranquillitas* erläutert die eigens diesem Thema gewidmete Schrift (vgl. 2, 4); die systematische Aufspaltung des Ruhebegriffs findet sich wiederum in den Briefen (vgl. 3, 5). – Auch Marc Aurel möchte die Ruhe nicht wie das Alte Testament als Geschenk verstanden wissen, sondern, wie er im Einvernehmen mit der stoischen Tradition betont, als das Resultat beharrlicher Selbstsorge (4, 3; 10, 12 u. pass.).

Meine These, dass Ruhe sei, was nicht unruhig ist, vervollständigt die untenstehende These zum Stichwort Unruhe.

Theorien der Ruhe sind dünn gesät und halten kaum jemals, was sie versprechen. Das gilt auch für die Überlegungen Pierre Joseph Proudhons (1809 – 1865). In der Einleitung seiner Schrift zur Verteidigung der Sonntagsruhe (1845) kündigt der französische Sozialphilosoph eine *theorie du repos* (S. VI) an, die dann freilich weder an dieser Stelle noch überhaupt jemals zustande gekommen ist. Der angebotene Ruhebegriff folgt dem Modell der Pause und der Rast, ist also rein kompensatorisch und vom Primat der Arbeit her gedacht. Proudhons Ruhe, die im wesentlichen das freie Wochenende meint, soll den Bedürfnissen Raum geben, die bei der Arbeit zu kurz kommen, und die Kräfte wiederherstellen, die in der Arbeit verschlissen werden.

Ruhe des Wörterbuchs: Sogar die große *Encyclopédie,* die geistige Summe des Aufklärungszeitalters, ging zunächst mit der Zusage an den Start, durch Bereitstellung von geprüftem Wissen etwas Bleibendes zu schaffen, das über die Unruhe des Gelehrtenstreits erhaben ist. Die Enzyklopädie, mit diesen Worten bestätigt Mitherausgeber Jean le Rond D'Alembert (1717–1783) die Idee der Diktionarität, »soll eine geheiligte Stätte werden, in der das Wissen der Menschen vor den Zeitläuften und Revolutionen gesichert wird«. (S. 108.)

Schicksal

»Über das eine gebieten wir, über das andere nicht« – so Epiktet (50–138; *Handbüchlein,* Nr. 1). Frei aber werden wir nur sein, ergänzt Epiktet, wenn wir »alles zu verachten« gelernt haben, »worüber wir nicht gebieten« (Nr. 19). Ein erstaunliches Beispiel für thematische Konstanz bietet Albert Camus, der in das berühmte Schlusskapitel seines *Mythos vom Sisyphos* (1942) den Satz aufgenommen hat: »Es gibt kein Schicksal, das durch Verachtung nicht überwunden werden kann.« (S. 99; vgl. Breidert 1977.) Die Übereinstimmung reicht über Ähnlichkeiten der Formulierung weit hinaus: Wie bei Epiktet geht auch bei Camus die Erwartung dahin, dass das Schicksal, sobald es auch nur ein einziges Mal bezwungen ist, *überhaupt* bezwungen ist.

Seneca sieht den Menschen im Krieg mit dem Schicksal (an Lucilius 51, 8), weitere Hinweise entnehme ich dem 8. Brief sowie der Schrift über die Vorsehung (*De providentia* 6,7). Der stoische Versuch, das Schicksal durch den Nachweis der hintergründig waltenden Gesetzmäßigkeit natürlicher Verläufe zu entdämonisieren, war auch wissenschaftsgeschichtlich folgenreich. Bis weit in die Moderne hinein bleibt die Verlässlichkeitszusage der antiken Naturlehren für das wissenschaftliche Weltbild maßgebend und festigt das »Stabilitätsdogma« der Physik. »Erst in den 1960er Jahren begann sich das zu ändern. Die Entwicklung der Computerarchitektur war nun soweit vorangeschritten, dass instabile Prozesse nichtlinearer Modellgleichungen durch Computersimulationen numerisch zugänglich und partiell behandelbar wurden. [...] Was an die Stelle des Stabilitätsdogmas treten könnte, ist allerdings bis heute nicht abschließend geklärt und gab Anlass zu innerwissenschaftlicher Diskussion. So scheinen mit der Thematisierung der Instabilität die Naturwissenschaften ein weiteres Mal in eine selbstreflexive Phase einzutreten: Sie nehmen wissenschaftstheoretische sowie naturphilosophische Fragestellungen aus innerer Notwendigkeit heraus auf.« (Vgl. Jan Cornelius Schmidt, 2015, S. 24 ff., zum Komplementärbegriff der *Instabilität* und zum physikalischen Chaos-Begriff s. ebd., S. 27 ff.).

Dass die Geschichte nicht – und gerade nicht – als »die abstrakte und vernunftlose Notwendigkeit eines blinden Schicksals« aufzufassen sei, sondern als »die Auslegung und *Verwirklichung des allgemeinen Geistes*«, stellt Hegel in seiner Rechtsphilosophie (§ 342; *TWA* Bd. 7, S. 504) unmissverständlich klar. Die Geschichte, darauf hat Hegel immer wieder hingewiesen, wird sich in ihrer Erzählung, die stets zugleich Erzählung von ihr selbst ist, zum Ereignis: In der polemischen Begegnung mit dem, was bis in die Neuzeit hinein das Schicksal gewesen war, entdeckt sie ihre Mission als vernunftgeleitete Bezwingerin der Unruhe.

Kants Verabschiedung des Schicksals findet sich in Bd. 3 der *Akademie-Ausgabe* auf S. 99. Die Vorgeschichte und das allmähliche Verschwinden des Schicksalsbegriffs dokumentiert Margarita Kranz (1992).

Die Begegnung mit Napoleon im September 1808 schildert Goethe mit der Verzögerung mehrerer Jahre, sein Bericht erschien posthum (vgl. *HA* Bd. 10, S. 543–547; die Zitate S. 545 f.).

Nach der frühen Vorveröffentlichung (vgl. *GA* Bd. 1, S. 483–491) hat Georg Simmel (1858–1918) seine »Anmerkung über den Begriff des Schicksals« in die späte *Lebensanschauung* aufgenommen (ebd., Bd. 11, S. 321). Offenbar unter dem Eindruck des Ersten Weltkrieges, dessen Verlauf den Institutionen der Politik und der Gesellschaft hohnsprach, hat Simmel eine unvergleichliche, spezifisch *moderne* Form der Schicksalserfahrung erwogen.

Sitzen

Meineckes Erinnerungsbericht (S. 102 f.) ist vonseiten Simmels, dessen Korrespondenz nur lückenhaft überliefert ist, nicht bestätigt. Eine weit ausholende Kulturgeschichte des Sitzens bietet Hajo Eickhoff (1993).

Die Glosse zu den Kampagnen der Tippgeber und Gesundheitsapostel entnehme ich der *Süddeutschen Zeitung* vom 24./25. Oktober 2015, S. 35. Eine mutwillige Übertreibung ist das allerdings keineswegs. Die gleiche Zeitung berichtet am 24./25. März 2016 (»Wer sich bewegt, zahlt weniger«), dass der zweitgrößte Privatversicherer in Deutschland künftig diejenigen Kunden finanziell besserstellen wird, die per Chipkarte eine auf Fitness bedachte Lebensführung nachweisen können. Der Name des Angebots ist Programm: *vitality.*

Die antisedentäre Polemik des philosophischen Debütanten Rousseau (vgl. *Kulturkritische Schriften,* S. 42/43) und die schwelgerischen Bilder des *far niente,* die dann ein Vierteljahrhundert später in den *Träumereien* auftauchen werden, scheinen einander zu widersprechen. Der Eindruck täuscht. Zeit seines Lebens war Rousseau von der Frage bewegt, ob die Neuzeit sich an das selbstgegebene Versprechen würde halten können, aus eigenen Mitteln einen dem Paradies ebenbürtigen Zustand des Genügens und der Ruhe herbeizuführen. Schon im *Ersten Diskurs* bricht die Dilemmatik dieses Wiederherstellungsverlangens auf: Der Weg, der zur Ruhe führt, will gegangen sein, bestätigt Rousseau, doch dieser Weg führt mit Notwendigkeit über die Unruhe. Folgerichtig inszeniert Rousseau sich selbst als Prometheus und als »der Ruhe der Menschen feindlicher Gott – *dieu ennemi du repos des hommes*«, der gekommen ist, um die Menschen aus ihrem trügerischen Arrangement mit der falschen und verderblichen Unruhe herauszuführen. Motiviert ist diese Kritik durch die leitende These, dass die Wissenschaften und Künste aus der falschen Ruhe des »Müßiggangs – *oisiveté*« hervorgegangen seien und ihn nun in Gestalt ebenjener ziellosen Unrast, die nichts von sich weiß und wissen will, ihrerseits begünstigen. Rousseau kommt zu dem Schluss: »Jeder müßiggehende Bürger *[citoyen inutile]* darf als gefährlicher Mensch angesehen werden.« Der *Erste Diskurs* ist eine einzige Abrechnung mit der Trägheit und Selbstgefälligkeit der bürgerlichen Gesellschaft, die sich in der Unruhe eingerichtet und nun, anders als die zeitgenössischen Aufklärer unterstellen, gar kein Interesse daran hat, ein ungeschöntes Bild ihrer selbst zu gewinnen. Im *Zweiten Diskurs* nimmt Rousseau den Themenfaden auf und will erklären, wie die Menschen überhaupt dahin kommen konnten, diese falsche, diese »nur in der Vorstellung existierende Ruhe *[repos en idée]*« der »wirklichen Glückseligkeit«, und das heißt: der echten Ruhe vorzuziehen (*Zweiter Diskurs,* S. 68 f.; s. a. S. 230 f.). Diese echte oder wahre Ruhe und Muße *[loisir]* ist Rousseaus Gegenentwurf zur Selbstgefälligkeit der bürgerlichen Gesellschaft und ihrem allzu bequemen Arrangement mit der Unruhe. – Als einhundert Jahre später Gustave Flaubert seine braven Helden Bouvard und Pécuchet auf die gleiche Spur setzt und sie ausschickt, den Kulturwert der verschiedenen Handwerke und Wissenschaften zu prüfen (der Roman erschien posthum im Jahr 1881), müssen auch sie erfahren, dass der Neuzeittraum der Annäherung von Wissen und Lebensglück ausgeträumt ist. Das im Entwurf überlieferte Schlussstück des Romans zeigt die eben noch Unentwegten sitzend, wie sie das Wissen der Welt mit der Hingabe derer zu Papier bringen, die die Aufgeregtheiten des Lebens hinter sich haben. Sich gemeinsam ein Schreibpult teilend, sitzen sie nun da und betätigen sich wieder, wie einst, als Kopisten. Der Flaubert-Leser Nietzsche hat die Provokation herausgespürt, die sich hinter dieser geballten Harmlosigkeit verbirgt: »On ne peut penser et écrire qu'assis (G. Flaubert). – Damit habe ich dich Nihilist! Das Sitzfleisch ist gerade die *Sünde* wider den heiligen Geist. Nur die *ergangenen* Gedanken haben Werth.« (*Götzen-Dämmerung, Sprüche und Pfeile,* Nr. 34; *KSA* Bd. 6, S. 64.) In seiner *Fröhlichen Wissenschaft* (ebd., Bd. 3, S. 614) versichert Nietzsche, es einem Buch ansehen zu können, ob sein Inhalt unterwegs und im Freien entstanden sei oder »sitzend, vor dem Tintenfass, mit zusammengedrücktem Bauch, den Kopf über das Papier gebeugt«. Simmel könnte seinem Gastgeber, der sich auf seine Buchgelehrsamkeit etwas zugutehielt, diese antisedentären Possen in Erinnerung gerufen haben; die Indigniertheit Meineckes, der dem stehenden Redner gegenübersaß, wäre damit erklärt.

Die Politisierung der antisedentären Polemik (vor deren Hintergrund der leise Widerstand Bouvards und Pécuchets überhaupt erst hervortritt) betreibt Freiligrath in seiner Hamlet-Dichtung (*Glaubensbekenntnis,* S. 254).

Dem kaffeetrinkenden Fontane begegnet der Leser im *Ehebriefwechsel* (S. 468 f.).

Stillstand

Virilios Ausblick auf das mediale Welttheater erschien erstmals 1990 unter dem Titel *L'inertie polaire;* die deutschsprachige Ausgabe bringt die Klage über den Stillstand auf S. 124 f. Inzwischen ist die Entwicklung weiter vorangeschritten, und es stellt sich ernsthaft die Frage, weshalb man überhaupt reisen sollte, wo doch der Zweck der Globalisierung gerade darin besteht, Startpunkte und Zielorte einander immer ähnlicher zu machen.

Galilei (1564–1642) droht mit dem Medusenblick im fünften Buch der *Opere* (Bd. 5, S. 235). Einen konzisen Vergleich zwischen aristotelischer und galileischer Kinetik, zwischen der Bewegung als »Zustand« und der Bewegung als »Veränderungsprozeß« bietet Alexandre Koyré (S. 16ff. u. 36ff.). – *Eppur [la terra] si muove! – Und [die Erde] bewegt sich doch!*

Unter den Polemiken gegen den Stillstand ragt die Metapher der stehenden Gewässer hervor, die schon Platon dem Verdacht aussetzte, Brutstätten des Verderblichen, Giftigen und Bösen zu sein (vgl. *Theaitetos* 153c). Schlaglichter dieser Geschichte versammelt der Band über das *Stillstellen* (2004), der allerdings schon mit seiner Titelformulierung die Zumutung abschwächt, die der Stillstand, der eben vollkommen absichtslos ist und einfach nur *steht*, für die Unruhewelt bedeutet.

Für Benjamins (1872–1940) Strategie der Stillstellung und des Stillstandes finden sich Hinweise vor allem in den späten geschichtsphilosophischen Thesen (vgl. These 10 und 16); das Bild der »erstarrten Unruhe« hat Benjamin bei Gottfried Keller gefunden, der, wie bereits Galilei, den Bezug zum Medusen-Mythos herstellt. Zur leitmotivischen Funktion des Gedankenmotivs bei Benjamin vgl. Konersmann (1991), S. 161–167.

Rousseaus teleologische Erwägungen beschließen das Exordium zum *Zweiten Diskurs* (S. 75). Die Übertragung des Stillstandmodells von der geschichtlichen Zeit auf die ästhetische Erfahrung findet sich in den *Träumereien* (S. 88).

Gute Mutter: »›Ich tadle nicht gern, was immer dem Menschen / Für unschädliche Triebe die gute Natur gab; / Denn was Verstand und Vernunft nicht immer vermögen, vermag oft / Solch ein glücklicher Hang, der unwiderstehlich uns leitet.‹« In Goethes *Hermann und Dorothea* sind dies die Worte eines weisen Mannes (*HA* Bd. 2, S. 440; Vers 84–87).

Adornos nachromantisches Impromptu findet sich im vierten Band der *Gesammelten Schriften* auf S. 179. Es ist nicht auszumachen, ob Adorno die *Träumereien* Rousseaus vor Augen hatte, als er den Essay *Sur l'eau* schrieb. Als Vermittler bietet sich Friedrich Hölderlin an, der das Bild aus der *Politeia* genommen haben könnte (vgl. Pol. 527d–530c); in der letzten Fassung der »Mnemosyne« heißt es: »Uns wiegen lassen, wie / Auf schwankendem Kahne der See.« (*SW* Bd. 1, S. 437.)

Trägheit

Das Gespräch Blaise Pascals (1623–1662) mit Louis-Isaac le Maistre de Sacy (1613–1684), der sich als Übersetzer des Alten Testaments einen Namen gemacht hatte, zitiere ich nach der Ausgabe der *Kleinen Schriften* (S. 111–147, insbes. S. 126, 137, 139, 141 f., 145; s. a. *Gedanken,* S. 143; Nr. 208/435). Pascals intellektuelle Versuchsanordnung funktioniert, weil Michel de Montaigne (1533–1592) ihr bereits vorgearbeitet hatte. In seinem Essai über die prägende Kraft der Einstellungen (I 14) empfiehlt Montaigne, unter den vielen Anlagen, die der Seele verfügbar seien, diejenigen zu bevorzugen, die »unserer Ruhe und Erhaltung – *[nostre repos et conservation]*« dienlich sind (S. 33). Dass diese Wahl überhaupt getroffen werden muss, ergibt sich für Montaigne daraus, dass wir Menschen, anders als die Tiere, die Orientierung am »rechten Maß« der Natur längst aufgegeben haben. Genau diesen Übertritt in die Sphären der Ungebundenheit und der durch keine natürliche Vorgabe mehr im Zaum gehaltenen Unruhe nennt Montaigne *Emanzipation*: »Nachdem wir uns […] von den natürlichen Regeln emanzipiert haben *[nous nous sommes emancipez de ses regles],* um uns der ungezügelten Freiheit unserer Gedankenspiele zu überlassen, sollten wir uns wenigstens dazu verhelfen, diese in die uns dienlichste Richtung zu lenken.« (Ebd.) Pascal greift Montaignes Empfehlung auf und überträgt sie auf die Gegenwart: auf die soeben sich abzeichnenden Anforderungen der Neuzeit. – Das Thema hat Pascal nicht losgelassen. In dem literarisch ungemein modern anmutenden, mit Zitaten, jähen Brüchen und Perspektivwechseln operierenden Fragment über das Mysterium Jesu, das den *Pensées* beigegeben ist, entfaltet Pascal die Situation des von Gott und den Jüngern verlassenen Jesus: Jesus *dans l'ennui* und *dans l'agonie.* Zu diesen Erfahrungen gehört, dass Jesus erleben muss, wie seine Feinde wachen und seine Freunde schlafen. Ist nun dieser Schlaf der Jünger das Zeichen sündhafter Trägheit? Pascal untersucht zunächst die Asymmetrie der Situation: Im Schlaf der Jünger zeige sich ihre menschliche Schwäche – ebenjene Schwäche, um deretwillen sie des Beistandes Jesu bedürfen. Demnach ist ihr Schlaf nicht Lieblosigkeit oder Verrat, sondern ein Zeichen. Ihr Schlafbedürfnis lässt sie erfahren, was sie sind. Jesus, der dies alles sieht und weiß, reagiert entsprechend. Statt sie zu tadeln, ist er, wie Pascal erläutert, »so gütig, sie nicht aufzuwecken, und er läßt sie ruhen«. Das Thema der Szene ist die Unterscheidung von richtiger und falscher Ruhe. Der Schlaf der Jünger zeigt ihre Behütetheit, die Jesus mit den Worten bestätigt: »Tröste dich – *ne t'inquiète donc pas.*« Die Jünger erfahren, dass zwischen ihnen, den arglosen Schläfern, und dem von Agonie erfassten Jesus »keine Übereinstimmung« besteht. Es ist also nicht nur so, dass der wahre Glaube die Menschen ruhig schlafen lässt; er sorgt auch dafür, dass sie es ohne Schuldgefühle dürfen.

Im Verlauf seiner Geschichte ist es nur selten gelungen, den aus heterogenen Quellen gespeisten Begriff der *Trägheit* trennscharf zu halten. Schon in der Antike changieren die Na-

Abb. 13: Pier Francesco Mola, *Turco dormiente, allegoria del Temperamento flemmatico (Allegorie des phlegmatischen Temperaments)*, ca. 1647–50.

men und Bedeutungen, und die Allegorese der Kirchenväter lässt, indem sie der *acedia* allerlei terminologische »Schwestern« und »Töchter« beigesellt, das Wortfeld weiter wuchern. Neben die bald als Synonyme, bald als Nachbar- oder auch als Konkurrenzbegriffe behandelte Langeweile, die Nachlässigkeit und die Melancholie tritt etwa die *malitia:* die Hassliebe zum Guten; außerdem der *rancor:* die Empörung des schlechten Gewissens; oder die *pusillanimitas:* die Kleinmütigkeit; die *desparatio:* die Gewissheit des Verdammtseins; der *torpor:* die Blödheit der Verblüffung; die *verbositas:* das leere Gerede – und einiges mehr. Einen Überblick bietet Yves Hersant (2005).

Montaigne selbst resümiert seine literarische Großtat anders. Sein Schluss-Essai über die Erfahrung berichtet von dem späten Glück, im Vollzug des Schreibens den ersehnten Seelenfrieden endlich gefunden zu haben. Mit dieser Schilderung der privaten Lösung hätte allerdings Pascal den entscheidenden Einwand noch immer bestätigt gefunden, dass Montaigne und mit ihm die Neuzeit weit davon entfernt sind, zu begreifen, worauf sie sich eingelassen haben. Es bedarf keines Nachweises, dass Pascal seinem Autor nicht gerecht werden will. Selbst da, wo er ihn würdigt, begegnet er ihm durchweg als Polemiker und nicht als Interpret. Zu Pascals gelegentlicher Überschärfe, von der nicht nur Montaigne betroffen war, vgl. Romano Guardini, S. 229 ff.

Die liberale Trägheitslehre Benjamin Constants (1767–1830) referiert Henning Ritter (2010), dem auch die Zitate zu verdanken sind (S. 906 u. 908; vgl. Constant 1970, S. 283 u. 325).

Zum Abschluss ihrer Vorlesung über das Böse, die sie 1965 in New York gehalten hat, spricht Hannah Arendt (1906–1975) über die Bürgerpflicht politischer Verantwortung und über die Weigerung, sich ihr zu stellen. »Diese Indifferenz stellt, moralisch und politisch gesprochen, die größte Gefahr dar, auch wenn sie weit verbreitet ist.« (S. 150.) Arendt plädiert, wohlgemerkt, nicht für das habituelle Beunruhigtsein des Aktionismus, sondern begründet die Wächterfunktion staatsbürgerlicher Vernunft, und so treffen sich ihre Überlegungen am Ende doch noch mit dem Denken Hegels: in der Überzeugung, dass, wie Hegel in seinen *Geschichtsphilosophischen Vorlesungen* (vgl. *TWA* Bd. 12, S. 23) sagt, die Vernunft – anders als die Jünger Jesu – nicht schlafen darf.

Umherirren

Der amtliche Migrationsbegriff findet sich im *Migrationsbericht 2015 des Bundesamtes für Migration und Flüchtlinge im Auftrag der Bundesregierung*, Stand Dezember 2016, S. 11, sowie auf der Homepage des Bundesinstituts für Bevölkerungsforschung: http://www.bib-demografie.de, abgerufen am 18. 1. 2017.

Die Etymologie rekonstruiere ich mit Hilfe des Standardbelegs bei Cicero (*Gespräche in Tusculum* I, 98).

Als Stimme der zeitgenössischen Migrationsforschung zitiere ich Arnulf von Scheliha (2013, S. 272). Wie schon bei jener amtlichen Definition fällt der kontraintuitive, ja fiktive Kern dieser Vorstellung einer »freien Migration« ins Auge, die in den aktuellen Fachdiskussionen auch der beteiligten Wissenschaften als Standard gesetzt ist. Sebastian Conrad (2016) hat rekonstruiert, wie diese Projektion eines freien Willens zur Mobilität zustande kam. Demnach ist sie im Verlauf des 19. Jahrhunderts in den Vereinigten Staaten aufgekommen, als man sich entschloss, die bis dahin unkontrollierten Zuwanderungsflüsse zu kanalisieren und Rekrutierungskriterien verbindlich festzulegen. In dieser Situation bot die Fiktion des »freien Migranten« die Möglichkeit, die erfolgshungrigen und gutausgebildeten Einwanderer aus Europa von den eher unerwünschten Zuwanderern aus Asien, die als fremdgesteuerte, von Clans und Schleusern gelenkte Zwangsarbeiter galten, zu unterscheiden. Mit der Idealfigur des »freien Migranten«, schließt Conrad, sei zur »abstrakten juristischen Formel« geronnen, »was zunächst eine zutiefst rassistisch motivierte Ausgrenzungspraxis war«. Mit Moral hat diese vermeintlich offene Flüchtlingspolitik wenig zu tun; auf subtile Weise be-

Abb. 14: Flüchtlinge im Jahr 2015 auf der Autobahn in Richtung Norden.

dient die Fiktion des »freien Migranten« die Interessenlage der Ankunftsländer, die aus der Situation ihren Nutzen ziehen und ein gutes Gewissen dabei haben.

Francis Bacon kommentiert das Menschheitsereignis der großen Fahrt, auf das auch sein Frontispiz anspielt, gleich zu Beginn des *Novum Organum* und dann noch einmal in der »Distributio operis«. Dort wird das Motiv mit dem Wiederherstellungsanspruch zusammengeführt und die Vision der Heimkunft vorbereitet, mit der das Werk effektvoll schließt. Doch schon im ersten Teil wird dieses Finale umsichtig angebahnt. Es sei von der Vorsehung beschlossen, heißt es dort (I 93; s.a. 207) unter Berufung auf den Daniel-Vers, »daß die Durchwanderung der Welt *[pertransitus mundi]*, die nach so vielen langen Seereisen so gut wie erreicht oder wenigstens schon nahe bevorzustehen scheint, und die Vertiefung der Wissenschaften in dasselbe Zeitalter fallen«.

Die berühmte Waldszene präsentiert Descartes im dritten Teil des *Discours* (Abschnitt 3).

»Etwas Besseres als den Tod findest du überall« – die Parole findet sich in jener Erzählung, die als das Migrationsmärchen schlechthin gelten darf: in der erstmals 1819 von den Brüdern Grimm vorgelegten Version der »Bremer Stadtmusikanten« (Bd. 1, S. 146).

Die Erfahrung der Fremdheit: Im Bildraum des Migrationskonzepts, das die Ankömmlinge besser kennt als sie sich selbst, ist ihnen ihr Platz immer schon zugewiesen. Für deren eigene Wahrnehmung des Geschehens besteht entsprechend wenig Interesse, zumal sie, wo sie doch einmal geäußert wird, der Darstellung des unruheerprobten Migrationsuniversalismus eklatant widerspricht. »Migration ist Bruch und Entwurzelung«, schreibt der marokkanische Schriftsteller Tahar Ben Jelloun, »Migranten sind wie Bäume, die man aus der Erde reißt und anderswo einpflanzt, aber dort können sie kaum wachsen; außerhalb der Ursprungserde ist es schwer, Wurzeln zu schlagen.« (2016, S. 74.)

Unbehagen

John Locke (1632–1704) entfaltet die Semantik der *uneasiness* in seinem *Essay Concerning Human Understanding* (vgl. insbes. II 21, 29).

Den revolutionären Angriff auf das Behagen trägt Maximilien de Robespierre (1758–1794) in jener Konventsrede vor, die den Terror als »Emanation der Tugend« feiert (in der deutschsprachigen Übersetzung auf S. 15; s. a. S. 21). So wenig wie Freud traut Robespierre der Geschichte. Das Unbehagen ist ein Drängen, dem unverzüglich zu entsprechen ist; auf die Nachwelt ist kein Verlass.

Jean-Jacques Rousseau (1712–1778), der wiederholt vor den Gefahren politischer Umwälzung warnt, erinnert an die Unumgänglichkeit, zum Glücklichsein auch bereit zu sein, in seinem *Zweiten Diskurs* (S. 25).

Die zeitgenössische Aufgabe vornehmlich des Kunstideals besteht nach G. W. F. Hegel (1770–1831) darin, dem Dasein nachzuweisen und vor Augen zu stellen, dass es »schlechthin nicht ist, wie es sein soll« (*TWA* Bd. 13, S. 234). Mit entsprechender Entschiedenheit destruiert Hegel an gleicher Stelle das Idyllische als Ausflucht und illegitime Abstraktion: »Die idyllischen Zustände unserer heutigen Gegenwart haben wieder das Mangelhafte, daß diese Einfachheit, das Häusliche und Ländliche in Empfindung der Liebe und der Wohlbehägigkeit eines guten Kaffees im Freien usf., gleichfalls von geringfügigem Interesse sind, in dem von allem weiteren Zusammenhange mit tieferen Verflechtungen in gehaltreichere Zwecke und Verhältnisse bei diesem Landpfarrerleben usf. nur abstrahiert wird.« (Ebd., S. 250.) Die Idylle, so der Einwand Hegels, unterläuft die der Kunst gestellte Aufgabe, noch im Kleinsten das Verstricktsein mit den großen »Weltbegebenheiten« aufzuweisen. Abstrakt in diesem Sinn ist aber auch das Gegenteil dieser Ausflucht, das hilflos im Zeitgeist gefangene, sich dem Idyllischen entgegenwerfende Unbehagen, das bei Hegel »unglückliches Bewußtsein« heißt. Unfähig, über die Negation des Bestehenden hinauszugelangen und zu einer eigenen Position zu finden, richtet sich das unglückliche Bewusstsein in der Haltung des Verneinens ein und vermag nicht einmal für sich selbst etwas Greifbares darzustellen. Es verliert sich in Empörung und Erregung, in Widerstand und Aktionismus. Sein Denken, urteilt Hegel, »bleibt das gestaltlose Sausen des Glockengeläutes oder eine warme Nebelerfüllung, ein musikalisches Denken, das nicht zum Begriffe, der die einzige immanente gegenständliche Weise wäre, kommt« (ebd., Bd. 3, S. 168). Unruhe und Idylle sind einander spiegelbildlich zugeordnete Verfehlungen: Während die Idylle die Ruhe erzwingen will und folgerichtig den Bezug zur Wirklichkeit verliert, ergibt sich das unglückliche Bewusstsein, mit ähnlichen Resultaten, der Haltlosigkeit der reinen Unruhe.

Zu Philipp Otto Runge (1777–1810) und seinen Scherenschnitten vgl. *Runge in seiner Zeit* (S. 70 ff.); dort auch Näheres zum »Tempel der Zufriedenheit«. Bereits Rousseau hat Voltaire vorgehalten (vgl. *Briefe,* S. 8 f. u. 24 f.), das Bild der Welt in den düstersten Farben zu malen, um die Menschen für die Forderung der Weltveränderung ansprechbar zu machen.

Die kulturtheoretischen Äußerungen Sigmund Freuds (1856–1939) entstammen dem Aufsatz über das Unbehagen in der Kultur (*StA* Bd. 9, S. 220, 269 u. ö.). Die Publikation des rasch nachgeschobenen Selbstkommentars ist Richard F. Sterba (1978) zu danken. – Die Auslegung des *nil admirari,* auf das Freud in seiner Selbstbezichtigung anspielt, offenbart ein populäres Missverständnis des stoischen Lebensideals. Die klassische Referenzstelle stammt in der Tat aus den Briefen des Horaz (65–8 v. Chr.): »Nichts anstaunen *[nil admirari]*: nur dies im Grunde, dies allein kann Menschen glücklich machen und erhalten.« Das Staunen, fügt Horaz hinzu, droht uns wie das Begehren unfrei zu machen, es erzeugt »beklommene Unruhe – *[pavor molestas]*« (*Epistolae* I 5,6; s. a. Marc Aurel I 15). Aus ihrer gedanklichen Umgebung gerissen, fällt es nicht schwer, die stoische Intuition der »Leidvermeidung« (so der Ausdruck Freuds; vgl. *StA* Bd. 9, S. 204) als anrüchig erscheinen zu lassen. Schon das Christentum verwarf das *nil admirari* als Ausdruck stoischer Mitleidlosigkeit; den Propagandisten der Empfindsamkeit galt es als Zeichen der Abgestumpftheit; den politisch Engagierten schließlich als Verweigerung und sogar als Verleugnung des Leidens an der Gesellschaft. Wo Betroffenheitswerte den Ton angeben, hat das Gerücht von der Verhaltenslehre der Kälte leichtes Spiel. In Wirklichkeit verzerrt es, wie Senecas Erläuterungen zur Haltung der *impatientia* zeigen, die Ausgangsintuition zur Karikatur. Bei Seneca verwindet der Weise, der über das Staunen hinaus ist, wohl vielerlei Missgeschick, aber – und diese Präzisierung ist entscheidend – »er empfindet es« zugleich (*sentit*; s. a. *Briefe*, 9, 3). Nicht, wie Freud argwöhnt, auf das Abtöten der Gefühle will das *nil admirari* hinaus, sondern auf die Balance zwischen Erkennen und Empfinden, die aus stoischer Sicht eine Bedingung gelungenen Lebens ist. »Nur dem Weisen gefällt das Seine«, mit diesem klassischen, ganz ähnlich von Cicero und Montaigne vorgetragenen Argument beschließt Seneca seinen 9. Brief: »jede Torheit *[stultitia]* leidet am Überdruss an sich selbst – *[fastitio sui]*.« (Ebenso *De tranquillitate animi* 17, 2.) Dieser Überdruss an sich selbst ist, wie Lockes *uneasiness,* ein Vorgriff auf Freuds Unbehagen. Der Unterschied ist freilich, dass der Gedanke, die systemische Unzufriedenheit als Antrieb des gesellschaftlichen Fortschritts einzuspannen, den antiken Weisheitslehren fremd ist – nicht nur, weil das Unbehagen die Menschen entzweit, sondern weil seine Kultivierung selbstschädigend und eine Quelle des Irrtums ist. Genauso haben sich noch Max Weber (1862–1920) und der französische Ethnologe Marcel Mauss (1872–1950) das Wort des Horaz als Maxime theoretischer Arbeit zu eigen gemacht: »Sich nicht wundern. Nicht in Zorn geraten« (Mauss, S. 49).

Freud und ein Teil seiner Leserschaft haben den gegenteiligen Schluss gezogen. Wenn schon das Staunen entfällt, soll wenigstens das Unbehagen lebhaft sein, uns packen und aufrütteln. So erzwingt das Unbehagen die Unruhe, während gleichzeitig die Haltung der Epoché (vermittelt über das Klischee des Elfenbeinturms) und der Wunsch nach Leidensfreiheit (vermittelt über das Klischee der sozialen Kälte) suspekt werden. – Freudianer werden im übrigen bemerken, dass der Erfinder der Psychoanalyse im Verlauf seiner Selbstbezichtigung von einem seiner Hauptthemen eingeholt wird. Es war Freud, der das Vergessen auf das Gefühl der Unlust zurückgeführt und es als Hinweis auf »verdrängte« Erinnerungen gedeutet hat. So entpuppt sich die Selbstkorrektur im vertrauten Kreis als ein Stück Autoanalyse: als das Eingeständnis, den Wunsch nach Unbehagensvermeidung hin und wieder selbst empfunden und ihm nicht immer widerstanden zu haben.

Unruhe

Meine These, dass *Unruhe sei, was nicht ruhig ist,* vervollständigt die obenstehende, gleichfalls kursivierte Auskunft zur Ruhe. So wenig wie diese versteht sie sich als förmliche Definition. Sie fungiert eher als methodische Anweisung, wie sie in vergleichbarem Zusammenhang Hans Blumenberg für die Geschichte der Wirklichkeitsbehauptungen formuliert hat. Wie im Fall des Wirklichkeitsbegriffs würde die analytische Beschränkung auf das Begriffswort und seine Verwendungsgeschichte auch im Fall der Unruhe auf die Hypostasierung eines Gegenstandes hinauslaufen, der seine faktische Geltung gerade nicht über die Durchsetzung eines einzelnen Wortes oder einer isolierbaren Idee gewonnen hat, sondern über die Vielgestaltigkeit und fortwährende Aktualisierung eines ganzen Bündels familienähnlicher Überzeugungen, Vorstellungen und Erwartungen. Streng genommen hat die Unruhe keine Geschichte; sie ist immer nur das, was Menschen ihr in bestimmten Situationen zugetraut haben und bis heute zutrauen.

Eine vollständige Übersicht über die Emblemsammlung der Bunten Kammer bietet der Band über die *Gesprächskultur des Barock* (2014). Weitere Hinweise zum »Sans repos« finden sich dort auf S. 60 (Nr. L 10).

Jacob Burckhardts hermeneutische Einsicht entnehme ich der posthum veröffentlichten *Geschichte des Revolutionszeitalters* (S. 21).

Ich spiele an auf das Schlussstück des *Candide* (S. 186) sowie auf Voltaires Abrechnung mit Pascal (die seine *Philosophischen Gespräche* von 1725 effektvoll beschließt). Ungeachtet dessen folgt auch Voltaire, wenngleich mit gegensätzlicher Wertung, der Diagnose Pascals, wonach eine Vernunft, die alles und jedes vor ihren Richterstuhl zitiert, nichts von sich aus als gegeben und gerecht anerkennen kann und deshalb »mit der Zeit alles ins Wanken« bringt (*Pensées* 59/296).

Mit der Positivierung des Unbestimmten sowie der Tragfähigkeit dieser Figur als Theorie der Moderne befasst sich die Festschrift für Gerhard Gamm und speziell der Eröffnungsbeitrag von Andreas Hetzel. Dort heißt es: »Gleichzeitig vermag das Negative die Moderne aber auch zu orientieren. Wir leben nicht einfach nur in einer Zeit der *Abwesenheit* von Gründen und Begründungen, sondern in einer Zeit, *in der diese Abwesenheit selbst als Grund zu fungieren vermag.* Das Negative hat, wie schon Hegel wußte, eine normative Kraft […]. Es wird zum Utopischen in der Politik, zur Würde in der Ethik, zur Freiheit in der Gesellschaft« (S. 11). Wollte jemand der Moderne das Paradox einer metaphysikkritischen Metaphysik nachweisen wollen, würde er, wie ich vermute, an dieser Stelle fündig werden.

Der französische Rechtswissenschaftler und Soziologe Maurice Hauriou (1856–1929) definiert seine *idée directrice* auf S. 47 und beruft sich auf den Vitalismus Claude Bernards. Als *idée directrice* möchte Hauriou den dominanten Vorstellungszusammenhang verstanden wissen, der menschliche Gruppen in ihrem Denken und Handeln vorbewusst anleitet und ihnen das Gefühl der Verbundenheit vermittelt. Die für die Gesellschaften der Moderne brisante Pointe ist, dass auch konfligierende Strukturen wie die Unruhe, oder vielmehr: dass *gerade* sie in der Lage zu sein scheinen, dieses grundlegende, diesseits aller Kontroversen stabile Einvernehmen herzustellen und über den Augenblick hinaus zu sichern.

Das Höhlengleichnis findet sich im siebenten Buch der *Politeia* (vgl. insbes. 516c–517a).

Veränderung

La Fontaines Ausgestaltung des biblischen Erzählstücks findet sich, ergänzt um die Illustration Grandvilles, in der zweisprachigen Ausgabe der *Fables choisies* (1668) aus dem Jahr 1978 (»Le laboureur et ses enfants«, S. 348; Nr. V 9). Georg Simmel erkennt im Graben »die Notwendigkeit und innere Bestimmtheit unseres Geistes« (vgl. *GA* Bd. 14, S. 167). An gleicher Stelle fällt der entscheidende, als Pleonasmus ausgewiesene Begriff »Kulturarbeit« (S. 419).

Ohne es zu wissen: Mit dieser Wendung charakterisiert Pascal die über die Absichten der Beteiligten weit hinausreichende Wirkung des menschlichen Handelns. Was Hegel in seinen Vorlesungen zur Philosophie der Weltgeschichte als »List der Vernunft« ansprechen wird, behandelt Pascal als List der Vorsehung: »Wie schön ist es, mit den Augen des Glaubens *[par les yeux de la foi]* zu sehen, daß Darius und Cyrus, Alexander, die Römer, Pompeius und Herodes, ohne es selbst zu wissen *[sans le savoir]*, für den Ruhm des Evangeliums wirkten« (*Pensées*, Nr. 317/701).

Friedrich Schlegel plädiert für den Eigensinn der Wörter in dem erstmals im dritten Band des *Athenäums* (1800) erschienenen Aufsatz »Über die Unverständlichkeit« (S. 364). Das »immer zu spät«, mit dessen Ausmalung Hegel seine Vorrede zur Rechtsphilosophie von 1821 beschließt, bestätigt die metaphysische Grundierung der Veränderungslogik: »Wenn die Philosophie ihr Grau in Grau malt, dann ist eine Gestalt des Lebens alt geworden, und mit Grau in Grau läßt sie sich nicht verjüngen, sondern nur erkennen; die Eule der Minerva beginnt erst mit der einbrechenden Dämmerung ihren Flug.« (*TWA* Bd. 7, S. 28.)

Den Zusammenhang von Genügsamkeit und Phantasielosigkeit erläutert Rousseau im *Zweiten Diskurs* auf S. 108 (s. a. S. 115).

Das Verständnis von Veränderung als Verbesserung findet sich bei Marx nicht, wohl aber bei Rousseau. In der Reihe der Erwiderungen auf die europaweite Kritik am *Ersten Diskurs* wendet sich Rousseau mit folgendem Appell an Charles Bordes: »Jawohl, verbessern wir uns und hören wir auf zu philosophieren – *Oui, corrigeons-nous, et ne philosophons plus*« (*Schriften* Bd. 1, S. 132). Die Nähe zu den ungleich bekannteren Worten von Marx ist verblüffend, rechtfertigt aber weitere Analogisierungen nicht. Zwar ist der antiphilosophische Affekt bei beiden ausgeprägt, doch das marxistische Vertrauen in die segensreiche Wirkung gesellschaftlicher Umwälzungen ist Rousseau fremd. In der Blindheit des Geschehens wollte er den Beweis dafür gefunden haben, dass der Weg in den Untergang führt. Hätte Marx einen historischen Zeugen benötigt, um seine These zu untermauern, wäre Rousseau die falsche Wahl gewesen. Marx' hypothetischer Gewährsmann heißt La Fontaine.

Das *Kommunistische Manifest* ist zugänglich in der Ausgabe der *MEW* (Bd. 4, S. 459–493). Scharf polemisieren Marx und Engels dort gegen den »Bourgeoissozialismus« eines Pierre Joseph Proudhon (1809–1865), der, statt die »Veränderung« als »Abschaffung« zu begreifen, auf »administrative Verbesserungen« hinauswolle und es »im besten Fall« dahin bringe, »der Bourgeoisie die Kosten ihrer Herrschaft« zu mindern und »ihren Staatshaushalt« zu schonen (S. 489; ähnlich S. 490). Das schöpferische, in erstaunlicher Übereinstimmung mit der Urfabel beschriebene Auseinandertreten von Wissen und Tun beschreibt Marx im *Kapital* (ebd., Bd. 23, S. 88).

»Whatever is, is right« – so der berühmte, auch von den deutschen Aufklärern vieldiskutierte Halbvers aus dem Lehrgedicht *Essay on Man* (1733/34; IV 145) von Alexander Pope.

Warten

Der Attentismus hat religiöse, psychologische und politische Seiten. Der wirtschaftspolitisch interessierte Aufsatz von Walter Kortmann (2004) thematisiert das Zusammenspiel von Unruhe und Attentismus. Je sprunghafter die Politik und je unsicherer die Rahmenbedingungen, desto stärker neigen demnach die Akteure zum Zuwarten, zum Attentismus. Es ist die Unruhe selbst, die sich um ihre Erträge bringt. Dieser schlechten Unruhe der Verunsicherung und Konzeptionslosigkeit steht, wie schon Rudolf Eucken argumentiert hat, die gute Unruhe der Leistungsbereitschaft und des soliden Wachstums gegenüber, die allerdings stabile Grundlagen verlangt: Verlässlichkeit, Absehbarkeit, Konstanz. Wirtschaftliche Prosperität und produktive Unruhe, das ist die Lehre Euckens, brauchen zunächst einmal – Ruhe.

Am Beispiel des Blödelns zeigt Dieter Henrich (1976), wie man sich aus einer Situation, aus der wie beim Warten kein Entkommen ist, geistig befreien kann. Henrich will das Blödeln als »ein Mittel« verstanden wissen, »in einer Zwangslage, die unbestimmt dauert, […] in die Position des Aktiven und in ein durch Rhythmisierung verstärktes Lebensgefühl« (S. 448) zu finden.

Zur »Mikropolitik des Nichtstuns« vgl. Billy Ehn und Orvar Löfgren (2012, insbes. S. 268); die Autoren bieten ein ganzes Kapitel über die Etikette des Schlangestehens (S. 56 ff.) und über die Haltung der »aufmerksamen Unaufmerksamkeit« (S. 61).

Zur Romantisierung des Wartens zählt neben den verbreiteten Klischees über die Wartekompetenz nichteuropäischer

Kulturen auch die Verklärung des einfachen Lebens: die vermeintliche Genügsamkeit der Bettler, Clochards, Müßiggänger und Tippelbrüder (vgl. ebd., S. 12 ff.). Martin Heidegger, der als Mastermind ein erstaunliches Gespür für die geheimen Sehnsüchte seines Publikums besaß, nennt das Warten die »Gegenruhe« (*Feldweg-Gespräche,* S. 153). Gemeint ist eine Art widerständige Ruhe, eine »Gegenbewegung« zu den Forcierungen des »Herangehens«, wie sie für den Gegenstandsbezug der naturwissenschaftlichen Forschung bezeichnend sei.

Von »zögerndem Geöffnetsein« spricht Siegfried Kracauer gleich zweimal im Schlussstück seines erstmals 1922 erschienenen Essays über die Wartenden (*Das Ornament der Masse,* S. 106–119, insbes. S. 116 f.). Kracauer ist weit davon entfernt, die Situation des Wartens durch die Zuschreibung eines Sinns zu verklären. Es ist aber auch nicht die tragikomische *reductio ad absurdum* wie bei Samuel Beckett (vgl. Lothar Pikulik, S. 105 ff.). Fast möchte ich sagen: Kracauers Wartende sind illusionslose, doch keineswegs desillusionierte Pragmatiker.

Über das »unendliche Sich-im-Warten-Verlieren« schreibt Maurice Blanchot (1964, S. 74).

Zerstreuung

Die Situation des unruhigen Herzens verdeutlicht Augustinus am Beispiel seiner selbst: in den Eröffnungssätzen der autobiographisch getönten *Confessiones,* die Ende des vierten nachchristlichen Jahrhunderts abgeschlossen waren. In den Schlusssätzen der Schrift kommt Augustinus auf das Unruhe-Thema zurück und liest nun beides, sowohl die Unruhe des

Herzens als auch die Unruhe der Welt, als Zeichen. Die Wohlgeordnetheit all dieser Veränderungsbewegungen gebe zu erkennen, schreibt er dazu im *Gottesstaat*, dass sie aus der Hand Gottes hervorgegangen und keineswegs Ausdruck »planloser Willkür« (Bd. 2, S. 7; 11, 4) sind. Wenngleich noch weit von der Freigabepraxis der Moderne entfernt, beginnt mit Augustinus die Neubewertung einer Unruhe, die nicht mehr nur als Strafe und Fluch erscheint, sondern als Vehikel auf dem heilsgeschichtlichen Weg der Versöhnung.

Glaubt man der kanonischen Rekonstruktion von Louis Lafuma, dann hat Pascal in seinen *Pensées* der Zerstreuung ein eigenes Kapitel gewidmet (S. 93–104).

Kulturindustrie: Die Verbindung zwischen Pascal und den kultur- und medienkritischen Arbeiten der Kritischen Theorie ist, soweit ich sehe, ein Forschungsdesiderat. 1929 stellt Siegfried Kracauer dem »Geschäftsbetrieb« des Kapitalismus den »Amüsierbetrieb« der organisierten Freizeit gegenüber (*Die Angestellten*, S. 95) und übernimmt auch die bereits von Pascal gesehene Verbindung von »objektiver Langeweile« und kompensatorischer »Zerstreuung«, die Kracauer als »innere Unruhe ohne Ziel« bestimmt (*Das Ornament der Masse*, S. 324). 1944 sprechen dann Max Horkheimer und Theodor W. Adorno erstmals von »Kulturindustrie« (*Dialektik der Aufklärung*, S. 144–196).

Dieses und die folgenden Pascal-Zitate basieren auf der Ausgabe von Lafuma, vor allem auf dem Fragment Nr. 136. Voltaires antipascalianische Ausfälle finden sich im 25. und letzten der *Philosophischen Briefe* von 1734.

Die besonders in Frankreich verbreitete Tradition der Moralistik hat den Begriff der Unruhe prominent aufgenommen, um das Verhalten des Menschen in Gesellschaft zu ergründen. »Unruhe des Geistes *[inquiétude d'esprit]*«, schreibt La Bruyère in seinen vielgelesenen *Caractères* (1630), »Ungleichheit der Laune, Wankelmut des Herzens, Unzuverlässigkeit der Aufführung: das alles sind Laster der Seele, aber sie sind voneinander verschieden und dürfen, mag auch die Beziehung zwischen ihnen noch so eng erscheinen, nicht immer bei demselben Gegenstand eines an die Stelle des andern gesetzt werden.« (De l'Homme, Nr. 4; s. a. Jean Deprun 1979.) Das vorliegende Wörterbuch folgt genau dieser Intuition.

Durchaus im Geist Pascals hat Friedrich Nietzsche den Abbruch (»nie«) der Tradition (»wieder«) als einen Verlust angesprochen, der allerdings unvermeidlich sei, und die Einsicht durch die Wiederholung der Formel bekräftigt. Das religiöse Gefühl, heißt es in *Menschliches, Allzumenschliches,* »hat seine Zeit gehabt und vieles sehr Gute kann nie wieder wachsen, weil es allein aus ihm wachsen konnte. So wird es nie wieder einen religiös umgränzten Horizont des Lebens und der Cultur geben.« (*KSA* Bd. 2, S. 195.)

Über verstreute Vernunft und Dispersion spricht Foucault bereits in der *Archäologie des Wissens* (S. 248 f.). Erstaunlich ist die Neubewertung dieses Zusammenhangs, die, wenn ich recht sehe, mit dem Aufkommen der Medienwissenschaften eingesetzt hat. Unter Berufung auf Überlegungen vor allem Walter Benjamins vertreten Medien- und Kunstwissenschaftler seit einigen Jahren die These, die Zerstreuung begründe eine zeitgemäße, auch für den Bildungsbereich empfehlenswerte Form der Rezeption, die geeignet sei, »alternative Denkformen« anzuregen (Löffler, S. 337). Für denjenigen, der die

Texte vor Augen hat, ist die Fraglosigkeit irritierend, mit der diese Berufungen hingenommen und als valide bestätigt werden. In Wirklichkeit bewegt sich Benjamin auf einer Linie mit Überlegungen, die Georg Simmel gut vierzig Jahre zuvor in seinem Aufsatz über Kunstausstellungen vorgetragen hatte. Bereits Simmel bemerkt den rezeptiven Wechsel von der individuellen Versenkung ins Einzelwerk (und seiner Aura) zur flüchtigen Zurkenntnisnahme eigens zu diesem Zweck arrangierter Objektgruppen (und das heißt: zur Zerstreuung). An die Stelle der »persönlichen Originalität« – sei es der Künstler, sei es der Betrachter – sei »die Fülle der Strebungen, Ideenkreise und Ausdrucksweisen« (*GA* Bd. 17, S. 250) getreten, die sich nun nicht mehr den Werken verpflichtet fühlen, sondern den jeweiligen Interessen des jeweiligen Publikums. Noch vor dem Aufkommen der elektronischen Medien fungiert demnach die Kunstausstellung als Übungsstätte für schnelles, nur noch der Bestätigung des bereits Gewussten dienendes Sehen. Die Sympathien Simmels mit den gefährdeten Formen der Versenkung und der konzentrierten Wahrnehmung sind unverkennbar, doch hält er mit Wertungen zurück. Anders sein Schüler Kracauer, der mit Benjamin in enger Verbindung stand und das verstärkt auftretende *divertissement* als »Dämon der Geistesabwesenheit« verwirft. Zwar habe die »idealistische Kultur« nun abgewirtschaftet, schreibt Kracauer 1926, »die nur als Spuk noch west« (*Ornament der Masse,* S. 316 u. 317), doch gelange die an ihre Stelle getretene Attitüde der Zerstreuung über das dürftige »Abbild des unbeherrschten Durcheinanders unserer Welt nicht hinaus«. Kracauer entziffert die rezeptive Zerstreuung, deren aktuellen »Bildzauber« er im Berliner Amüsierbetrieb studiert, als Symptom einer Orientierungskrise, die weniger nach blinder Affirmation als nach einer zeitgemäßen Kritik verlange. So wenig wie für Pascal oder Benjamin ist die Zerstreuung für Kracauer eine

Option. In der Zerstreuung sieht er die »geistige Obdachlosigkeit« der von der Angestelltenkultur dominierten Moderne exemplarisch zutage treten. – Auch Aby Warburg wäre für das pädagogische Liebäugeln mit der Zerstreuung schwerlich zu gewinnen gewesen. Das große Publikum müsse lernen, urteilt diese Gründerfigur der zeitgenössischen Kunst- und Kulturwissenschaften im Jahr 1906, »daß ihm der Zugang zum [...] Kunstwerk nicht durch kollegiale Gleichsetzung oder liebenswürdiges Entgegenkommen, sondern nur durch Distanz haltende objektive Vertiefung gewährt wird« (vgl. Gombrich, S. 196).

»Nichts steht für uns still« – so Pascal im Fragment 199/72. Mit Recht argumentiert Alexandre Declos (2013), dass auch Pascals eigene Philosophie dem unruhigen Denken zuneigt. Pascal selbst hat sich mehrfach dazu bekannt. Entscheidend ist allerdings, dass sich dieses Denken seine Verstrickung eingesteht und auf sprachliche Mittel und Wege sinnt, um dieser Abhängigkeit Herr zu werden. Selten ist es auf die Sprachlichkeit des Denkens so sehr angekommen wie bei Pascal.

Nachwort

Schillers berühmte Rede erschien unter dem Titel: »Was heißt und zu welchem Ende studiert man Universalgeschichte« (vgl. *NA* Bd. 17, S. 359–376, das Zitat S. 365). Das zeitgenössische Sprachempfinden wird Schillers »Was« stillschweigend korrigieren, wird es durch ein »Wer« ersetzen und meinen, es habe dieselbe, lediglich genauer formulierte Frage vor sich. Das aber wäre voreilig. Die christliche Tradition unterscheidet an dieser Stelle deutlich, indem sie die Wer-Frage dem Menschen zuspricht, der sie an sich selbst richtet und auch antwortet: *Tu, quis es* – so die Frage, die Augustinus stellt und mit der Niederschrift seiner *Bekenntnisse* beantwortet: ein Mensch. Die Was-Frage – *Quid ergo sum, Deus meus? Quae natura sum?* (X 17) – hingegen richten die *Confessiones* an Gott, da sie das menschliche Fassungsvermögen übersteigt und auf ein »Unermeßliches« zielt. Für Augustinus ist die Frage nach dem Was des Menschen, nach seinem Wesen, erklärtermaßen *theologisch* (vgl. Hannah Arendt, *Vita activa,* S. 218). Dieser Bezug ist systematisch von Interesse, weil er auch Schillers Wortwahl verdeutlicht und ins Recht setzt. Schiller nimmt die Unterscheidung zwischen Wer und Was auf und reformuliert sie auf dem Boden der Neuzeit, wo die Antwort, angedeutet durch das Zeitadverb »jetzt«, entsprechend angepasst ist. *Was* der Mensch ist, das sagt ihm nun nicht mehr sein Gott, sondern die *Geschichte.* Die Gemeinsamkeit der historischen Positionen ist gleichwohl beachtlich: Sowohl bei Augustinus als auch bei Schiller erkennt sich der Mensch in dem, was er nicht ist – in einem emphatisch Anderen, das über sein individuelles Dasein hinausgreift. Im Vergleich dazu erscheint die Promptheit, mit der die berühmte Frage Kants: »Was ist der Mensch?«, routinemäßig als Einladung zur Anthropologie verstanden wird, als, um das mindeste zu sagen, fragwürdig. Traditionell und, wie das Beispiel Schillers zeigt, noch zu Lebzeiten Kants sprengt die Was-Frage den Horizont einer sich offenbar ihrer diskursiven Voraussetzungen nicht recht bewussten Anthropologie. Was Ludwig Feuerbach schonungslos ausgesprochen hat, ist ganz richtig: Im Vorgriff auf den grassierenden Konstruktivismus, der auf dem Feld der vormaligen Geisteswissenschaften eine geistige Monokultur errichtet hat, reduziert die Anthropologie die Dinge der Welt auf das Format menschlich-allzumenschlicher Tatsachen.

Benjamins hermeneutische Einsicht findet sich gleich auf der ersten Seite seines Aufsatzes über den »Kapitalismus als Religion« (*GS* Bd. 6, S. 100–103). Wie mir scheint, ist Benjamin auch an dieser Stelle einer Intuition Nietzsches gefolgt: »Wir leben in den Überresten der Empfindungen unserer Urahnen: gleichsam in Versteinerungen des Gefühls. [...] Allmählich ist da ein undurchdringliches *Netz* entstanden! Darein *verstrickt* kommen wir ins Leben, und auch die Wissenschaft löst uns nicht heraus.« (*KSA* Bd. 9, S. 537.)

Ich zitiere aus Kleists Aufsatz »Über die allmählige Verfertigung der Gedanken beim Reden« nach der Ausgabe des Klassikerverlages (S. 540). Kleist, der das Phänomen auf der Ebene des persönlichen Erlebens ansiedelt, hat zum impliziten Wissen ein gebrochenes Verhältnis. Er schildert es als spontane Irritation von seltener und sogar schockierender Klarsicht, die plötzlich und für den Sprecher gänzlich unbeherrschbar hervorbricht und die Herkunft dieses Wissens aus latenten Gedankenströmen offenbart, die, obwohl jedermann geläufig, im Alltagsgespräch für gewöhnlich unthematisch bleiben.

»Alles ist Übergang«, mit diesen Worten kommentiert Heinrich Wölfflin in seinen *Kunstgeschichtlichen Grundbegriffen* (S. 264) den Einschluss der Unruhe in die von ihr selbst gestiftete Normalität, »und wer die Geschichte als ein unendliches Fließen betrachtet, dem ist schwer zu entgegnen«. Aus philosophischer Sicht kann ich dazu nur sagen: Und doch muss es versucht werden. In dem Versuch, die Macht der Denkzwänge aufzubrechen und ihre Mechanismen freizulegen, kommen die philosophischen Verfahrensweisen der Genealogie und der Kritik überein.

Quellen

Adorno, Theodor W.: *Gesammelte Schriften.* Hg. v. Rolf Tiedemann. Frankfurt a. M. 1969 [zit. *GS*].

Anders, Günther: Kultur und Umweg. In: *Zeitschrift für Kulturphilosophie* 2 (2016) S. 393–404.

André, Jean-Marie: *L'Otium dans la vie morale et intellectuelle romaine des origines à l'époque augustéenne.* Paris 1966.

Arendt, Hannah: *Vita activa oder Vom tätigen Leben.* München 1967.

Dies.: *Vom Leben des Geistes.* Bd. 1. München 1979.

Dies.: *Über das Böse. Eine Vorlesung zu Fragen der Ethik.* Übers. aus dem Englischen v. Ursula Ludz. München u. Zürich 2006.

Assmann, Aleida: Fest und Flüssig: Anmerkungen zu einer Denkfigur. In: *Kultur als Lebenswelt und Monument.* Hg. v. Aleida Assmann u. Dietrich Harth. Frankfurt a. M. 1991, S. 181–199.

Augustinus, Aurelius: *Bekenntnisse.* Hg. u. übers. v. Kurt Flasch u. Burkhard Mojsisch. Stuttgart 1989.

Ders.: *Vom Gottesstaat.* Aus dem Lateinischen übertragen v. Wilhelm Thimme. 2 Bde. 4. Aufl., München 1997.

Bachelard, Gaston: *Poetik des Raumes.* Übers. v. Kurt Leonhard. München 1975.

Bacon, Francis: *Neues Organon. Lateinisch – deutsch.* Hg. v. Wolfgang Krohn. 2 Teilbände. Hamburg 1990.

Balzac, Honoré de: *Verlorene Illusionen.* Aus dem Französischen v. Melanie Waltz. München 2014.

Barthes, Roland: *Mythen des Alltags.* Vollständige Ausgabe. Aus dem Französischen v. Horst Brühmann. Berlin 2010.

Bataille, Georges: *Sade und die Moral.* Hg. u. übers. v. Rita Bischof. Berlin 2015.

Baudelaire, Charles: *Les Fleurs du Mal/Die Blumen des Bösen.* In: Ders.: *Sämtliche Werke.* Hg. v. Friedhelm Kemp u. Claude Pichois. München, Wien 1975, Bd. 3, S. 59–339.

Baudson, Pierre: Constantin Meunier. Anmerkungen zu Mensch und Werk. In: *Constantin Meunier 1831–1905. Skulpturen, Gemälde, Zeichnungen.* Hg. vom Ernst Barlach Haus. Hamburg 1998, S. 9–23.

Baumann, Zygmunt: *Flüchtige Moderne.* Aus dem Englischen v. Reinhard Kreissl. Frankfurt a. M. 2003.

Baxmann, Inge: Der ›labile Mensch‹ als Kulturideal. Wahrnehmungsutopien der Moderne. In: *Electric Laokoon. Zeichen und Medien, von der Lochkarte zur Grammatologie.* Hg. v. Michael Franz u. a. Berlin 2007, S. 97–117.

Benjamin, Walter: *Gesammelte Schriften.* Hg. v. Rolf Tiedemann u. Hermann Schweppenhäuser. Frankfurt a. M. 1974 ff. [zit. *GS*].

Benz, Ernst: *Das Recht auf Faulheit oder Die friedliche Beendigung des Klassenkampfes. Lafargue-Studien.* Stuttgart 1974.

Ders.: *Akzeleration der Zeit als geschichtliches und heilsgeschichtliches Problem.* Mainz u. Wiesbaden 1977.

Blanchot, Maurice: *Warten Vergessen.* Deutsch v. Johannes Hübner. Frankfurt a. M. 1964.

Blödorn, Andreas: ›Entwickelungs‹-Diskurse. Zur Metaphorik des Entwicklungsbegriffs im 18. Jahrhundert. In: *Tropen und Metaphern im Gelehrtendiskurs des 18. Jahrhunderts.* Hg. v. Elena Agazzi. Hamburg 2011, S. 33–45.

Blumenberg, Hans: Die Vorbereitung der Aufklärung als Rechtfertigung der theoretischen Neugierde. In: *Europäische Aufklärung. Herbert Dieckmann zum 60. Geburtstag.* Hg. v. Hugo Friedrich u. Fritz Schalk. München 1967, S. 23–45.

Ders.: *Der Prozeß der theoretischen Neugierde.* Frankfurt a. M. 1973.

Ders.: *Wirklichkeiten in denen wir leben. Aufsätze und eine Rede.* Stuttgart 1981.

Ders.: *Lebenszeit und Weltzeit.* 3. Aufl., Frankfurt a. M. 1986.

Ders.: *Beschreibung des Menschen.* Aus dem Nachlaß hg. v. Manfred Sommer. Frankfurt a. M. 2006.

Ders.: *Quellen, Ströme, Eisberge.* Hg. v. Ulrich von Bülow u. Dorit Krusche. Berlin 2012.

Ders.: *Paradigmen zu einer Metaphorologie.* Kommentar v. Anselm Haverkamp. Berlin 2013.

Bordoni, Carlo: *Interregnum. Beyond Liquid Modernity.* Bielefeld 2016.
Breidert, Wolfgang: Der spielende Sisyphos. In: *Archiv für Begriffsgeschichte* 21 (1977), S. 169–187.
Breton, André: *Die verlorenen Schritte. Essays, Glossen, Manifeste.* Aus dem Französischen v. Holger Fock. Berlin 1989.
Ders.: *Das Weite suchen. Reden und Essays.* Aus dem Französischen v. Lothar Baier. Frankfurt a. M. 1989.
Briefwechsel zwischen Schiller und Goethe. Hg. v. Emil Staigers. 2 Bde. Frankfurt a. M. 1977.
Briese, Olaf u. Günther, Timo: Katastrophe. Terminologische Vergangenheit, Gegenwart und Zukunft. In: *Archiv für Begriffsgeschichte* 51 (2009), S. 155–195.
Bundesinstitut für Bevölkerungsforschung: http://www.bib-demografie.de/DE/ZahlenundFakten/09/aussenwanderungen_node.html Wiesbaden 2016.
Burckhardt, Jacob: *Geschichte des Revolutionszeitalters.* Aus dem Nachlass hg. v. Wolfgang Hardtwig u. a. München u. Basel 2009.
Burkhardt, Johannes: Das Verhaltensleitbild »Produktivität« und seine historisch-anthropologische Voraussetzung. In: *Saeculum. Jahrbuch für Universalgeschichte* 25 (1974), S. 277–289.
Butler, Judith: *Das Unbehagen der Geschlechter.* Aus dem Amerikanischen v. Katharina Menke. Frankfurt a. M. 1991.
Busche, Hubertus: Simmels Philosophie der Mode. Altmodisch oder aktuell? In: *Zeitschrift für Kulturphilosophie* 9 (2015), S. 223–240.
Camus, Albert: *Der Mythos von Sisyphos. Ein Versuch über das Absurde.* Übertragen v. Hans Georg Brenner u. Wolfdietrich Rasch. Reinbek 1959.
Cassirer, Ernst: *Die Philosophie der Aufklärung.* Hamburg 1998.
Ders.: Naturalistische und humanistische Begründung der Kulturphilosophie. In: *Werke. Hamburger Ausgabe.* Hg. v. Birgit Recki. Hamburg 1998 ff., Bd. 22, S. 140–166.
Cicero, Marcus Tullius: *Gespräche in Tusculum.* Übers. v. Olof Gigon. Stuttgart 1985.
Conrad, Joseph: *Geschichten der Unrast und sechs Erzählungen.* Deutsch v. Fritz Lorch. Frankfurt a. M. 1963.
Conrad, Sebastian: Die Welt von gestern. In: *Frankfurter Allgemeine Zeitung* vom 4. Januar 2016, S. 6.
Constant, Benjamin: Das rote Heft. In: Ders.: *Werke.* Hg. v. Axel

Blaeschke u. Lothar Gall. Deutsch v. Eva Reckel-Mertens. Berlin 1970, Bd. 1, S. 269–341.

Conze, Werner: Art. Arbeit. In: *Geschichtliche Grundbegriffe. Historisches Lexikon zur politisch-sozialen Sprache in Deutschland.* Hg. v. Otto Brunner, Werner Conze u. Reinhart Koselleck. Stuttgart 1972, Bd. 1, S. 154–215.

D'Alembert, Jean Le Rond: Einleitung zur »Enzyklopädie«. Hg. v. Günther Mensching. Übers. v. Annemarie Heins. Frankfurt a. M. 1989.

Dante Alighieri: *Die Divina Commedia.* Übers. v. Georg Peter Landmann. 2. Aufl., Würzburg 1997.

Declos, Alexandre: L'Inquiétude dans les *Pensées* de Pascal. In: *Revue de métaphysique et de morale* 78 (2013), S. 167–184.

Deprun, Jean: *La Philosophie de l'inquiétude en France au XVIIIe siècle.* Paris 1979.

Desan, Philippe: *Portraits à l'essai. Iconographie de Montaigne.* Paris 2007.

Descartes, René: *Philosophische Schriften in einem Band.* Hamburg 1996.

Descombes, Vincent: *Die Rätsel der Identität.* Aus dem Französischen v. Jürgen Schröder. Berlin 2013.

Deutsches Fremdwörterbuch. Begonnen v. Hans Schurz, fortgeführt v. Otto Basler. 2. Aufl., Berlin u. New York 1995, Bd. 1.

[d'Holbach, Paul Henri Thiry d':] *Système social.* 3 Bde. London 1773.

Dos Passos, John: *Orient-Express.* Aus dem Englischen v. Matthias Fienbark. München 2013.

Düllo, Thomas: Coolness. Beharrlichkeit und Umcodierung einer erfolgreichen Mentalitätsstrategie. In: *Cultural Hacking. Kunst des strategischen Handelns.* Hg. v. Thomas Düllo u. Franz Liebl. New York 2005, S. 47–72.

Ehn, Billy u. Löfgren, Orvar: *Nichtstun. Eine Kulturanalyse des Ereignislosen und Flüchtigen.* Aus dem Englischen v. Michael Adrian. Hamburg 2012.

Ehrenberg, Alain: *Das erschöpfte Selbst. Depression und Gesellschaft in der Gegenwart.* Aus dem Französischen v. Manuela Lenzen u. Martin Klaus. Frankfurt a. M. u. New York 2004.

Eickhoff, Hajo: *Himmelsthron und Schaukelstuhl. Die Geschichte des Sitzens.* München u. Wien 1993.

Elias, Norbert: *Über den Prozeß der Zivilisation. Soziogenetische Untersuchungen.* 2 Bde. Frankfurt a. M. 1979.

Epiktet: *Handbüchlein der Moral.* Griechisch / Deutsch. Übers. u. hg. v. Kurt Steinmann. Stuttgart 1992.

Esposito, Elena: *Die Verbindlichkeit des Vorübergehenden. Paradoxien der Mode.* Aus dem Italienischen v. Alessandra Corti. Frankfurt a. M. 2004.

Ette, Ottmar: ›Un esprit d'inquiétude moral‹. Vectoricité et économie d'un sentiment intense chez Alexander von Humboldt. In: *La sociabilité européenne des frères Humboldt.* Hg. v. Michel Espagne. Paris 2016, S. 47 – 68.

Fellini, Federico: *I Vitelloni (Die Müßiggänger).* Deutsch v. Georg-Ferdinand von Hirschau u. Thomas Bodmer. Zürich 1977.

Feuerbach, Ludwig: *Gesammelte Werke.* Hg. v. Werner Schuffenhauer. Berlin 1989 ff. [zit. *GW*].

Fitzgerald, F. Scott: *Der große Gatsby.* Aus dem Amerikanischen v. Hans-Christian Oeser. Stuttgart 2012.

Flaubert, Gustave: *Bouvard und Pécuchet.* Aus dem Französischen v. Caroline Vollmann. Frankfurt a. M. 2004.

Fontane, Theodor u. Emilie Fontane: *Ehebriefwechsel 1844 – 1857.* Berlin 1998.

Foucault, Michel: *Die Ordnung der Dinge. Eine Archäologie der Humanwissenschaften.* Frankfurt a. M. 1971.

Ders.: *Archäologie des Wissens.* Aus dem Französischen v. Ulrich Köppen. Frankfurt a. M. 1973.

Ders.: *Schriften in vier Bänden. Dits et Écrits.* Hg. v. Daniel Defert u. François Ewald. Aus dem Französischen v. Michael Bischoff u. a. Frankfurt a. M. 2001 – 2005.

Ders.: *Die Heterotopien. Der utopische Körper.* Übers. v. Michael Bischoff. Frankfurt a. M. 2005.

Freiligrath, Ferdinand: *Ein Glaubensbekenntnis. Zeitgeschichte.* Mainz 1844.

Freud, Sigmund: *Studienausgabe.* Hg. v. Alexander Mitscherlich u. a. Frankfurt a. M. 1974 ff. [zit. *StA*].

Frietsch, Ute: Travelling Concepts. In: *Über die Praxis des kulturwissenschaftlichen Arbeitens. Ein Handwörterbuch.* Hg. v. Ute Frietsch u. Jörg Rogge. Bielefeld 2013, S. 393 – 398.

Früchtl, Josef: *Das unverschämte Ich. Eine Heldengeschichte der Moderne.* Frankfurt a. M. 2004.

Gabor, Dennis: Zivilisation und Erfindung. In: *Merkur. Deutsche Zeitschrift für europäisches Denken* 15 (1961), S. 201–217.

Galilei, Galileo: *Le opere.* Hg. v. Giuseppe Saragot. Bd. 5. Florenz 1968.

Gernhardt, Robert u. a.: *Welt im Spiegel. WimS 1964–1976.* 11. Aufl., Frankfurt a. M. 1979.

Gesprächskultur des Barock. Die Embleme der Bunten Kammer im Herrenhaus Ludwigsburg bei Eckernförde. Hg. v. Hartmut Freytag, Wolfgang Harms, Michael Schilling. Kiel 2004.

Gide, André u. Valéry, Paul: *Briefwechsel 1890–1942.* Aus dem Französischen v. Hella u. Paul Noack. Frankfurt a. M. 1987.

Goethe, Johann Wolfgang: *Werke. Hamburger Ausgabe.* Hg. v. Erich Trunz. 9. Aufl., München 1981 [zit. *HA*].

Gombrich, Ernst H.: *Aby Warburg. Eine intellektuelle Biographie.* Frankfurt a. M. 1984.

Gontscharow, Iwan: *Oblomow.* Revidierte Übersetzung aus dem Russischen v. Reinhold von Walter. Frankfurt a. M. 1981.

Good, Paul: *Heraklit in Kunst und Philosophie.* Aachen 1993.

Grimms Kinder- und Hausmärchen. Hg. v. Hans-Jörg Uther. 3 Bde. München 1996.

Guardini, Romano: *Christliches Bewußtsein. Versuche über Pascal.* Mainz u. Paderborn 1991.

Hadot, Pierre: *Philosophie als Lebensform. Antike und moderne Exerzitien der Weisheit.* Aus dem Französischen v. Ilsetraut Hadot u. Christiane Marsch. Frankfurt a. M. 2002.

Hauriou, Maurice: *Die Theorie der Institution.* Übersetzung aus dem Französischen v. Hans u. Jutta Hecht. Hg. v. Roman Schnur. Berlin 1965.

Hegel, Georg Wilhelm Friedrich: *Werke. Theorie Werkausgabe.* Red. Eva Moldenhauer u. Karl Markus Michel. Frankfurt a. M. 1970 [zit *TWA*].

Ders.: *Vorlesungen über die Geschichte der Philosophie.* Teil 1. Hg. v. Walter Jaeschke. Hamburg 1993.

Ders.: *Die Philosophie der Geschichte.* Vorlesungsmitschrift Heimann (Winter 1830/31). Hg. v. Klaus Vieweg. München 2005.

Heidegger, Martin: *Feldweg-Gespräche.* In: *Gesamtausgabe.* Bd. 77. Frankfurt a. M. 1995.

Henrich, Dieter: Festsitzen und doch Freikommen (Über eine Minimalform komischer Kommunikation). In: *Das Komische. Poetik und Hermeneutik* Bd. 7. Hg. v. Wolfgang Preisendanz u. Rainer Warning. München 1976, S. 445–449.

Herder, Johann Gottfried: *Ideen zur Philosophie der Geschichte der Menschheit.* In: Ders.: *Werke in zehn Bänden.* Bd. 6. Hg. v. Martin Bollacher. Frankfurt a. M. 1989.

Hersant, Yves: Acedia und ihre Kinder. In: *Melancholie. Genie und Wahnsinn in der Kunst.* Hg. v. Jean Clair. Ostfildern 2005.

Hetzel, Andreas: Negativität und Unbestimmtheit. Eine Einleitung. In: *Negativität und Unbestimmtheit. Beiträge zu einer Philosophie des Nichtwissens. Festschrift für Gerhard Gamm.* Hg. v. Andreas Hetzel. Bielefeld 2009, S. 7–17.

Hölderlin, Friedrich: Patmos: In: Ders.: *Sämtliche Werke und Briefe.* Hg. v. Michael Knaupp. München u. Wien 1993, Bd. 1, S. 447–466 [zit. *SW*].

Horaz: *Sämtliche Werke. Lateinisch und deutsch.* Hg. u. übers. v. Hans Färber. Teil 2. 9. Aufl., München u. Zürich 1982.

Horkheimer, Max u. Adorno, Theodor W.: *Dialektik der Aufklärung. Philosophische Fragmente.* In: Adorno, *GS* Bd. 3.

Humboldt, Alexander von: *Aus meinem Leben. Autobiographische Bekenntnisse.* Zusammengestellt u. erläutert v. Kurt-R. Biermann. 2. Aufl., München 1989.

Humboldt, Wilhelm von: Über die Aufgabe des Geschichtsschreibers. In: *Werke in fünf Bänden.* Hg. v. Andreas Flitner u. Klaus Giel. 4. Aufl., Darmstadt 2002, Bd. 1, S. 585–606.

Huysmans, Joris-Karl: *L'Art moderne.* Paris 1883.

[Jaucourt, Louis de:] Langeweile. In: *Diderots Enzyclopädie. Mit Kupferstichen aus den Tafelbänden.* Hg. v. Anette Selg u. Rainer Wieland. Berlin 2013, S. 270–272.

Jonas, Hans: *Das Prinzip Leben. Aufsätze zu einer philosophischen Biologie.* Frankfurt a. M. 1997.

Ders.: *Gnosis. Die Botschaft des fremden Gottes.* Frankfurt a. M. u. Leipzig 1999.

Jünger, Ernst: *Der Arbeiter. Herrschaft und Gestalt.* Stuttgart 1982.

Jung, Theo: *Zeichen des Zerfalls. Semantische Studien zur Entstehung der Kulturkritik im 18. und frühen 19. Jahrhundert.* Göttingen 2012.

Kafka, Franz: *Tagebücher.* Hg. v. Hans-Gerd Koch u. a. Bd. 3: 1914–1923. Frankfurt a. M. 2003.

Kant, Immanuel: *Gesammelte Schriften. Akademie-Ausgabe.* Berlin 1902 ff. [zit. *AA*].

Kessel, Martina: *Langeweile. Zum Umgang mit Zeit und Gefühlen in Deutschland vom späten 18. bis zum frühen 20. Jahrhundert.* Göttingen 2001.

Kierkegaard, Søren: *Entweder-Oder.* Übers. v. Heinrich Fauteck. 2 Teile. München 1988.

Kirejewski, Iwan: *Drei Essays.* Übers. v. Harald von Hoerschelmann. München 1921.

Kleist, Heinrich von: *Sämtliche Werke.* Bd. 3. Hg. v. Klaus Müller-Salget. Frankfurt a. M. 1990.

Knigge, Adolph Freiherr von: Predigt gegen Müssiggang (1783). In: *Schlechte Angewohnheiten. Eine Anthologie 1750–1900.* Hg. v. Bernhard Kleeberg. Frankfurt a. M. 2012, S. 142–148.

Koch, Manfred: *Faulheit. Eine schwierige Disziplin.* Springe 2012.

Kocka, Jürgen: Art. Angestellter. In: *Geschichtliche Grundbegriffe,* a. a. O., Bd. 1, S. 110–128.

Konersmann, Ralf: *Erstarrte Unruhe. Walter Benjamins Begriff der Geschichte.* Frankfurt a. M. 1991.

Ders.: Kulturphilosophie. In: *Handbuch Kulturphilosophie.* Hg. v. Ralf Konersmann. Stuttgart u. Weimar 2012, S. 13–23.

Ders.: *Die Unruhe der Welt.* 4. Aufl., Frankfurt a. M. 2015.

Kortmann, Walter: Attentismus. Ursachen, Auswirkungen, Gegenmaßnahmen. In: *Wirtschaftsdienst* 84 (2004), S. 40–49.

Koselleck, Reinhart: *Kritik und Krise. Eine Studie zur Pathogenese der bürgerlichen Welt.* 3. Aufl., Frankfurt a. M. 1979.

Ders.: Art. Krise. In: *Geschichtliche Grundbegriffe,* Bd. 3, S. 617–650.

Ders.: *Vergangene Zukunft. Zur Semantik geschichtlicher Zeiten.* Frankfurt a. M. 1989.

Ders.: *Zeitschichten. Studien zur Historik.* Frankfurt a. M. 2000.

Koyré, Alexandre: *Galilei. Die Anfänge der neuzeitlichen Wissenschaft.* Aus dem Englischen und Französischen v. Rolf Dragstra. Berlin 1988.

Kracauer, Siegfried: *Das Ornament der Masse.* Frankfurt a. M. 1963.

Ders.: *Die Angestellten.* Frankfurt a. M. 1971.

Ders.: *Geschichte – Vor den letzten Dingen.* In: Ders.: *Werke.* Hg. v. Inka Mülder-Bach u. Ingrid Belke. Bd. 4. Frankfurt a. M. 2009.

Kranz, Margarita: Schicksal. In: *Historisches Wörterbuch der Philosophie.* Hg. v. Joachim Ritter u. Karlfried Gründer. Bd. 8. Basel 1992, Sp. 1275–1289.

Krauss, Heinrich: *Das Paradies. Eine kleine Kulturgeschichte.* München 2004.

La Fontaine, Jean de: *Sämtliche Fabeln.* Vollständige zweisprachige Ausgabe. Übers. v. Ernst Dohm u. Gustav Fabricius. München 1978.

Lepenies, Wolf: *Melancholie und Gesellschaft.* Frankfurt a. M. 1972.

Lichtenstern, Christa: *Metamorphose. Vom Mythos zum Prozeßdenken.* Weinheim 1992.

Locke, John: *Über den menschlichen Verstand.* Übers. v. Carl Winckler. Hamburg 1962, Bd. 1.

Löffler, Petra: *Verteilte Aufmerksamkeit. Eine Mediengeschichte der Zerstreuung.* Zürich u. Berlin 2014.

Löwith, Karl: *Von Hegel zu Nietzsche – Der revolutionäre Bruch im Denken des 19. Jahrhunderts.* In: Ders.: *Sämtliche Schriften.* Bd. 4. Stuttgart 1988, S. 1–489.

Luck, Georg: *Die Weisheit der Hunde. Texte der antiken Kyniker in deutscher Übersetzung mit Erläuterungen.* Stuttgart 1997.

Lühe, Astrid von der: Schmecken. In: *Wörterbuch der philosophischen Metaphern.* Hg. v. Ralf Konersmann. 3., erw. Aufl., Darmstadt 2011, S. 345–359.

Lukács, Georg: Die Seele und die Formen. In: Ders.: *Werkauswahl in Einzelbänden.* Hg. v. Frank Benseler u. Rüdiger Dannemann. Bd. 1. Berlin 2011.

Luther, Martin: *Sämtliche Schriften.* Hg. v. Johann Georg Walch. Bd. 5. 2. Aufl., Groß Oesingen 1987.

Manguel, Alberto: *Eine Geschichte der Neugierde.* Aus dem Englischen v. Achim Stanislawski. Frankfurt a. M. 2015.

Manifeste und Proklamationen der europäischen Avantgarde (1909–1938). Hg. v. Wolfgang Asholt u. Walter Fähnders. Stuttgart u. Weimar 1995.

Mann, Thomas: *Der Zauberberg.* In: Ders.: *Gesammelte Werke.* Bd. 3. Frankfurt a. M. 1960.

Marc Aurel: *Selbstbetrachtungen.* Übers. u. eingel. v. Albert Wittstock. Stuttgart 2009.

Marcel, Gabriel: *Der Mensch als Problem.* Übers. v. Herbert P. M. Schaad. 3. Aufl., Frankfurt a. M. 1964.

Marten, Rainer: *Radikalität des Geistes. Heidegger – Paulus – Proust.* Freiburg u. München 2012.

Marx, Karl / Engels, Friedrich: *Werke.* Berlin 1959 ff. [zit. *MEW*].

Masson, André: Der Maler und die Zeit. Deutsch v. Reinhard Tiffert. In: Ders.: *Gesammelte Schriften.* Hg. v. Axel Matthes u. Helmut Kiewan. München 1990, S. 212–215.

Meier, Heinrich: *Über das Glück des philosophischen Lebens. Reflexionen zu Rousseaus* Rêveries. München 2011.

Meinecke, Friedrich: *Strassburg/Freiburg/Berlin 1901–1919.* Stuttgart 1949.

Meister Eckhart: Die rede der underscheidunge. In: Ders.: *Die deutschen und lateinischen Werke.* Hg. u. übers. v. Josef Quint. Bd. 5. Stuttgart 1963, S. 137–376/505–538.

Menninghaus, Winfried: *Wozu Kunst? Ästhetik nach Darwin.* Berlin 2011.

Migrationsbericht 2015 des Bundesamtes für Migration und Flüchtlinge im Auftrag der Bundesregierung, hg. vom Bundesministerium des Innern. Berlin 2016.

Miklós, Tamás: *Der kalte Dämon. Versuche zur Domestizierung des Wissens.* Übers. v. Eva Zador. München 2016.

Mitscherlich, Alexander: *Auf dem Weg zur vaterlosen Gesellschaft. Ideen zur Sozialpsychologie.* München 1963.

Möser, Justus: Patriotische Phantasien. In: Ders.: *Sämtliche Werke. Historisch-kritische Ausgabe in 14 Bänden.* Hg. v. d. Akademie der Wissenschaften in Göttingen. Oldenburg u. Hamburg 1954, Bd. 6.

Montaigne, Michel de: *Les Essais.* Hg. v. Pierre Villey. Paris 1988.

Ders.: *Essais.* Übers. v. Hans Stilett. Frankfurt a. M. 1998.

Moores, Shaun: Ortskonzepte in einer Welt der Ströme. In: *Konnektivität, Netzwerk und Fluss. Konzepte gegenwärtiger Medien-, Kommunikations- und Kulturtheorie.* Hg. v. Andreas Hepp u. a. Wiesbaden 2006, S. 189–205.

Mumford, Lewis: *Technics and Civilization.* New York 1934.

Neue Jerusalemer Bibel. Einheitsübersetzung mit dem Kommentar der Jerusalemer Bibel. Neu bearb. u. erw. Ausgabe deutsch hg. v. Alfons Deissler u. Anton Vögtle in Verbindung mit Johannes M. Nützel. Freiburg i. Br. 1985.

Nietzsche, Friedrich: *Kritische Studienausgabe.* Hg. v. Giorgio Colli und Mazzino Montinari. 2. Aufl., Berlin 1988 [zit. *KSA*].

Pascal, Blaise: *Gedanken über die Religion und einige andere Themen.* Hg. v. Jean-Robert Armogathe. Aus dem Französischen übers. v. Ulrich Kunzmann. Stuttgart 1997.

Ders.: *Kleine Schriften zur Religion und Philosophie.* Hg. v. Albert Raffelt. Übers. v. Ulrich Kunzmann. Hamburg 2005.

Pessoa, Fernando: *Das Buch der Unruhe des Hilfsbuchhalters Bernardo Soares.* Aus dem Portugiesischen v. Inés Koebel. Zürich 2001.

Petty, William: A Treatise of Taxes. In: Ders.: *The Economic Writings.* Hg. v. Charles Henry Hull. Bd. 1. Cambridge 1899, S. 1–97.

Pieper, Josef: Muße und Kult. In: Ders.: *Werke in acht Bänden.* Bd. 6. Hg. v. Berthold Wald. Hamburg 1999, S. 1–44.

Pikulik, Lothar: *Warten, Erwartung. Eine Lebensform in End- und Übergangszeiten.* Göttingen 1997.

Platon: *Werke in acht Bänden.* Hg. v. Gunther Eigler. Deutsche Übersetzung v. Friedrich Schleiermacher u. a. Darmstadt 2001 [zit. *Werke*].

Plutarch: *Moralia.* Bd. 1. Übers. u. hg. v. Christian Nathanael von Osiander u. Gustav Schwab. Stuttgart 1828–1861, Neuausgabe Wiesbaden 2012.

Poe, Edgar Allan: Der stibitzte Brief. In: Ders.: *Das gesamte Werk in zehn Bänden.* Hg. v. Kuno Schumann u. Hans Dieter Müller. Olten 1966, Bd. 1, S. 915–943.

Polanyi, Michael: *Implizites Wissen.* Übers. v. Horst Brühmann. Frankfurt a. M. 1985.

Proudhon, Pierre Joseph: *Die Sonntagsfeier aus dem Gesichtspunkte des öffentlichen Gesundheitswesens, der Moral, der Familien und bürgerlichen Verhältnisse.* Aus dem Französischen v. F. H., Kassel 1850.

Rehm, Walther: *Gontscharow und Jacobsen oder Langeweile und Schwermut.* Göttingen 1963.

Ritter, Henning: Die Erfindung des Liberalismus. Benjamin Constants Theorie der nachrevolutionären Gesellschaft. In: *Merkur. Zeitschrift für europäisches Denken* 64 (2010), S. 905–914.

Robespierre, Maximilien de: *Ausgewählte Texte.* Deutsch v. Manfred Unruh. Hamburg 1989.

Ders.: *Über die Prinzipien der politischen Moral. Rede am 5. Februar 1794 vor dem Konvent.* Aus dem Französischen v. Kurt Schnelle. Hamburg 2000.

Roche, Mark William: *Dynamic Stillness. Philosophical Conceptions of* Ruhe *in Schiller, Hölderlin, Büchner, and Heine.* Tübingen 1987.

Roelcke, Volker: *Krankheit und Kulturkritik. Psychiatrische Gesellschaftsdeutungen im bürgerlichen Zeitalter (1790–1914).* Frankfurt a. M. u. New York 1999.

Röttgers, Kurt: *Identität als Ereignis. Zur Neufindung eines Begriffs.* Bielefeld 2016.

Rosa, Hartmut: *Beschleunigung. Die Veränderung der Zeitstruktur in der Moderne.* Frankfurt a. M. 2005.

Ders.: Dynamisierung und Erstarrung in der modernen Gesellschaft. Das Beschleunigungsphänomen. In: Ders.: *Der Mensch – Evolution, Natur und Kultur.* Hg. v. Jochen Oehler. Berlin u. Heidelberg 2010, S. 285–302.

Ders.: *Beschleunigung und Entfremdung. Entwurf einer Kritischen Theorie spätmoderner Zeitlichkeit.* Aus dem Englischen v. Robin Celikates. 2. Aufl., Frankfurt a. M. 2013.

Rothmann, Ralf: *Im Frühling sterben.* Berlin 2015.

Rousseau, Jean-Jacques: *Emil oder über die Erziehung.* Deutsch v. Ludwig Schmidts. 4. Aufl., Paderborn 1978.

Ders.: *Schriften.* Hg. v. Henning Ritter. 2 Bde. München u. Wien 1978 [daraus zit. *Erster Diskurs*].

Ders.: *Die Träumereien des einsamen Spaziergängers.* Übers. v. Dietrich Leube. Zürich u. München 1985.

Ders.: *Diskurs über die Ungleichheit. Discours sur l'inégalité.* Hg. v. Heinrich Meier. 6. Aufl., Paderborn 2008. [zit. *Zweiter Diskurs*].

Ders.: *Ich sah eine andere Welt. Philosophische Briefe.* Hg. v. Henning Ritter. München 2012.

Runge in seiner Zeit. Hg. v. Werner Hofmann. Hamburger Kunsthalle 21. Oktober 1977 bis 8. Januar 1978. München 1977.

Schäfer, Martin Jörg: *Die Gewalt der Muße. Wechselverhältnisse von Arbeit, Nichtarbeit, Ästhetik.* Zürich u. Berlin 2013.

Scheliha, Arnulf von: *Protestantische Ethik des Politischen.* Tübingen 2013.

Schiffers, Juliane: *Passivität denken. Aristoteles – Leibniz – Heidegger.* Freiburg u. München 2014.

Schiller, Friedrich: *Werke. Nationalausgabe.* Begründet v. Julius Petersen. Weimar 1943 ff. [zit. *NA*].

Schlegel, Friedrich: *Kritische Friedrich-Schlegel-Ausgabe.* Hg. v. Ernst Behler. München u. a. 1962 ff. [zit. *KFSA*].

Schmelzer-Ziringer, Barbara: Der Grand Couturier kokettiert als Künstler. Zu Georg Simmels Modekritik im Kontext seiner

Kunstphilosophie. In: *Zeitschrift für Kulturphilosophie* 9 (2015), S. 207–222.

Schwarz, Hans-Günther: Fest und flüssig. Bewegung und Auflösung als Prinzipien der Moderne. In: *Die Welle. Ein Symposion.* Hg. v. Hans-Günther Schwarz, Geraldine Gutiérrez de Wienken u. Frieder Hepp. München 2010, S. 21–30.

Seneca: *De otio. Über die Muße. Lateinisch/Deutsch.* Übers. u. hg. v. Gerhard Krüger. Stuttgart 1996.

Ders.: *De tranquillitate animi. Über die Ausgeglichenheit der Seele. Lateinisch/Deutsch.* Übers. u. hg. v. Heinz Gunermann. Durchges. u. bibliogr. erg. Aufl., Stuttgart 2002.

Ders.: *De brevitate vitae. Von der Kürze des Lebens. Lateinisch/Deutsch.* Übers. u. hg. v. Marion Giebel. Stuttgart 2008.

Ders.: *Briefe an Lucilius.* Aus dem Lateinischen v. Heinz Gunermann u. a. Hg. v. Marion Giebel. Stuttgart 2014.

Seng, Eva-Maria u. Saage, Richard: Utopie und Architektur. In: *Architecture engagée. Manifeste zur Veränderung der Gesellschaft.* Hg. v. Winfried Nerdinger. München 2012, S. 10–37.

Sennett, Richard: *Der flexible Mensch. Die Kultur des neuen Kapitalismus.* Deutsch v. Martin Richter. 7. Aufl., Berlin 1998.

Simmel, Georg: *Gesamtausgabe.* Hg. v. Otthein Rammstedt. Frankfurt a. M. 1989 ff. [zit. *GA*].

Simons, Katrin: »Zivilisation« statt »Freiheit«. Jacques Réattus Gemälde »Triumph der Zivilisation«. In: *Zeitschrift für Kulturphilosophie* 3 (2009), S. 283–294.

Smith, Adam: *Theorie der ethischen Gefühle.* Hg. u. übers. v. Walther Eckstein. 2. Aufl., Hamburg 1994.

Sommer, Andreas Urs: Coolness. Zur Geschichte der Distanz. In: *Zeitschrift für Ideengeschichte* 1 (2007), S. 30–44.

Stegmaier, Werner: Fließen. In: *Wörterbuch der philosophischen Metaphern.* Hg. v. Ralf Konersmann. 3., erw. Aufl., Darmstadt 2011, S. 104–124.

Sterba, Richard F.: Unpublizierte Diskussionsbemerkungen Sigmund Freuds. In: *Jahrbuch der Psychoanalyse. Beiträge zur Theorie und Praxis* 10 (1978), S. 205–220.

Stillstellen. Medien – Aufzeichnung – Zeit. Hg. v. Andreas Gelhard, Ulf Schmidt u. Tanja Schultz. Schliengen im Markgräflerland 2004.

Strässle, Thomas: *Gelassenheit. Über eine andere Haltung zur Welt.* München 2013.

Stuke, Horst: *Philosophie der Tat. Studien zur Verwirklichung der Philosophie bei den Junghegelianern und den Wahren Sozialisten.* Stuttgart 1963.

Theweleit, Klaus: Neueste Nachrichten von der Ich-Front. In: *Frankfurter Allgemeine Zeitung,* 26. Mai 2015.

Toledo, Camille de: Die Unruhe über das In-der-Welt-Sein. Gedanken zu Europa. In: *Lettre International* 107 (2014), S. 61–71.

Türk, Klaus: *Bilder der Arbeit. Eine ikonografische Anthologie.* Wiesbaden 2000.

Vinken, Barbara: Das Geheimnis der Neugierde. Pascal und Freud. In: *Schleier und Schwelle. Archäologie der literarischen Kommunikation.* Bd. 3. Hg. v. Aleida u. Jan Assmann. München 1999, S. 243–252.

Virilio, Paul: *Rasender Stillstand. Essay.* Aus dem Französischen v. Bernd Wilczek. München u. Wien 1992.

Voltaire: *Candide oder der Optimismus.* Französisch und deutsch. Übers. v. Jürgen von Stackelberg. München 1987.

Ders.: *Philosophische Briefe.* Aus dem Französischen v. Rudolf von Bitter. Frankfurt a. M. 1992.

Walch, Johann Georg: *Philosophisches Lexicon.* 4. Aufl., bearbeitet v. Justus Christian Hennings. Leipzig 1775.

Waugh, Evelyn: *Lust und Laster.* Aus dem Englischen v. pociao. Zürich 2015.

Weber, Max: *Die protestantische Ethik und der Geist des Kapitalismus.* Hg. v. Dirk Kaesler. 3. Aufl., München 2010.

Weil, Simone: *Schwerkraft und Gnade.* Übers. v. Friedhelm Kemp. 3. Aufl., München 1983.

Wieland, Christoph Martin: Aufsätze über die Französische Revolution. In: Ders.: *Sämmtliche Werke.* Leipzig 1857, Bd. 37.

Wieland, Wolfgang: Art. Entwicklung, Evolution. In: *Geschichtliche Grundbegriffe,* a. a. O., Bd. 2, S. 199–228.

Wölfflin, Heinrich: *Kunstgeschichtliche Grundbegriffe. Das Problem der Stilentwicklung in der neueren Kunst.* Basel u. Stuttgart 1963.

Register

Namen, Wörter, Sachen

Ralf Konersmann
Die Unruhe der Welt
464 Seiten. Gebunden

Einst galt die dauerhafte Ruhe als Bedingung von Glück. Heute jedoch wird Unruhe belohnt, das Immer-Unterwegs-Sein, die permanente Veränderung. Ralf Konersmann rekonstruiert, wie die westliche Kultur ihr Meinungssystem revolutionierte und von der Präferenz der Ruhe zur Präferenz der Unruhe überging. Mit genealogischem Blick nimmt er die Unruhe nicht einfach als gegeben, sondern arbeitet heraus, wie sie überhaupt ihren Status hat erlangen können. Denn die Unruhe ist weder bloß Subjekt noch bloß Objekt, sie ist weder Innen noch Außen, weder Mittel noch Zweck, sondern jederzeit beides zugleich. Eine analytisch klare und stilistisch brillante Reise durch die geschichtlichen Stationen einer Vorstellung, die uns heute permanent am Laufen hält und die uns so selbstverständlich erscheint, dass niemand sie grundsätzlich hinterfragt.

»Diese grandiose Geschichte der Unruhe ist ein Buch gegen die Entschleunigung […] Eine überwältigende geistesgeschichtliche Tiefenbohrung.«
Deutschlandradio Kultur – Lesart

»Ralf Konersmann gelang mit ›Die Unruhe der Welt‹ ein Meisterwerk.«
Raoul Löbbert, Die Zeit

fi 1-038300 / 2